CONTRA O SISTEMA
DA CORRUPÇÃO

SERGIO MORO

CONTRA O SISTEMA DA CORRUPÇÃO

PRIMEIRA PESSOA

Copyright © 2021 por Sergio Fernando Moro

Todos os direitos reservados. Nenhuma parte deste livro pode ser utilizada ou reproduzida sob quaisquer meios existentes sem autorização por escrito dos editores.

coordenação editorial: Virginie Leite
revisão: Luis Américo Costa
projeto gráfico e diagramação: Editora Sextante
capa: DuatDesign
foto de capa: Mauricio Nahas
impressão e acabamento: Lis Gráfica e Editora Ltda.

CIP-BRASIL. CATALOGAÇÃO NA PUBLICAÇÃO
SINDICATO NACIONAL DOS EDITORES DE LIVROS, RJ

M854c

Moro, Sergio, 1972-
    Contra o sistema da corrupção / Sergio Moro. - 1. ed. - Rio de Janeiro : Primeira Pessoa, 2021.
    288 p. ; 23 cm.

    ISBN 978-65-89827-02-3

    1. Corrupção na política - Brasil. 2. PETROBRAS - Corrupção. 3. Lavagem de dinheiro - Brasil. I. Título.

21-73803   CDD: 364.13230981
                                                 CDU: 328.185(81)

Meri Gleice Rodrigues de Souza - Bibliotecária - CRB-7/6439

Todos os direitos reservados, no Brasil, por
GMT Editores Ltda.
Rua Voluntários da Pátria, 45 – Gr. 1.404 – Botafogo
22270-000 – Rio de Janeiro – RJ
Tel.: (21) 2286-9944 – Fax: (21) 2286-9244
E-mail: atendimento@sextante.com.br
www.sextante.com.br

À minha família, sempre ao meu lado.

Aos milhões de brasileiros que protestaram contra a corrupção e lutaram por um país melhor. Foram vocês que tornaram tudo possível.

Sumário

INTRODUÇÃO	O sistema da corrupção	9
CAPÍTULO 1	Faça a coisa certa, sempre	18
CAPÍTULO 2	O doleiro dos doleiros	29
CAPÍTULO 3	Um traficante salva a Lava Jato	46
CAPÍTULO 4	Nada será como antes	62
CAPÍTULO 5	Vale para todos	75
CAPÍTULO 6	O áudio	87
CAPÍTULO 7	Um domingo qualquer	101
CAPÍTULO 8	O convite	117
CAPÍTULO 9	Contra o crime organizado	135
CAPÍTULO 10	Um golpe no PCC	147
CAPÍTULO 11	Coaf, o pecado original	165
CAPÍTULO 12	"Nunca nos renderemos"	176
CAPÍTULO 13	O avanço sobre a PF	195
CAPÍTULO 14	De olhos bem fechados	209
CAPÍTULO 15	O dia seguinte	226
CAPÍTULO 16	Presunção de inocência à brasileira	235
CAPÍTULO 17	Os hackers	249
CAPÍTULO 18	Enumerando os atrasos	263
CAPÍTULO 19	A perda de uma chance	271
EPÍLOGO	Precisamos de você	282

INTRODUÇÃO
O sistema da corrupção

A corrupção existe em qualquer país do mundo, tanto naqueles considerados mais íntegros, como Dinamarca, Nova Zelândia e Finlândia, quanto nos considerados mais corruptos, como Sudão do Sul, Somália e Síria, segundo os índices de percepção compilados pela organização não governamental Transparência Internacional.

Já um sistema voltado à corrupção não é algo tão usual na comunidade de países. Chamo de sistema da corrupção a organização da corrupção como um modelo de governo ou de negócios, afetando tanto o setor público quanto o privado. Nesse sistema, o abuso do poder para ganhos privados captura as instituições de governo e de mercado. O poder público é estruturado não em prol do bem comum, mas para o enriquecimento ilícito de seus titulares: algumas vezes para o mero aumento patrimonial dos detentores do poder; outras, para a sua perpetuação nas esferas de poder.

Já o mercado, nesse sistema, estrutura-se para servir aos poderosos e para servir-se do poder público. Empresas passam a ter como estratégia de sucesso aproximar-se do governo para obter contratos, monopólios, benefícios e incentivos, ainda que o custo seja o suborno e a realização de investimentos ineficientes. Inovações tecnológicas e aumento de produtividade assumem papel secundário. O capitalismo de cooptação prejudica a concorrência leal, inibe a produtividade e gera ineficiência econômica.

No sistema da corrupção, o pagamento e o recebimento de suborno são vistos como algo natural e inevitável. Caso se pretenda obter um contrato com a estatal X ou com o governo Y, subentende-se que haverá um acerto necessário de suborno, normalmente calculado em termos percentuais. O nível de repetição de incidentes dessa espécie gera previsibilidade do crime e leva até mesmo à elaboração de tabelas com percentuais prefixados de suborno.

No Brasil, sempre tivemos a percepção de que a corrupção era profunda e disseminada, mas não tínhamos a noção real do tamanho do problema. Víamos escândalos nos jornais, como nos casos PC Farias, anões do orçamento, sanguessugas, mas eles só retratavam uma parcela do fenômeno e normalmente não geravam consequências nas Cortes de Justiça. Crimes sem julgamento e sem castigo. Embora esses crimes não deixem de existir se não forem julgados, somente com processos judiciais podemos ver a corrupção em detalhes e cores, com todas as provas a seu respeito.

A visão de que a corrupção era grande entre nós, brasileiros, também era compartilhada no exterior. Há muitos anos, ainda na década de 1990, gerou polêmica no Brasil a divulgação de um comunicado do Departamento de Comércio dos Estados Unidos, dirigido a empresários norte-americanos, com a afirmação de que a corrupção era "endêmica na cultura brasileira". A diplomacia correu para amenizar o impacto, mas era a pura verdade.[1]

Outro exemplo da nossa má fama é que não raro o Brasil é retratado nos filmes de Hollywood como um paraíso para malfeitores. Segundo uma jornalista brasileira que pesquisou o assunto, "uma antiga máxima de Hollywood diz que, se você roubou um banco ou vendeu segredos de guerra para o inimigo, ou mesmo se apenas desviou fundos de alguma empresa, deve fazer as malas e se mudar para o Brasil".[2] Como disse o personagem de Tom Hanks no filme *Um dia a casa cai*: *"Don't they*

---

[1] "EUA mudam relatório com crítica ao Brasil". *Folha de S.Paulo*. Disponível em <https://www1.folha.uol.com.br/fsp/brasil/fc101005.htm>. Acesso em 1/09/2021.

[2] BARBARA, Vanessa. "Brazil, the Outlaw's Paradise". *The New York Times*. Disponível em <https://www.nytimes.com/2015/02/06/opinion/vanessa-barbara-brazil-the-outlaws-paradise.html>. Acesso em 1/09/2021.

have any laws in Brazil? Don't they have any police?" (Eles não têm leis no Brasil? Eles não têm polícia?) Nesse aspecto, aliás, o final da novela *Vale tudo*, exibido em 1989, é uma contradição. No último capítulo, o personagem de Reginaldo Faria foge do Brasil para escapar da responsabilização de seus crimes. Ora, se ele tivesse ficado, as chances de que fosse punido seriam mínimas, salvo com a liberdade poética da ficção. Não é por acaso que, no ranking da Transparência Internacional de 2020, o Brasil ocupa a incômoda 94ª posição em um rol de 180 países.

Há tempos convivemos com escândalos de corrupção. Durante o governo de Getúlio Vargas, falava-se no "mar de lama". No regime militar, mesmo sob censura, houve episódios rumorosos de suspeita de corrupção, como o denominado Coroa-Brastel, em meados da década de 1980, em que dois ministros foram acusados de liberar empréstimos irregulares da Caixa Econômica Federal para o empresário Assis Paim Cunha. A partir da redemocratização, em 1985, com o fim da censura, multiplicaram-se notícias sobre escândalos de corrupção, que culminaram no mensalão e no petrolão, já neste século. Sucessivos governos cederam ao patrimonialismo e à manutenção de relações espúrias com agentes políticos, às vezes sob o pretexto de garantir a governabilidade, com efeitos deletérios na moralidade pública. A própria governabilidade também foi afetada, pois os custos morais e financeiros desses acordos sombrios elevaram-se com o tempo.

O sistema da corrupção só é viável quando os mecanismos de prevenção e repressão falham fragorosamente. Os seres humanos são criaturas racionais e agem segundo incentivos. Quanto maior a oportunidade e menor o risco para a prática de determinada conduta, mais ela irá se apresentar. Isso também é válido para a corrupção. A velha estratégia da "vara e cenoura", ou seja, da punição e recompensa, é o que funciona para estimular ou desestimular condutas.

A impunidade é a regra para a grande corrupção no Brasil. Os escândalos se sucedem sem maiores consequências. Os crimes permanecem encobertos, protegidos pela falta de transparência dos negócios governamentais, e, quando revelados, os responsáveis não são punidos, devido às falhas dos mecanismos de apuração e punição. Práticas como o nepotismo, o patrimonialismo, o loteamento político de cargos públicos, a burocracia que gera dificuldades para vender facilidades e a fragmentação político-partidária geram incentivos para a corrupção. Até mesmo os custos morais da corrupção são minimizados quando as oportunidades são diversas e as punições, escassas. Muitos se perguntam se a corrupção é mesmo errada se tantos a praticam impunemente.

A Operação Lava Jato, enquanto durou, mudou o jogo no Brasil. A grande corrupção foi revelada em detalhes nos processos e julgamentos públicos. A internet potencializou o acesso à informação e a imprensa fez a sua parte publicando os fatos. Dessa vez, ninguém no Judiciário tentou esconder fatos, provas e processos. A grande corrupção não era mais uma suspeita ou um escândalo sem consequências. Aprendemos que, sim, a grande corrupção era endêmica, muito pior, provavelmente, do que imaginava o autor daquele comunicado do Departamento de Comércio dos Estados Unidos. Ela estava entranhada em empresas estatais, na administração pública direta, em todas as esferas governamentais, alimentando agentes públicos, partidos políticos, empresas privadas, em verdadeira captura do Estado por interesses especiais.

Durante a Lava Jato, a regra da impunidade da grande corrupção foi quebrada. Crimes foram investigados, criminosos foram julgados, condenados e presos em um número sem paralelo com o que havia acontecido no passado. Até mesmo o improvável aconteceu: criminosos, temendo a consequência jurídica de seus atos, resolveram, de forma inédita, colaborar com a Justiça, confessando suas faltas e providenciando provas contra seus cúmplices. Com a Lava Jato, a aplicação da Justiça na forma da lei se impôs, mesmo contra aqueles que se acreditavam invulneráveis.

Por tudo isso, a Operação Lava Jato mostrou que um outro Brasil é possível. Não é nosso destino manifesto ser um país corrupto. O sistema da corrupção não é um produto da natureza. É uma construção humana, resultado de uma fraqueza institucional e cultural, que pode ser superada desde que haja a vontade necessária para simplesmente aplicar a lei.

O Brasil, durante a Lava Jato, passou a ser visto com outros olhos pela comunidade internacional. A percepção era de que estava fazendo, pela primeira vez, a lição de casa. Um país vinculado à lei. Não mais um refúgio para criminosos, mas uma nação que ajudava outras no combate à corrupção, compartilhando provas de suborno de autoridades estrangeiras e chamando à responsabilidade empresas estrangeiras que haviam subornado agentes públicos brasileiros. Tive a oportunidade de presenciar essa mudança de visão em viagens internacionais para falar sobre a Lava Jato. Não poucos estrangeiros, em países que enfrentavam situação similar, me perguntavam espantados: "Como estão conseguindo fazer isso no Brasil?" Lembro de um artigo do escritor peruano Mario Vargas Llosa, Prêmio Nobel de Literatura, em que ele, apesar dos elogios aos esforços anticorrupção no Brasil e na América Latina, via com assombro os seus avanços, chegando a afirmar que era um milagre que eu, como juiz responsável pelos principais casos, ainda estivesse vivo, já que a América Latina não é uma região imune a assassinatos políticos.[3]

Gosto de comparar o sistema da corrupção com a inflação descontrolada que tivemos no Brasil durante a década de 1980 e parte da de 1990. A inflação parecia invencível e tivemos até mesmo surtos de hiperinflação, quando, por exemplo, a moeda perdia mais de 50% de valor em um mês. Vários planos de estabilização da moeda falharam, gerando uma sensação de eterno fracasso contra a inflação. Parecíamos estar em um poema de Samuel Beckett, sem a parte do fracassar melhor.[4] Inconformados, até mesmo economistas brasileiros chegavam a afirmar que era inútil combater a inflação, que os reajustes excessivos nos preços eram uma realidade natural da nossa economia e faríamos melhor simplesmente aprendendo a conviver com isso. Mas em 1994 tudo mudou: um plano econômico bem concebido e implementado acabou com a inflação descontrolada – espero que para sempre. A inflação ainda nos ronda, infelizmente, mas a hiperinflação faz parte do passado e nenhum

---

[3] LLOSA, Mario Vargas. "Lula entre rejas". *El Pais*. Disponível em <https://elpais.com/elpais/2018/04/13/opinion/1523620881_400713.html>. Acesso em 2/09/2021.
[4] Referência ao texto de Samuel Beckett publicado no livro *Worstward Ho*: "*Ever tried. Ever failed. No matter. Try again. Fail again. Fail better.*" (Tente. Fracasse. Não importa. Tente de novo. Fracasse de novo. Fracasse melhor.)

brasileiro em sã consciência afirma atualmente que a inflação é algo incontrolável. A Operação Lava Jato mostrou que isso também pode ocorrer com o sistema da corrupção. Nada ou ninguém é invencível.

Não ignoro os reveses políticos recentes contra a Operação Lava Jato ou contra o combate à corrupção. Não vejo isso como uma derrota pessoal, pois o que fiz contra a corrupção, junto com muitos, não foi para benefício pessoal, mas porque era meu dever como magistrado e porque era importante para o país. Ainda assim, apesar dos reveses, a Lava Jato mostrou que a mudança é possível e que o sistema da corrupção pode ser enfrentado com vigor e sucesso.

Este livro é a minha história focada no combate ao sistema da corrupção. Um grupo de policiais, procuradores da República, advogados e juízes, com grande apoio da população e da opinião pública, conseguiu vitórias importantes contra a grande corrupção. A luta foi desigual, mas as sementes foram plantadas. Haverá um tempo para colher os resultados. A Operação Lava Jato permanecerá na história como a maior investigação já realizada contra o sistema da corrupção e um exemplo de que pessoas e instituições podem fazer a diferença. Não há destino manifesto e o futuro é uma página a ser escrita.

A minha história não estaria completa se não abrangesse outros episódios que vivi, antes e depois da Lava Jato: os momentos de formação durante a carreira de juiz, que moldaram minha atuação profissional no decorrer da operação; o período posterior, já no Poder Executivo, que deve ser avaliado em vista do passado, pois minha principal motivação para aceitar o cargo de Ministro da Justiça e Segurança Pública foi buscar consolidar os avanços anticorrupção. O leitor vai encontrar relatos sobre todos esses períodos.

Hoje, posso dizer que tive dois dos empregos mais desafiadores do mundo.

Primeiro, como juiz da Lava Jato em Curitiba, atuando em casos de grande corrupção em um ambiente de impunidade. Figuras importantes da política e do mundo empresarial foram processadas, julgadas e presas por crimes graves. A pressão para que os processos judiciais não prosperassem, as dificuldades de investigação, prova e tramitação das ações penais foram imensas, assim como os ataques pessoais. Foi o preço a pagar para aplicar a lei mesmo frente a poderosos interesses especiais.

Em um segundo momento, como Ministro da Justiça e Segurança Pública em Brasília, buscando, contra a corrente, consolidar os avanços contra a corrupção, que demandavam reformas mais profundas. A maioria da população apoia inequivocamente essa pauta, mas o sistema da corrupção é um poderoso mecanismo contramajoritário. Reúne interesses de uma minoria política, encastelada na estrutura de poder, que, não raro, impõe a sua vontade para impedir mudanças e gerar retrocessos. Interesses gerais majoritários, mas dispersos, têm dificuldade para fazer frente a interesses especiais organizados.

Desde que deixei a carreira de juiz, ainda no decorrer da Lava Jato, tenho sido cobrado a escrever uma autobiografia. Após ter pedido exoneração do cargo de ministro, a demanda cresceu, inclusive para que abordasse minha passagem pelo Poder Executivo. Este livro é, em parte, uma tentativa de atender a essas solicitações. Não espere, porém, o leitor um relato completo dos fatos. Para tanto, seria necessário maior distanciamento temporal em relação a eles. Entre os problemas de escrever sobre acontecimentos recentes está o de que eles envolvem questões não de todo consolidadas e que podem ter desdobramentos imprevisíveis ao longo do tempo. O passado constrói o futuro e o futuro influencia a interpretação do passado.

Quem sabe algum dia eu escreva um relato mais abrangente e detalhado, abordando fatos sobre os quais fica muito difícil me posicionar no momento. Isso não é incomum em registros autobiográficos. Lembro do exemplo de Joseph Pistone, o agente do FBI que se infiltrou na máfia norte-americana – inicialmente, ele relatou sua experiência no livro *Donnie Brasco: My Undercover Life in the Mafia* (Donnie Brasco: Minha vida clandestina na máfia), de 1988, mas guardou algumas histórias que não pôde contar no primeiro livro para uma segunda obra, publicada 19 anos depois: *Donnie Brasco: Unfinished Business* (Donnie Brasco: Negócio inacabado), de 2007. Algumas revelações específicas terão que aguardar tempo equivalente.

Além dos relatos das experiências pessoais, o leitor encontrará nestas páginas o que penso sobre alguns temas relevantes para o país, como democracia, combate à corrupção, ao crime organizado e à lavagem de dinheiro, Estado de Direito e funcionamento das instituições brasileiras.

Em muitas oportunidades, como o leitor sabe ou saberá, os obstáculos que enfrentei como juiz ou como ministro foram intransponíveis, apesar do meu empenho. Como pessoa pública que sou, tenho consciência de que meus atos estão sujeitos a críticas – ainda que muitas delas tenham um claro viés político-partidário. Mas, como juiz ou como ministro, nunca deixei de fazer aquilo que acredito ser a coisa certa. Quero crer que, em todos os momentos de decisão da minha vida profissional que apresento neste livro, eu tenha feito sempre a escolha certa segundo as informações que tinha à época. Espero, com esta obra, convencer quem me lê de que as minhas escolhas foram as melhores possíveis. Mas minhas pretensões terminam aqui. Juiz, agora, é o leitor.

*　*　*

Faço uma última observação a título introdutório. Refiro-me no decorrer do livro a vários casos criminais que passaram por minhas mãos. Em sua maioria, já foram julgados em primeira e segunda instância, então os relatos aqui apresentados encontram respaldo nas sentenças e nos acórdãos. No entanto, o trânsito em julgado no Brasil de processos por crimes complexos é quase uma miragem, tornando sempre possível uma reviravolta dos acontecimentos, já que o sistema judicial brasileiro não é exatamente um manancial de segurança jurídica. Logo, quanto às afirmações que faço de que alguém cometeu um crime, por exemplo, de que tal pessoa pagou ou recebeu suborno, o leitor deve ter em consideração que elas foram feitas com base no que consta em documentos oficiais, especialmente sentenças e acórdãos.

Minhas afirmações não representam, dada a insegurança jurídica, necessariamente um juízo definitivo dos fatos, das provas e da responsabilidade dos envolvidos. As condenações podem ser revistas e mesmo os aparentemente culpados se mostrarem inocentes, segundo decisões do Judiciário brasileiro. Isso vale para todas as pessoas e todos os casos mencionados neste livro, mesmo para os condenados que confessaram seus crimes. Portanto, tenha o leitor presente que todas as pessoas aqui mencionadas foram consideradas culpadas em processos não encerrados, ainda que julgados por mais de uma instância, com o que todas são presumivelmente inocentes. Isso também é válido para o ex-Presidente da República Lula e o ex-Presidente da Câmara Eduardo Cunha, que tiveram anuladas pelo STF as condenações criminais por corrupção já exaradas em mais de uma instância. Apesar da anulação por questões formais, sem avaliação de mérito, ou seja, se eram ou não culpados, tanto Lula como Cunha devem ser considerados inocentes antes de uma eventual nova condenação. Talvez sejamos todos, de fato, muito inocentes em permitir tamanha insegurança jurídica, mas há quem diga que o Direito cria sua própria realidade.

CAPÍTULO 1
Faça a coisa certa, sempre

Quando assumi o Ministério da Justiça, em janeiro de 2019, coordenei uma campanha entre os funcionários da pasta para reforçar a ética no serviço público e a importância de que eles a exercessem cotidianamente e, dessa forma, dessem o tom da nova administração. Os funcionários públicos têm de ser um exemplo de conduta para toda a população. O lema era: "Faça a coisa certa, sempre."

Para o lançamento da campanha, chamei o historiador Leandro Karnal, que havia conhecido alguns anos antes em um jantar em Curitiba, e o deputado federal Marcelo Calero. Considero o Karnal um excelente palestrante e achei que ele certamente motivaria os funcionários do ministério. Já o deputado foi convidado para que pudesse narrar aos servidores um episódio vivido por ele em 2016, quando renunciou ao cargo de Ministro da Cultura. Calero, segundo seu relato, havia sido abordado por um colega ministro para que desse uma espécie de "jeitinho" para liberar, em Salvador, uma obra embargada pelo patrimônio histórico. Recusou-se a fazê-lo e, ao denunciar a abordagem imprópria, não obteve respaldo do governo da época. Por isso preferiu renunciar ao cargo. Era o tipo de exemplo que eu queria passar aos funcionários do Ministério da Justiça e de órgãos vinculados para ilustrar o lema da campanha. É preciso fazer a coisa certa, sempre, mesmo quando é difícil.

O valor pessoal, aliás, surge quando fazer a coisa certa envolve alguma dose de sacrifício. Não se pode transigir com o desvio ético na administração pública. Renunciar a um cargo de ministro não é um ato ordinário, mas pode ser necessário, como eu também descobriria no futuro. O deputado havia feito o que era certo, e era isso que eu esperava dos funcionários do Ministério da Justiça se situações daquele tipo surgissem. Geddel Vieira Lima, o ministro apontado como responsável por aquela abordagem imprópria a Calero, foi posteriormente condenado por improbidade administrativa por conta desse episódio e também por crime de lavagem de dinheiro depois que foram encontrados cerca de 50 milhões de reais em espécie em um apartamento ligado a ele em Salvador.

Às vezes o rumo certo a seguir é claro e cristalino. É óbvio, porém, que nem tudo na vida é tão simples e nem sempre sabemos tão claramente qual a conduta exigida quando se precisa fazer a coisa certa. A vida nos coloca, com frequência, diante de escolhas difíceis em cenários nebulosos. É preciso avaliar todas as circunstâncias, refletir profundamente a respeito e então decidir. Como nosso conhecimento é imperfeito e ninguém é senhor da razão, há sempre o risco de errar. Nesse caso, o que importa é a pretensão de correção. Fazer a coisa certa, sempre, convive normalmente com a hipótese do erro, desde que se aja com a pretensão de correção. Em outras palavras, o erro faz parte da condição humana, o importante é querer acertar.

Fazer a coisa certa, sempre, é algo que se aprende na vida. Bons exemplos são fundamentais. Gosto de dizer – e é verdade – que aprendi isso desde a infância, com meus pais. Nasci e cresci em Maringá, um dos dois grandes polos econômicos do norte do Paraná, ao lado de Londrina. Meu pai, Dalton Moro, descendente de italianos, infelizmente falecido em 2005, lecionava geografia na Universidade Estadual de Maringá (UEM) e era profundo conhecedor da história da cidade e da região. Minha mãe, Odete Moro, de ascendência alemã, dava aulas de português no segundo grau (atual ensino médio) da rede pública e era grande admiradora de Clarice Lispector, Fernando Pessoa e Guimarães Rosa. Não tenho memória de qualquer episódio negativo envolvendo meus pais. Sempre trataram todos com justiça, generosidade e correção. Anos depois, durante a Lava Jato, quiseram relacionar meu pai a um partido político. Em princípio, isso não teria nada de errado, mas era falso, pois meu pai nunca teve ligações político-partidárias.

Como meus pais eram professores, fui criado entre livros, com enciclopédias, clássicos da literatura, estudos de geografia, atlas e mapas de todo tipo à disposição (em uma era pré-internet). Sempre gostei muito de ler. De Dostoiévski a Agatha Christie, passando pela incontornável Coleção Vagalume. Também devorei livros sobre história, do mundo e do Brasil, que eu adorava, além de biografias de grandes personagens.

Minha infância foi tranquila, tipicamente interiorana, ao lado do meu irmão, um ano e nove meses mais velho: brincadeiras de rua, viagens de férias ou a passeio para as Sete Quedas do rio Paraná ou para a praia em Balneário Camboriú, Santa Catarina. Fiz o ensino fundamental e parte do médio no Colégio Santa Cruz, católico, das irmãs carmelitas. No último ano do ensino médio, fase pré-vestibular, fui para uma escola pública, a Gastão Vidigal, também em Maringá.

Apesar de ter bom desempenho em matemática, eu gostava mesmo era da área de humanas. Pensei em fazer Jornalismo, mas no fim dos anos 1980 o curso não era oferecido na cidade e acabei escolhendo Direito na UEM. O curioso é que minha família não tinha nenhuma tradição na área jurídica. Meu pai chegou a frequentar churrascos e jogos de futebol com advogados, promotores e juízes amigos dele em Maringá. O grupo era chamado de "Clube da Justiça", mas aquele ambiente não influenciou minha escolha profissional.

Para ser franco, nos primeiros anos de faculdade, eu não sentia grande atração pelo Direito. Naquela época, preferia os livros de história e filosofia. Estudei latim por algum tempo e resolvi fazer aulas de grego antigo para ver se seria possível ler os filósofos gregos no original. Mas não avancei nem com um, nem com outro.

Na metade da graduação, comecei a estagiar em um escritório de advocacia tributária de Maringá. É bom que se diga que Direito Penal e Processual Penal não eram minhas disciplinas preferidas na época. O advogado Irivaldo de Souza, dono do escritório, foi um grande exemplo de conduta profissional: ético, cordato e respeitoso. Ele tinha um cuidado extremo em defender o direito do cliente sem ofender a outra parte ou o juiz. Lembro-me de, certa vez, ser corrigido por ter escrito, em um rascunho para uma petição jurídica, "o juiz errou". "Prefira 'o juiz equivocou-se'", ele ponderou. Advocacia clássica, eficiente e educada. Hoje em dia me espanto com o comportamento de alguns advogados em suas atuações profissionais, que nem de longe têm o mesmo recato. Advogados podem ser combativos (e isso é um mérito), mas não se pode, como em qualquer profissão, perder a educação. Parte da advocacia atual, ainda que minoritária, tem uma postura muito agressiva.

Completei a graduação na UEM em 1994 e comecei a atuar como advogado tributarista. Certo dia, um sócio do escritório, conversando sobre a profissão, disse uma frase que me marcou: "Moro, na advocacia tem muita vitória, mas nem sempre com glória." Eu logo entendi o significado daquelas palavras. Embora seja comum o advogado vencer uma causa, isso não implica, necessariamente, que seu cliente tenha razão. Nem sempre há justiça na vitória, ainda que o advogado tenha defendido, como deve fazer, os interesses do seu contratante da melhor maneira possível. O compromisso do advogado com seu cliente não representa qualquer demérito para a profissão, mas, naquele tempo, eu queria algo diferente: poder lidar com o Direito com independência e autonomia, avaliar com clareza qual parte tinha razão. Então decidi prestar concurso para juiz federal. No início da década de 1990, a maior parte dos processos que tramitavam na Justiça Federal envolvia a questão tributária, que me agradava e com a qual eu já estava familiarizado desde o estágio. Lembro que havia pouquíssimas varas federais no interior – a de Maringá, por exemplo, fora criada quando eu ainda estava na graduação.

Fui aprovado no concurso. Como era um processo seletivo muito rigoroso e, em 1996, havia poucos juízes federais, aquilo me deu certa notoriedade entre a comunidade jurídica de Maringá. Tomei posse como juiz em junho de 1996, prestes a completar 24 anos – na época, não se exigia o período mínimo de três anos de experiência profissional no Direito para exercer a magistratura. Trabalhei como juiz substituto em uma vara de execução fiscal de Curitiba até 1998.

O trabalho na vara de execução fiscal me forneceu uma primeira lição: a baixa efetividade da Justiça brasileira. A vara tinha milhares de processos e era muito difícil fazê-los tramitar com a desejada velocidade. O índice de recuperação dos créditos tributários era baixo. Não se encontravam bens dos devedores para serem penhorados. E, quando se achavam, o devedor normalmente apresentava sua defesa e o julgamento final levava anos, mesmo quando corria rápido na primeira instância. Finda essa fase, havia dois resultados possíveis. Um, o devedor tinha razão e o bem era liberado para ele. Dois, a Fazenda tinha razão, o bem teria que ser vendido e o produto, utilizado para pagar a dívida. Mas, quando o bem ia a leilão, em geral estava deteriorado ou não tinha valor significativo. Faziam-se repetidos leilões dos bens, sem que aparecesse qualquer interessado.

No papel, o processo até funcionava, mas no mundo real pouco acontecia. Uma das primeiras medidas que tomei foi orientar os oficiais de justiça a só penhorar bens que pudessem ser vendidos em leilão, ou seja, que tivessem chances reais de encontrar adquirentes interessados. Outra foi a de encontrar um leiloeiro competente que se encarregasse de retirar o bem penhorado da posse do devedor e vendê-lo. Medidas muito simples, mas que até o momento ninguém se importava em adotar. A inércia, afinal, é uma das forças mais poderosas do Universo. A Justiça precisa de efetividade. Do contrário, é uma farsa de acúmulo de papel e de estatísticas sobre aquela quantidade de papel amontoado.

Ainda em Curitiba, atuei algum tempo como juiz substituto em uma vara previdenciária. Ali, por outra perspectiva, presenciei a perversidade do sistema judiciário. Era elevado o número de pessoas que recorriam à justiça para obter o reconhecimento do direito a uma pensão ou uma aposentadoria após terem os seus requerimentos negados pelo Instituto Nacional de Seguridade Social (INSS). É verdade que, na época, a legislação previdenciária não era a mais sábia, favorecendo aposentadorias e benefícios precoces, um sistema que seria reformado muitos anos depois. Mas, se a legislação contemplava aquele direito, não era certo indeferi-lo administrativamente quando o pleiteante tinha razão. A Justiça Federal vivia abarrotada de ações nas quais se impugnavam indeferimentos administrativos, e elas tramitavam por anos, gerando situações de extrema injustiça. Particularmente, me incomodava a demora para ver o resultado de ações nas quais se reclamavam benefícios previdenciários decorrentes de doença ou de incapacidade para o trabalho. As ações envolviam questões urgentes, de pessoas que muitas vezes não tinham condições de trabalhar, mas, apesar disso, passavam-se anos até que uma decisão judicial reconhecesse a existência de um direito denegado. Isso precisava ser resolvido em um tempo mais razoável. Comecei, como juiz, a acelerar os trâmites das ações previdenciárias, realizando mais audiências e tentando resolver tudo de maneira concentrada. Comprei algumas brigas por isso, mas, pelo menos em parte, foi possível avançar na efetividade da justiça previdenciária, mesmo quando a nossa lei processual não ajudava.

Essas experiências na vara de execução fiscal e na previdenciária foram o meu laboratório particular e iriam influenciar a minha atuação no futuro, em um contexto diferente, em uma vara com processos criminais. A Justiça efetiva é um valor fundamental para todas elas, mas especialmente na última. Quem tem razão, seja autor, seja réu, tem de ganhar e levar; não pode ser uma Justiça de faz de conta.

Ainda em 1996, acabei aceitando um convite para ministrar, no período noturno, algumas aulas de Direito Constitucional na Faculdade de Direito de Curitiba, mais tarde rebatizada de UniCuritiba. Continuei nessa atividade até 1998, quando tive de mudar de cidade por conta da progressão na carreira de juiz. Tempos depois, em 2007, eu retomaria a atividade de professor. Talvez por ser filho de docentes, a vocação estava no sangue. Sempre gostei de dar aulas e do contato com os estudantes. Mas, por meu comprometimento com a magistratura em primeiro lugar, sempre fui um juiz que dava aulas nas horas vagas, e não um professor que era juiz nas horas vagas. Embora reconheça a importância de haver professores com dedicação integral à pesquisa e ao ensino, sempre entendi que a profissão de juiz ajudava a lecionar, ao permitir que as aulas fossem guiadas por uma visão muito consciente da atividade jurídica prática.

Devo muito à Faculdade de Direito de Curitiba, pois foi ali que conheci, ainda em 1996, minha futura esposa, Rosângela. Enquanto ela foi minha aluna, não mantivemos qualquer relacionamento e, na verdade, não éramos próximos. Quase um ano depois do fim das aulas, nos encontramos por puro acaso e iniciamos um relacionamento. Em 1999, casamos. Rosângela é advogada atuante no terceiro setor. Atende principalmente associações ou entidades ligadas à proteção de pessoas com deficiência e de pessoas com doenças raras. Falar de meu relacionamento com ela demandaria um livro exclusivo. Certamente Rosângela não imaginava aonde nosso relacionamento a levaria, mas seu apoio e sua compreensão durante toda a minha carreira, em 22 anos de casamento, foram totais. Isso fez a diferença.

Pouco antes do casamento, fui promovido do cargo de juiz federal substituto para o de juiz federal. A promoção me levou a assumir a única Vara Federal em Cascavel, no oeste do Paraná. Sua competência era plena, o que significa que não lidava somente com execuções fiscais ou ações previdenciárias. Lidava com processos de todos os tipos, envolvendo todas as matérias: cíveis, administrativas e criminais. As demandas eram muitas, os desafios, grandes. Em Cascavel, pela primeira vez, tive contato com investigações criminais que envolviam remessas fraudulentas de valores por contas CC5, das quais falarei adiante. As investigações sobre esses fatos estavam na época concentradas em Foz do Iguaçu, mas havia algumas ramificações em Cascavel. Essa experiência foi uma espécie de prelúdio.

Em 2000, a meu pedido, fui transferido de Cascavel para a 3ª Vara Federal de Joinville (SC), que possuía competência geral. Tínhamos na cidade um Ministério Público Federal bastante ativo em questões ambientais, então me lembro de ter feito várias visitas presenciais a locais apontados como degradados para ver se as alegações do processo realmente eram procedentes. Era uma boa experiência ver com os próprios olhos o local dos fatos. Perto do final do período em Joinville, atuei em um Juizado Especial previdenciário, novamente com ações judiciais que diziam respeito a aposentadorias e pensões. Em 2002, também a meu pedido, fui transferido de novo, dessa vez para a 2ª Vara Federal Criminal de Curitiba, que anos mais tarde seria renomeada como 13ª Vara Federal Criminal. Eu mesmo havia solicitado a transferência, já que tanto eu quanto a minha esposa, curitibana, queríamos voltar a morar na capital paranaense.

A Vara Criminal não era um desafio tão novo. Já havia lidado com algumas ações penais como titular de varas com competência plena e passei a gostar da área, porque os casos não eram repetitivos como alguns processos na área cível. Mas eu teria que me aperfeiçoar, focando meus estudos em Direito Penal e Processual Penal. No fundo, tinha certeza de que, com dedicação, poderia me tornar um bom juiz criminal. Como se diz, o hábito faz o monge.

O conhecimento jurídico é importante na área penal, mas o mais importante é estudar as ações criminais com profundidade. Processo penal é, acima de tudo, uma questão de prova: repeti esse mantra centenas de vezes tanto em palestras quanto para meus alunos no curso de Direito. Não há mistério.

Estudo também não faltava, pois, mesmo como juiz, nunca abandonei a área acadêmica. Durante o périplo pelo interior, tive oportunidade de finalizar o mestrado e o doutorado em Direito pela Universidade Federal do Paraná. Também fiz cursos no exterior, um deles na Universidade Harvard, nos Estados Unidos, em 1998. Aquele curso, mesmo que breve, marcou-me profundamente. Em Harvard, abri os olhos para o Direito norte-americano, na época mais avançado que o do Brasil nas disciplinas de que eu gostava, como Direito Constitucional. No fim da década de 1990, por exemplo, eles já discutiam sobre os direitos das minorias, algo que só entraria na agenda jurídica brasileira muitos anos depois.

Os norte-americanos possuem uma visão bem mais pragmática do Direito, diferentemente dos brasileiros. A Justiça tem de ser efetiva. Dos instrumentos disponíveis no Judiciário dos Estados Unidos, o *plea bargain* é um dos mais relevantes. A admissão de responsabilidade pelo acusado na ação penal em troca de redução substancial da pena pode gerar algumas distorções, mas, sem dúvida, traz eficácia para o funcionamento da Justiça no país, já que dá rapidez à tramitação da ação penal. O *plea bargain* é utilizado em mais de 90% dos processos criminais nos Estados Unidos. Como Ministro da Justiça, como veremos adiante, tentei introduzir o instrumento no Brasil, mas a resistência e o preconceito de parte do Congresso prevaleceram.

No Brasil, ao contrário, há uma valorização excessiva do formalismo jurídico, que, na área criminal, acaba servindo como escudo protetor para acusados com algum poder econômico, capazes de contratar advogados com competência para manejar o intrincado sistema processual penal brasileiro. Por aqui, a busca pela verdade no processo penal transforma-se, muitas vezes, na busca pelo erro processual, na tentativa de anular todo um trabalho do policial, do procurador ou do juiz, a partir de pequenas falhas formais que, na maioria dos casos, em nada prejudicam a qualidade das provas nem afetam direitos fundamentais do acusado.

Certamente, a verdade, no processo penal, não corresponde a uma verdade real ou uma revelação divina. Ela é uma reconstrução histórica do ocorrido, própria das instituições humanas, e não uma verdade a todo custo. Mas ainda assim é a verdade. Fatos alternativos são falsos tanto nas redes sociais como nas esferas da Justiça. Nossa Justiça, excessivamente formal, ao obscurecer o compromisso com a verdade e com a realização da Justiça na forma da lei, acaba sendo censitária[5] – seus resultados dependem da capacidade do acusado de, por meio de bons advogados, levantar filigranas formais para encerrar o caso nos tribunais, muitas vezes generosos com esse tipo de argumento, sem que se avalie a culpa ou a inocência do acusado.

Ainda que falho, nosso Judiciário avançou bastante nas últimas décadas, em paralelo à modernização das relações sociais no Brasil. A partir dos anos 1990, houve uma mudança significativa na pauta da Justiça Federal criminal. Se até então os juízes federais julgavam sobretudo crimes de moeda falsa, contrabando e descaminho, passaram a se concentrar em delitos mais complexos, como tráfico internacional de drogas, até começarem a cuidar de grandes casos de corrupção e lavagem de dinheiro.

Naquela época, em 2002, um estudo do Conselho da Justiça Federal constatou falhas na aplicação da lei que criminaliza a lavagem de dinheiro

---

[5] Justiça censitária é uma analogia com a prática do voto censitário, em que o direito ao voto era reservado somente aos cidadãos que tivessem nível elevado de renda ou de propriedade. Como exemplo, temos a Constituição brasileira de 1824, que limitava o direito de voto àqueles com renda líquida anual de 100 mil réis "por bens de raiz, indústria, comércio ou empregos". O voto censitário foi substituído pelo sufrágio universal, característico de uma verdadeira democracia.

no Brasil.[6] A avaliação era de que seria uma lei "no papel", com poucas investigações e casos sendo levados a julgamento na Justiça. Como remédio, o Conselho recomendou a todos os tribunais regionais federais que transformassem uma vara em cada unidade da federação em especializada em crimes financeiros e de lavagem de dinheiro. O Tribunal Regional Federal da 4ª Região (TRF-4), em Porto Alegre, decidiu especializar, para todo o estado do Paraná, a 2ª Vara Federal Criminal de Curitiba, justamente a minha. Existiam três varas federais criminais em Curitiba e não houve uma razão específica para a escolha. Foi puro acaso.

Aqui vale uma explicação. A criminalização da lavagem de dinheiro é um acontecimento relativamente recente. Como prática, a lavagem de dinheiro existe há tempos imemoriais: desde que o crime produz riqueza, se utilizam estratagemas de ocultação e dissimulação desses valores. Mas como crime autônomo em relação ao crime que o antecede, as primeiras legislações a respeito são relativamente recentes no mundo todo, diria que das décadas de 1970 e 1980. A lei federal norte-americana, por exemplo, é de 1986. No Brasil, somente em 1998 foi aprovada a lei de prevenção e repressão à lavagem de dinheiro.

A criminalização segue uma tendência mundial e um formato padrão. A comunidade internacional passou a adotar legislação antilavagem com o objetivo de coibir a atividade criminosa, especialmente a organizada, e proteger o mercado e o mundo dos negócios da influência disruptiva do crime. Em 1989, o G7 – que reúne os chefes de Estado dos países mais desenvolvidos do planeta – decidiu criar o Financial Action Task Force (FATF), um organismo intergovernamental dedicado a traçar parâmetros internacionais de prevenção e combate à lavagem de dinheiro e ao financiamento ao terrorismo. O FATF, também conhecido como GAFI (Grupo de Ação Financeira contra a Lavagem de Dinheiro e o Financiamento do Terrorismo), atualmente tem mais de 200 membros, inclusive o Brasil. Os países-membros fazem avaliações mútuas para examinar a conformidade ou não da legislação local com os padrões exigidos internacionalmente.

---

[6] Lei 9.613, de 1998.

Esse foi um dos motivos da criação de varas especializadas em lavagem de dinheiro no Brasil. Havia um receio de que o país fosse mal avaliado, pois praticamente não tínhamos casos concretos sendo julgados nas nossas Cortes de Justiça. Havia uma única condenação criminal em 2002 e sequer transitada em julgado. A especialização da Vara Federal na qual eu atuava inseria-se nesse contexto, respondendo a uma demanda internacional pela efetividade da lei de lavagem.

Em pouco tempo a 13ª Vara Federal Criminal de Curitiba seria submetida a diversas provas de fogo. A primeira delas foi o Caso Banestado, personificado por um astuto doleiro que por anos ganharia as manchetes pelo país.

CAPÍTULO 2
O doleiro dos doleiros

Não foi nada fácil capturar Alberto Youssef pela primeira vez. No início dos anos 2000, o doleiro tinha contatos na delegacia da Polícia Federal em Londrina, onde morava, e por isso vinha escapando havia anos dos mandados de prisão. Em outubro de 2003, quando decretei sua detenção, pensei que teria de fazer algo diferente para que ele não continuasse fugindo. Em vez de acionar a delegacia da PF em Londrina, onde eu suspeitava que o doleiro tivesse informantes, entreguei a ordem nas mãos de um delegado em Curitiba, Luiz Pontel – anos mais tarde, Pontel serviria comigo no Ministério da Justiça, como secretário-executivo. Em um carro descaracterizado, três agentes da confiança de Pontel viajaram da capital paranaense até Londrina, no norte do estado, onde se hospedaram em um hotel simples, para não chamar a atenção. A equipe percorreu todos os endereços de Youssef e de parentes dele. Enquanto isso, de Curitiba, o delegado verificava se o doleiro havia embarcado em algum voo recentemente. Tudo indicava que Youssef estivesse em sua terra natal, mas, passada uma semana, não havia nem rastro dele.

No dia 30 de outubro, os agentes, desanimados, telefonaram para o delegado e sugeriram retornar a Curitiba. Mas, como dali a três dias seria o feriado de Finados e a mãe de Youssef morrera duas semanas antes, Luiz Pontel sugeriu que a equipe identificasse o cemitério e o túmulo da falecida e, no domingo, aguardasse uma possível visita do doleiro à sepultura.

Assim foi feito. Passava pouco das onze da manhã quando Youssef aproximou-se do jazigo no Cemitério Parque das Oliveiras. Com toda a discrição possível, os policiais aproximaram-se do doleiro e um deles anunciou:

– Senhor Youssef, o senhor está preso.

A prisão no cemitério não era algo muito desejável, mas foi a única forma de surpreender o doleiro dos doleiros e prendê-lo. Ao ser detido naquele dia de Finados, Youssef estava com um cheque de 150 mil reais emitido por terceiro em favor de José Janene, deputado federal pelo Paraná. Uma longa história começava ali.

* * *

Até o início daquele ano, tramitavam nas varas federais criminais de Foz do Iguaçu vários inquéritos para apurar um gigantesco esquema de evasão de divisas por meio das CC5, que nada mais eram do que contas bancárias no Brasil de pessoas residentes no estrangeiro. Naquele início dos anos 2000, a Polícia Federal (PF) e o Ministério Público Federal (MPF) descobriram que contas desse tipo abertas em agências bancárias de Foz do Iguaçu haviam se transformado em dutos por onde foram enviados ao exterior, entre 1996 e 2000, cerca de 20 bilhões de dólares, dinheiro decorrente de crimes variados, como sonegação fiscal, corrupção e tráfico de drogas. Pelas CC5, por exemplo, transitou dinheiro desviado da construção da avenida Água Espraiada, em São Paulo, na gestão do prefeito Paulo Maluf (1993-1996), e do grupo criminoso dirigido pelo ex-policial e bicheiro João Arcanjo Ribeiro, de Mato Grosso.

Basicamente, eram dois os esquemas. Em um deles, mais simples, depositava-se o valor em contas-correntes comuns em nome de pessoas interpostas, denominadas vulgarmente de laranjas, e depois fazia-se a transferência do dinheiro dessas contas para a CC5. Pelo segundo esquema, mais complexo, contas-correntes comuns de laranjas em Foz do Iguaçu recebiam depósitos de altos valores de pessoas e empresas de todo o país. Em seguida, o dinheiro era sacado em Foz e levado em carros-fortes para a vizinha Ciudad del Este, no Paraguai. De lá, voltava ao Brasil, para simular que fosse decorrente da atividade comercial entre os dois países (estratégia para dificultar eventual investigação da origem do dinheiro), e só então era depositado em contas CC5. Depositados os valores nas contas CC5, eles ficavam disponíveis para remessa ao exterior. Era na época o modo mais simples de enviar dinheiro para fora do país.

Nos dois esquemas, uma vez na CC5, o dinheiro seguia para contas de passagem no exterior e depois ia para as contas do real dono do dinheiro, geralmente em paraísos fiscais. Já as contas-correntes comuns dos laranjas no Brasil eram utilizadas por menos de 30 dias e depois encerradas, dando lugar a outras, e assim sucessivamente, tudo para evitar que a elevada movimentação fosse identificada a tempo pelas autoridades de controle. Através dos dois esquemas, ocultava-se o real titular do dinheiro depositado nas contas CC5 e enviado ao exterior. Funcionários de instituições bancárias em Foz do Iguaçu, principalmente do Banestado (Banco do Estado do Paraná), onde a fraude ocorreu com frequência, faziam vista grossa para o que estava acontecendo. Por isso o esquema de evasão de divisas ficou conhecido como Caso Banestado, o que foi um pouco injusto pois várias outras instituições financeiras abrigaram contas em nome de laranjas para alimentar contas CC5. O escândalo começou a ser investigado pelo Banco Central, que suspeitou do fluxo financeiro anormal pelas CC5 e enviou relatório à Receita Federal e à Polícia Federal.

O esquema criminoso era comandado por doleiros. Aqui não se trata daqueles pequenos vendedores de dólares em espécie em uma agência de turismo que no passado ajudavam os brasileiros em um cenário de dificuldade de compra e venda manual de moeda estrangeira. Os doleiros do Caso Banestado faziam operações de remessa para o exterior ou de recebimento de milhares ou milhões de dólares mediante expedientes fraudulentos. As fraudes eram um prato cheio para a lavagem de dinheiro.

As investigações eram complexas, porque exigiam o rastreamento bancário de dezenas de CC5 e de milhares de contas-correntes comuns espalhadas pelo país. A delegacia da PF em Foz optou por abrir um inquérito para cada conta aberta em nome de um laranja. Aquilo foi um erro, pois dificultava a visão do todo e dispersava as provas, já que um único doleiro controlava dezenas de contas de laranjas, por exemplo. Essa foi uma lição importante que tirei do Caso Banestado e que guardaria para o futuro: "Veja a floresta e não apenas a árvore."

Além do grande número de contas bancárias, rastrear o dinheiro enviado ao exterior não era nada simples. Uma técnica de investigação muito utilizada em crimes complexos é resumida pela frase *Follow the money* – "Siga o dinheiro", em português. A expressão foi consagrada no famoso filme *Todos os homens do presidente*, de 1976, que conta os bastidores das reportagens do jornal *The Washington Post* sobre o escândalo Watergate, que levou à renúncia do Presidente norte-americano Richard Nixon no início dos anos 1970. Ocorre que, no Caso Banestado, seguir o dinheiro exigia a quebra do sigilo de um labirinto infindável de contas.

Em 2002, uma equipe da Polícia Federal foi aos Estados Unidos apurar a movimentação financeira de contas na agência do Banestado em Nova York que haviam recebido remessas das CC5 de Foz do Iguaçu. O Banco Itaú, que havia adquirido o Banestado, ajudou na apuração após obter uma autorização de uma Corte norte-americana para disponibilizar os documentos para a Polícia Federal. Em Nova York, os policiais descobriram que os titulares das contas do Banestado em Nova York eram offshores. Uma explicação ao leitor: o termo offshore é utilizado para qualificar uma empresa que atua somente fora do país no qual ela é constituída. Exemplo, abre-se uma empresa offshore no Panamá para que esta exerça atividade na Suíça. Empresas offshores não são ilícitas por si sós (desde que estejam declaradas à Receita Federal, no caso do Brasil), mas, por facilitarem o anonimato dos verdadeiros proprietários, são comumente utilizadas para a lavagem de dinheiro.

No caso dessas contas no Banestado em Nova York, as empresas offshores só existiam no papel, sem que houvesse estabelecimentos físicos reais. A partir dessas "empresas de papel", os doleiros abriam contas bancárias em outros países, buscando esconder quem era o real controlador. Mas, no caso do Banestado, o esquema não funcionou, pois, com a quebra do sigilo bancário, foi possível obter a documentação dessas empresas nos escaninhos da agência com a indicação do beneficiário final e do verdadeiro controlador da conta. Entre eles, o doleiro Alberto Youssef, que mantinha duas contas no Banestado de Nova York em nome de offshores, a Ranby International Corporation e a June International Corporation. Nessas duas contas, Youssef movimentou, em 1997 e 1998, aproximadamente 831 milhões de dólares. Mas ainda não se sabia o destino final do dinheiro, uma vez que aquelas contas de Nova York serviam apenas de passagem para as contas finais – por isso, foram apelidadas de "contas-ônibus".

Apesar de as investigações avançarem nos Estados Unidos, as varas da Justiça Federal de Foz do Iguaçu não tinham estrutura suficiente para lidar com um caso tão complexo. É nesse ponto que eu entro na história. Com a especialização em crimes financeiros e de lavagem de dinheiro da 2ª Vara Federal Criminal de Curitiba, os inquéritos sobre o Caso Banestado foram todos transferidos para mim. Era uma quantidade imensa de processos, com toneladas de papéis – só bem mais tarde é que eles se tornariam digitais. Eu já tinha ouvido a expressão em inglês *paper intensive* para designar a investigação de crimes de colarinho-branco. Esse caso era a prova viva. Paralelamente, a Polícia Federal e o Ministério Público Federal despertaram para a dimensão da investigação e resolveram criar forças-tarefas, uma de procuradores e outra de delegados, para apurar o caso – modelo que, anos depois, seria repetido com sucesso na Operação Lava Jato.

A mídia começou a divulgar matérias sobre o Caso Banestado no Brasil. Elas tiveram grande repercussão e, por conta disso, o Senado e a Câmara dos Deputados instalaram uma Comissão Parlamentar Mista de Inquérito (CPMI) para investigar os fatos. O presidente era o senador Antero Paes de Barros e o relator, o deputado federal José Mentor – esse último já falecido. Cheguei a receber, mais de uma vez, membros da comissão em visita à 2ª Vara Federal Criminal de Curitiba.

Em 2003, a força-tarefa do MPF passou a apresentar acusações na 2ª Vara Federal Criminal contra dois grupos: os doleiros que utilizavam as CC5 e os diretores e gerentes dos bancos que davam suporte às operações fraudulentas. Um dos principais doleiros do esquema era Alberto Youssef. Para escapar de uma provável pena pesada, ele fez um acordo de colaboração premiada com os Ministérios Públicos Federal e Estadual do Paraná e entregou informações e provas contra outros doleiros e contra integrantes do governo paranaense envolvidos em corrupção. As investigações quanto a esses agentes públicos tramitaram na Justiça Estadual. À 2ª Vara Federal Criminal coube processar e julgar os doleiros envolvidos no caso.

Na época, a lei já previa que um criminoso que colaborasse com a Justiça poderia ter a pena reduzida. Mas não havia, como surgiu depois na lei das organizações criminosas, um procedimento específico. Por isso adotamos o que havia de melhor na praxe internacional: um acordo por escrito entre o Ministério Público, o acusado e sua defesa, depois levado a juízo para ser validado.

Youssef franqueou às forças-tarefas acesso ao seu sistema de contabilidade particular, que incluía todas as transações com outros doleiros. Também deu muitos depoimentos em que dizia ser o doleiro dos doleiros, fornecendo liquidez em dólar para outros operadores de câmbio menores do que ele. Eu me lembro que Youssef passou semanas reunido com peritos da Polícia Federal e com auditores da Receita Federal para explicar seu sistema de contabilidade e identificar os códigos e codinomes utilizados nos lançamentos, que depois foram comparados com os registros bancários formais.

Com o esquema e seus operadores e laranjas mapeados, passou-se a rastrear a movimentação do dinheiro no exterior para se chegar aos reais donos daquela fortuna. Entre as contas de destino do dinheiro, havia dezenas administradas por uma empresa chamada Beacon Hill Service Corporation, mantidas no banco JP Morgan Chase, também de Nova York.

Aqui é importante uma observação. Depois dos atentados de 11 de setembro de 2001, para combater o financiamento ao terrorismo, o governo norte-americano passou a adotar uma postura rigorosa contra estruturas financeiras que permitissem transações pouco transparentes, sem a completa identificação da origem, do destino e dos beneficiários do dinheiro. Por isso, a Beacon Hill também estava sendo investigada pela Procuradoria Distrital de Manhattan, e os procuradores haviam obtido uma decisão do *grand jury*[7] para acessar as contas bancárias administradas pela empresa. A PF, tendo conhecimento do fato, solicitou o compartilhamento das provas. Com aquele material, organizou-se uma grande operação para prender os controladores dessas contas no exterior, entre eles os maiores doleiros do país.

Em 17 de agosto de 2004 foi deflagrada a Operação Farol da Colina (tradução de Beacon Hill), a maior da Polícia Federal até aquele momento, com buscas em 150 endereços de sete estados e 54 pessoas presas cautelarmente, entre prisões preventivas ou temporárias,[8] em mandados autorizados por mim. Um detalhe interessante é que, semanas antes, um parlamentar integrante da CPMI do Banestado, instalada no Congresso para apurar o caso, procurou-me em Curitiba para conversar sobre o assunto – em Brasília já se sabia que haveria uma grande operação policial, mas ninguém tinha os detalhes sobre os investigados. Pois aquele parlamentar sugeriu diminuir o tamanho da investigação para focar somente em alguns doleiros, já que, na avaliação dele, uma operação muito grande iria afetar o mercado de câmbio e gerar alta do dólar. A justificativa não parecia fazer sentido, já que estávamos tratando do mercado de câmbio paralelo. Fiquei com a impressão de que o real motivo era excluir da linha de investigação da Polícia Federal alguns operadores ligados a determinados agentes políticos. Rejeitei a sugestão e a Farol da Colina, mantida no tamanho planejado, não afetou a cotação da moeda norte-americana.

---

[7] Parte das investigações nos Estados Unidos é conduzida por um *grand jury*, ou grande júri, formado por cerca de 23 cidadãos. O *grand jury* ouve testemunhas, ordena a apresentação de documentos, examina as acusações e é responsável pelo indiciamento. Já o *petit jury*, ou pequeno júri, formado por 12 pessoas, é um órgão de julgamento.

[8] A prisão preventiva, ou seja, antes do julgamento da ação penal, é excepcional e prevista em lei para interromper a prática criminosa serial ou quando há risco às provas ou de fuga. A prisão temporária também pode ser decretada antes do julgamento e tem duração, em regra, de cinco ou dez dias. É mais excepcional do que a preventiva e normalmente visa impedir dissipação de provas ou fuga durante o cumprimento de diligências de busca e apreensão em grandes operações policiais contra crimes graves.

O plano inicial do Ministério Público Federal e da Polícia Federal era fazer as buscas e prisões e depois remeter os processos para as cidades de residência dos investigados, que, na maioria dos casos, eram também os seus centros de operações. Seriam mantidos em Curitiba apenas os casos em que havia uma conexão mais clara com os crimes de evasão de divisas em Foz do Iguaçu. Como vários dos doleiros investigados estavam com a prisão temporária decretada, o plano era deixar que o juiz que recebesse o processo decidisse ratificar ou não a prisão e prosseguir com o caso.

Isso foi feito em um ritmo alucinante de trabalho logo depois da deflagração da operação. Após as prisões, parte dos processos começou a ser remetida. Ocorre que, em quase todos os lugares, os processos, quando chegaram, foram tratados sem muita prioridade, o que resultou na soltura dos presos e no prosseguimento moroso das ações. Foi uma outra lição que aprendi e que não esqueceria no futuro: faça o seu trabalho e não remeta, se a lei permitir, o processo a outro juízo, pois a atenção que ele receberá é incerta.

Restavam ainda os clientes das contas. Eram muitos e tinham realizado dezenas de milhares de transações bancárias. Havia pessoas que enviaram dinheiro decorrente de atos de corrupção e do tráfico de drogas, mas a grande maioria dos montantes era resultado de sonegação fiscal, contrabando ou pagamento de importações subfaturadas. Optei por solicitar à Receita Federal um cruzamento de dados para identificar, entre os milhares de nomes, quais eram agentes públicos. A esses casos eu daria especial atenção, já que as transações no exterior poderiam envolver produto de crimes contra a administração pública.

A Receita Federal examinou todos os documentos, identificou os contribuintes brasileiros, incluindo os eventuais agentes públicos, e devolveu os papéis à 2ª Vara Federal Criminal. Encaminhei o material para as varas federais dos domicílios das pessoas identificadas, para que lá fossem instaurados os inquéritos e apuradas as finalidades das transações financeiras suspeitas. Se a 2ª Vara já não tinha estrutura para lidar com os doleiros, no caso dos clientes finais isso era completamente impossível. Nenhuma unidade jurisdicional no país teria, sozinha, condições de apurar, processar e julgar todos aqueles casos. Para se ter uma ideia, em fevereiro de 2011 fui informado pela Receita Federal que o Fisco cobrava 8,375 bilhões de reais dessas pessoas físicas e jurídicas, com 1.938 procedimentos fiscais instaurados.

Às vezes ainda ouço críticas sobre o Caso Banestado. Afirmam que os agentes públicos (PF, MPF e Justiça Federal) não teriam se esforçado para que se chegasse a resultados mais efetivos, com punições mais rígidas e maior recuperação do dinheiro desviado. Nada mais distante da verdade. O caso estava praticamente morto em Foz do Iguaçu. Só com a remessa dele para Curitiba foi possível prosseguir, o que foi feito com planejamento, muito esforço e cuidado. Houve várias condenações dos principais responsáveis pelo esquema criminoso, principalmente os doleiros e os diretores dos bancos. O problema é que, apesar da tramitação rápida na primeira instância, os recursos levaram muito tempo. Um exemplo: em relação aos gestores do Banestado, o MPF propôs ação penal contra 25 deles em agosto de 2003. Um ano depois, condenei 14 deles por crimes financeiros. Já a apelação ficou cinco anos no Tribunal Regional Federal da 4ª Região e, depois de novos recursos, a maioria das condenações prescreveu no Superior Tribunal de Justiça antes do julgamento final. Apenas três condenados cumpriram pena após o chamado trânsito em julgado, quando não cabem mais recursos. Vários doleiros foram detidos e cumpriram tempo de prisão, inclusive Youssef, que, mesmo com o acordo, ficou cerca de um ano preso.

Evidentemente o tempo de prisão do doleiro não era compatível com sua responsabilidade, mas foi o preço a pagar pelo acordo realizado em um país no qual a impunidade do crime de colarinho-branco era a regra. Não se estava em um cenário no qual um criminoso de colarinho-branco iria aceitar celebrar um acordo e ficar vários anos na prisão. O acordo precisava ser consistente com o contexto que se buscava alterar. Mesmo com as frustrações de não se poder fazer o que se queria, se fez o que se podia, e esquemas profissionais de lavagem de dinheiro, concentrados em doleiros que atuavam havia décadas sem perturbação, foram desmantelados, principalmente pela Operação Farol da Colina.

Em 2005, durante os depoimentos do mensalão, o então deputado federal Roberto Jefferson, presidente do Partido Trabalhista Brasileiro

(PTB), revelou um dos efeitos colaterais imprevistos da operação. Ele declarou que o então Ministro da Casa Civil José Dirceu teria alegado que o Partido dos Trabalhadores (PT) só teria lhe repassado 4 milhões de reais de um total de 20 milhões acertado pelo apoio nas eleições de 2004 porque a Polícia Federal prendera os doleiros que iriam trazer o dinheiro do exterior.[9]

Como já narrei aqui, boa parte dos processos foi remetida a outros juízes e acabei perdendo o controle sobre esses casos. De fato, poucas condenações transitaram em julgado. Mas a culpa não foi das forças-tarefas do Caso Banestado, que fizeram o trabalho de investigação e o oferecimento de ações penais. Nem foi minha, pois os processos na primeira instância tramitaram rapidamente. O vilão foi o processo recursal extremamente moroso e as generosas regras de prescrição no Brasil. Ninguém ali foi protegido por mim ou pela força-tarefa, isso posso garantir.

Com toda a repercussão que teve na mídia, o Caso Banestado serviu para alertar a sociedade e o Estado brasileiro sobre os meios complexos e engenhosos que doleiros, narcotraficantes e criminosos em geral criam a todo momento para esconder o dinheiro obtido com suas práticas criminosas e, em seguida, lavá-lo de toda a sujeira do crime, ao inserir esses montantes na economia formal: investimentos em imóveis, abertura de empresas, aplicações financeiras. Não há limites para a criatividade daqueles que se encarregam de lavar dinheiro proveniente do crime, e a Operação Lava Jato seria o corolário dessa teoria.

* * *

---

[9] "Petebista insinua que o PT lavava dinheiro com doleiros". *Folha de S.Paulo*. Disponível em <https://www1.folha.uol.com.br/fsp/brasil/fc1506200509.htm>. Acesso em 5/09/2021. Nas palavras de Roberto Jefferson, José Dirceu teria lhe dito: "Roberto, a Polícia Federal é meio tucana, meteu em cana 62 doleiros agora na véspera da eleição. A turma que ajuda não está podendo internar dinheiro no Brasil." A falta de cumprimento do acordo seria um dos motivos que teria levado o petebista a revelar posteriormente a existência do mensalão. Certamente não é possível afirmar que Jefferson é veraz em seu relato ou mesmo que Dirceu tenha sido sincero na suposta desculpa apresentada.

A gênese da Lava Jato remonta a 2008, quando um empresário de Londrina, sócio do deputado federal paranaense José Janene, do Partido Progressista (PP) – sim, aquele mesmo do cheque que estava em poder de Youssef quando ele foi preso em 2003 –, procurou a Polícia Federal para relatar um esquema do parlamentar para lavar, na empresa de ambos, o dinheiro obtido por Janene com o mensalão. Conforme depois foi reconhecido em sentença, parte do dinheiro sujo injetado na firma fora depositada por Carlos Chater, dono de um posto de combustíveis em Brasília, o Posto da Torre, que, embora não tivesse um lava a jato, inspiraria a delegada Erika Mialik Marena a batizar, anos depois, a operação.

A investigação, entretanto, se arrastava e havia alcançado alguns becos sem saída. O rastreamento documental mostrava parte do caminho do dinheiro, mas as provas, apesar de indicarem a prática de crimes, ainda eram inconclusivas. Em julho de 2013, o delegado Márcio Anselmo, que conduzia o caso, resolveu pedir a interceptação telefônica e telemática das comunicações dos envolvidos, incluindo Chater. A partir daí, as investigações ganharam maior dinâmica e resultaram na Operação Lava Jato.

Na época, em 2013, eu tinha voltado recentemente para Curitiba, depois de passar boa parte do ano anterior em Brasília, como juiz auxiliar no gabinete da Ministra Rosa Weber no Supremo Tribunal Federal (STF) – eu fora convocado para ajudá-la no julgamento da Ação Penal 470, o caso que ficou conhecido como mensalão, e para coordenar um grupo que cuidava de outros processos penais relatados por ela.

A experiência no Supremo, embora de curta duração – um ano –, havia sido enriquecedora. Pude perceber *in loco* a necessidade de revisão de nosso sistema processual recursal, embora isso não fosse exatamente um segredo. O STF tem onze ministros e recebe uma carga de processos anual desproporcional a sua capacidade de processá-los e julgá-los. Os números vêm melhorando nos últimos anos, mas, ainda assim, são superlativos: apenas em 2020 o STF recebeu 76.734 processos. A título comparativo, a Suprema Corte norte-americana, que tem discricionariedade total para decidir o que irá julgar, não aprecia mais do que uma centena de processos por ano, o que é mais apropriado para um tribunal de última instância.

A carga de processos leva a uma tramitação em geral muito lenta. Em recursos criminais, não raro a demora leva à impunidade, seja pelo tempo entre o crime e a decisão final, seja porque ocorre a prescrição. Passado tempo excessivo entre o crime e o julgamento final, ainda que a demora seja decorrente de recursos intermináveis apresentados pela própria defesa, o crime prescreve, ou seja, pelo simples decurso do prazo, não é mais possível punir, mesmo que o acusado seja culpado.

Além de conhecer o sistema recursal, pude acompanhar e participar do julgamento do mensalão. Nele, o STF, liderado pelo relator, o Ministro Joaquim Barbosa, superou o grande ceticismo que rondava o processo e proferiu, de maneira inédita, decisões condenatórias por corrupção e lavagem de dinheiro contra poderosos empresários e agentes políticos de elevada hierarquia, como deputados e ex-ministros. Embora as penas contra os agentes políticos tenham ao final sido modestas (principalmente após a exclusão, em julgamento de embargos infringentes, da condenação pelo crime de associação criminosa), a decisão representou o rompimento de uma tradição de impunidade da grande corrupção.

Lembro que, na época, a imprensa deu grande atenção ao fato de eu ter sido convocado como juiz auxiliar da Ministra Rosa Weber, uma vez que já era conhecido, principalmente por conta do Caso Banestado, como um juiz rigoroso. Cumpre esclarecer que o juiz auxiliar, como diz o nome, apenas auxilia. É sempre do ministro a decisão de qualquer caso, sendo o papel do auxiliar apenas acessório. Ainda assim, foi uma boa experiência profissional. Mas, ao final de 2012, cansado de viajar toda semana de Curitiba para Brasília e da rotina de juiz auxiliar, pedi à ministra para voltar para os meus processos.

Voltando à Lava Jato, o pedido de interceptação feito pela Polícia Federal foi deferido por mim em 2013. Os investigados eram bem cautelosos ao telefone. Nada de muito relevante se captava ali. Lembro que, em determinado momento, alguns dos investigados começaram a se comunicar em árabe, o que tornou tudo ainda mais difícil, pois requeria um intérprete.

Foi constatado que os investigados conversavam muito pelo aplicativo BlackBerry Messenger. Eles acreditavam, erroneamente, que, por ser canadense, o serviço de mensagens não poderia ser interceptado, mas a Polícia Federal havia conseguido naquele ano um acordo de cooperação formal com a empresa, o que possibilitou o monitoramento. A PF obtinha a autorização judicial e enviava a solicitação para a empresa por canal por ela disponibilizado, esclarecendo que os interlocutores estavam no Brasil, onde se comunicavam por meio do aplicativo. Tempos depois, os advogados dos acusados questionaram a validade da interceptação do BlackBerry, alegando que a soberania do Canadá havia sido violada. O argumento era improcedente, já que as comunicações ocorriam no Brasil e, além disso, se o próprio Canadá entendesse que sua soberania estava sendo violada, as autoridades daquele país apresentariam uma reclamação, e não os advogados dos investigados.

Ao acompanhar esses diálogos e mensagens, os delegados perceberam que Chater conversava muito com outras três pessoas que realizavam diversas operações financeiras e de câmbio, aparentando ser doleiros. Um dos interlocutores de Chater era chamado de "primo". Mas havia muita dificuldade em identificar os participantes dessas conversas, e as quebras de sigilo fiscal e bancário não chegavam a conclusões objetivas, dado o emaranhado de pessoas interpostas e empresas de fachada utilizadas. Os delegados chegaram a cogitar desistir da operação, até que, em uma das conversas interceptadas, o "primo" foi chamado de Beto.

Lembro-me como se fosse hoje quando o delegado Márcio Anselmo chegou à minha sala e disse que, na interceptação, aparecera um sujeito chamado Beto e que ele tinha fortes suspeitas de que seria nosso velho conhecido Alberto Youssef.

– Doutor, temos a prova de que Alberto Youssef voltou a praticar crimes – disse ele, empolgado.

Não foi exatamente uma surpresa para mim. Já tinha ouvido rumores de que o antigo doleiro, apesar do acordo de colaboração na Operação Farol da Colina, assinado por ele dez anos antes, teria voltado ao mundo do crime. Mas rumores, sem provas, não servem para nada. A checagem de um endereço citado nas mensagens foi a confirmação final de que o "primo" era realmente Youssef. Foi um impulso e tanto na investigação.

Os quatro principais investigados, todos aparentando ser doleiros, faziam transações financeiras suspeitas entre eles e com terceiros, seus clientes. As contas CC5 já haviam sido abandonadas fazia tempo. As operações de câmbio eram então realizadas informalmente. Diante de um recebimento em real no Brasil, os doleiros disponibilizavam o equivalente em dólares no estrangeiro ou vice-versa, sem utilizar um contrato de câmbio. Ou fraudavam contratos de câmbio para pagamento de importações com o mesmo objetivo. Um desses clientes era Paulo Roberto Costa, que havia ocupado o importante cargo de diretor de Abastecimento da Petrobras entre 2004 e 2012 – ou seja, durante boa parte do governo Lula e no início da gestão de Dilma Rousseff. Nas investigações, surgiu uma prova de que Youssef havia comprado para Costa um Land Rover – o automóvel caro tinha sido suborno, como seria depois revelado. Também foram encontradas planilhas e trocas de mensagens que indicavam o pagamento regular de subornos de Youssef a Costa, oriundos de contratos e obras da Petrobras.

Em janeiro de 2014, a Polícia Federal concluiu que o caso estava suficientemente maduro para requerer buscas e prisões, ou seja, para iniciar a fase ostensiva das investigações. Passei um bom tempo examinando aqueles pedidos, já que eram várias pessoas envolvidas e as provas, complexas. Após manifestação formal do Ministério Público, na segunda quinzena de fevereiro concordei com os pedidos e proferi decisão deferindo os pedidos. A PF começou a planejar a primeira fase da Operação Lava Jato. Questões de logística jogaram o cumprimento das diligências deferidas para meados de março.

Naquela ocasião, o foco da investigação eram quatro pessoas que realizavam operações financeiras e de câmbio entre elas e que aparentavam estar realizando transações de lavagem de dinheiro. Havia indicativos de que eram doleiros, ou seja, operadores do mercado de câmbio paralelo, e que estavam lavando dinheiro do crime.

Um episódio interessante ocorreu três dias antes da deflagração da Lava Jato, quando uma das investigadas, a doleira Nelma Kodama – que depois se autointitulou a "dama do mercado negro de câmbio" –, decidiu viajar para a Itália. Não havia como antecipar a data para fazer as prisões, já que grandes operações da PF envolvem sempre muito planejamento prévio, com deslocamento de equipes pelo Brasil todo. Surgiu um dilema: deixar a doleira escapar ou prendê-la antes e, dessa forma, despertar a atenção dos demais, que só seriam presos três dias depois?

A saída viria das escutas: Kodama revelou nas conversas que levaria 200 mil euros escondidos no corpo. Pouco antes de subir no avião, foi detida e revistada. O dinheiro estava escondido em suas roupas íntimas. A prisão em flagrante – é crime levar para o exterior dinheiro não declarado – protegeu o sigilo necessário para a Lava Jato. Aqui vale um esclarecimento ao leitor: é livre o trânsito de valores pelas fronteiras e pode-se enviar dinheiro ao exterior, assim como trazê-lo de fora do Brasil, inclusive em espécie, mas tudo tem que ser declarado, principalmente para prevenir lavagem de dinheiro. No caso da doleira, o montante não estava declarado, pois vinha de suas atividades ilegais.

No dia 17 de março, acordei bem cedo, como fazia sempre que havia operações da Polícia Federal autorizadas por mim. Normalmente, os mandados judiciais são cumpridos pela polícia às seis da manhã, horário em que as pessoas, em geral, ainda estão em casa. "Melhor acordar às quatro da manhã do que ser acordado às seis" é uma máxima conhecida entre os agentes da Polícia Federal.

Os mandados foram cumpridos sem grandes problemas, exceto um. Na última hora, Alberto Youssef viajou para São Luís, no Maranhão, para mais uma entrega de dinheiro a agente público. A equipe da Polícia Federal chegou a perder o rastro dele por um tempo, mas, graças às interceptações em andamento, foi possível encontrá-lo em um hotel na capital maranhense e efetuar a sua prisão. Segundo Youssef posteriormente revelaria, ele teria ido levar uma mala de dinheiro em espécie para um agente público de alto escalão do estado do Maranhão. Era suborno. Infelizmente, bem mais adiante a investigação sobre esse fato saiu de Curitiba por ordem do Superior Tribunal de Justiça (STJ) e, como muitos outros casos retirados de Curitiba, não resultou em nada, ainda que as provas fossem consistentes.

No mesmo dia 17, ocorreram buscas e apreensões nos escritórios e residências de clientes dos doleiros-alvo da operação, entre eles Paulo Roberto Costa. Naquele primeiro momento, por falta de elementos, não foi solicitada pela Polícia Federal a prisão de Costa. No entanto, durante o cumprimento dos mandados de busca, a Polícia Federal cometeu um erro tático: primeiro foi à casa do ex-diretor para somente depois seguir para o escritório dele. Isso permitiu que Costa orientasse seus parentes a irem até o escritório e retirarem de lá dinheiro em espécie e outras provas de seus crimes, o que foi cumprido à risca. Quando a Polícia Federal finalmente chegou ao escritório dele, o porteiro do prédio revelou à equipe de agentes e delegados que familiares de Costa tinham estado lá. Foram verificadas as filmagens das câmaras internas do edifício e – bingo – lá estavam os parentes subindo até o escritório e retirando sacolas com documentos e dinheiro vivo. Um caso claro e até filmado de obstrução à Justiça por ocultação de provas.

Como já expliquei, a prisão antes do julgamento da ação penal, denominada preventiva, é sempre excepcional. Como regra, o encarceramento deve vir depois da condenação, não o contrário. Mas a lei, no Brasil e em geral no mundo inteiro, admite a prisão preventiva em situações muito particulares, uma delas quando há risco às provas. Por isso, os delegados Erika Marena e Márcio Anselmo foram até meu gabinete, em uma quinta-feira, relatar o que ocorrera no escritório de Costa e pedir a prisão preventiva do ex-diretor da Petrobras.

Apesar de ser um caso claro para prisão preventiva, pela ocultação de provas, relutei em aceitar o pedido. Naquele momento, a prova do crime de corrupção, de que Paulo Roberto Costa havia recebido suborno, não era tão robusta – as contas no exterior nas quais ele mantinha milhões de dólares só surgiriam depois. Também me incomodava o alto risco de o decreto de prisão preventiva ser revertido por habeas corpus nas instâncias superiores do Judiciário. Esse risco sempre existe, mas uma revisão da prisão, ainda mais em um caso tão claro de obstrução da Justiça, traria descrédito à operação e certamente desestimularia toda a equipe de investigação.

Os delegados Erika Marena e Márcio Anselmo devem ter saído frustrados de meu gabinete naquela data. Eu, por óbvio, não adiantava as minhas decisões, mas os sinais revelavam que não estava inclinado a decidir a favor do pedido de prisão. Refleti bastante naquele fim de semana. Muitas vezes, como juiz, você toma uma decisão rapidamente, pois os fatos e o direito se apresentam de forma clara. O trabalho, então, é fazer a fundamentação. Em outros casos, a decisão não vem fácil, então é melhor, em vez de começar a escrever, refletir por algum tempo, às vezes dias, até chegar a uma resolução. Nesse meio-tempo, trabalha-se em outros casos, proferem-se outras sentenças, mas parte da mente fica ocupada com a decisão pendente. Foi isso que aconteceu dessa vez e, em 24 de março, uma segunda-feira, decretei a prisão preventiva de Paulo Roberto Costa.

Aquela decisão causaria um alvoroço considerável em Brasília, e não sem razão.

CAPÍTULO 3
Um traficante salva a Lava Jato

Gosto de andar de bicicleta. Além de ser um exercício físico agradável, é uma ótima maneira de espairecer a mente, aclarar as ideias. Para quem, como um juiz, trabalha em tempo integral em prédios fechados, em escritório ou sala de audiência, o exercício a céu aberto é uma experiência libertadora. O clima de Curitiba, ameno boa parte do ano, também ajuda. Por algum tempo, tive o costume de ir para o trabalho, no Fórum da Justiça Federal, pedalando. Mas naquele 19 de maio de 2014, uma segunda-feira, enquanto fazia o caminho de volta para casa de bicicleta, eu não conseguia me livrar da sensação de angústia e remoía o que acreditava ser o fim precoce da Operação Lava Jato.

Deflagrada dois meses antes a partir de mandados de prisão e de busca autorizados por mim, a operação naufragava diante dos meus olhos. Tudo por conta de uma liminar do Ministro Teori Zavascki, do Supremo Tribunal Federal, que suspendera as investigações, mandara libertar os detidos e determinara o envio do caso à Suprema Corte. O ministro havia acatado um pedido da defesa do ex-diretor da Petrobras Paulo Roberto Costa no qual se argumentava que a 13ª Vara Federal Criminal vinha investigando pessoas com foro privilegiado.

Para quem não sabe o que é, o foro privilegiado prevê que elevadas autoridades públicas, como o Presidente da República, ministros, deputados e senadores, entre outros, têm a prerrogativa de responder a acusações criminais em foros especiais. É uma espécie de privilégio. Enquanto o cidadão comum pode ser processado criminalmente perante um juiz de primeira instância, a autoridade com foro privilegiado responde diretamente no Supremo Tribunal Federal e só pode ser investigada ou acusada se assim quiser o Procurador-Geral da República. Esse privilégio se reproduz nas estruturas dos estados.

Eu, particularmente, penso que não há motivo razoável que justifique tratar de forma desigual as autoridades e o cidadão comum. Alguns argumentam que responder diretamente perante uma Corte Superior não é tão vantajoso, já que haveria menos recursos a serem interpostos, mas o reduzido número de condenações criminais dos favorecidos por esse instituto não deixa dúvida de que se trata de um privilégio pouco republicano.

A decisão do Ministro Teori tinha chegado por fax – sim, ainda se usava fax naquela época – às onze da manhã. Foi uma bomba. Ao me entregar as oito páginas, a diretora de secretaria da 13ª Vara, Flávia Blanco, trazia no rosto uma mistura de desalento e incredulidade. Além de Costa, o ministro mandara soltar todos os outros onze presos na operação.

Seria a desmoralização da Lava Jato ainda nos seus primórdios, repetindo um padrão infeliz em nosso Judiciário, o prende-e-solta, uma Justiça que dá voltas em si mesma. Apesar da repercussão inicial e de indicar avanços promissores, mais uma investigação não teria resultado prático. A soltura de todos os investigados era uma forte sinalização de que aquele caso se arrastaria por décadas para chegar a lugar nenhum.

Nessas circunstâncias, eu sempre me lembrava do mito de Sísifo. Personagem da mitologia grega, Sísifo foi condenado a um castigo interminável por ter ofendido os deuses. Cabia a ele empurrar uma enorme pedra montanha acima, até o topo. Quando estava próximo do cume, a pedra invariavelmente lhe escapava das mãos e rolava até a base para que o trabalho fosse recomeçado, em um esforço sem fim. Era uma situação semelhante à dos processos na Justiça por crimes de grande corrupção no Brasil: muito esforço à toa.

Após receber o ofício, passei horas sozinho na minha sala, pensando no que fazer. Não havia, claro, como descumprir a decisão do STF, mas eu tentava encontrar uma maneira de revertê-la. Conversei com alguns colegas da magistratura em busca de uma saída, mas as possibilidades ao meu alcance eram quase nulas. Cheguei a pensar em telefonar para Teori Zavascki, mostrar o alcance daquela decisão e buscar convencê--lo a mudar de ideia. Mas isso seria péssimo, concluí. Um juiz telefonar para o magistrado de uma instância superior ou recursal nunca é bem-visto – poderia soar impertinente – e, além disso, eu não tinha essa proximidade com o ministro. Não me sentiria nada confortável. Eu conhecia a trajetória profissional de Teori. Em 2000, quando eu era juiz em Joinville, almoçamos juntos certa vez. Sempre tive uma boa impressão dele como magistrado, mas a falta de intimidade era outro empecilho para que eu desse aquele telefonema.

Era um momento-chave. A operação morreria ali, desmoralizada, com poucas chances de prosseguir. Claro que a liminar não impediria a continuidade da investigação e das ações penais, mas ficaria evidente – e isso seria um desestímulo aos trabalhos – que se tratava de um novo faz de conta.

Refletindo na minha sala e relendo várias vezes a decisão do ministro, identifiquei uma brecha. Ele aparentemente não tinha conhecimento de todas as nuances do caso. Determinara a soltura de todos os acusados e investigados, mas não citava nomes. Nem parecia estar a par de que o caso envolvia várias ações penais já em curso, inclusive uma por lavagem de dinheiro proveniente do tráfico de drogas. Foi então que, na lista de presos da Lava Jato, a presença de um grande narcotraficante me deu o gancho para pleitear a revisão da decisão de soltar todo mundo.

Renê Luiz esteve entre os primeiros presos da operação, em 17 de março de 2014. As provas revelavam, conforme reconhecido depois em sentença, que ele havia feito transações financeiras com um dos investigados detidos naquele mesmo dia, Carlos Chater, e que o dinheiro usado nessas transações financeiras era proveniente de tráfico internacional de drogas. Para piorar a situação de Renê, havia provas do seu envolvimento na importação de 698kg de cocaína boliviana, carregamento apreendido em novembro de 2013 em Araraquara (SP). Um grande narcotraficante estava sendo colocado em liberdade pelo Ministro Teori. Tive a ideia de solicitar ao ministro um esclarecimento sobre o alcance da decisão dele. Uma revisão era improvável, mas havia alguma chance.

Ainda naquela tarde, decidi colocar o ex-diretor Paulo Roberto Costa em liberdade, pois não havia dúvida de que ele seria um dos beneficiários da decisão do STF e eu não poderia correr o risco de ser acusado de desobediência à Suprema Corte. Em seguida, encaminhei ofício por fax ao Ministro Teori perguntando se os outros onze presos deveriam de fato ser colocados em liberdade, detalhando a situação de alguns deles, especialmente do traficante Renê Luiz. Honestamente, eu não esperava ser bem-sucedido. Advogados de parte dos acusados ironizaram o meu apelo ao ministro do Supremo – um deles declarou aos jornais que até o seu estagiário tinha entendido que era para soltar todo mundo. Desanimado, fui para casa mais cedo, por volta das cinco da tarde, de bicicleta.

No dia seguinte, 20 de maio, cheguei cedo ao prédio da Justiça Federal. Foi quando soube que, diante do meu ofício, o Ministro Teori reconsiderara parcialmente sua decisão e determinara a manutenção da prisão cautelar dos presos – com exceção de Paulo Roberto Costa – até que a questão fosse analisada pela Segunda Turma do Supremo Tribunal Federal.

Imediatamente enviei ao Ministro Teori todos os processos da operação. Em 10 de junho, a Segunda Turma do STF decidiu, sob a relatoria de Teori, que não tinha havido usurpação da competência do Supremo. Os casos envolvendo autoridades com foro privilegiado, considerou a Suprema Corte, haviam surgido fortuitamente. A partir dali, quando aparecessem informações a respeito daquelas pessoas nas investigações, deveriam ser remetidas ao Supremo, sem prejuízo da continuidade da apuração e das ações penais na primeira instância em relação aos demais acusados.

Pelo menos por ora, a Lava Jato estava salva e as investigações continuariam.

* * *

Teorias da conspiração atribuem a mim um longo planejamento prévio à Lava Jato. Isso porque publiquei, em 2004, um estudo sobre a Operação Mani Pulite,[10] ou Mãos Limpas, que alcançou grandes esquemas de corrupção na Itália nos anos 1990, mobilizando a sociedade. Durante a Lava Jato, deflagrada dez anos depois, jornalistas e advogados redescobriram esse meu texto e o tornaram bastante conhecido – dos artigos de Direito que escrevi, provavelmente foi o mais lido.

Devido a algumas semelhanças entre as duas operações, muitos concluíram que a Lava Jato já estaria toda planejada e que teria sido meticulosamente arquitetada. Fantasia pura. O artigo é uma mera análise da Mãos Limpas. Trechos que citei de outros autores a respeito das características da operação, como dar ampla publicidade aos autos, foram depois erroneamente atribuídos a mim.

Asseguro aqui o óbvio, ou seja, que a Lava Jato não foi meticulosamente planejada nem antevista já em 2004. Mesmo em março de 2014, quando sua fase ostensiva teve início, ninguém poderia imaginar a repercussão que teria e os desdobramentos posteriores, entre eles a condenação e prisão de diretores da Petrobras, do dirigente da maior empreiteira do país, do governador do Rio de Janeiro, do Presidente da Câmara dos Deputados, de ministros do governo federal e de um ex-Presidente da República.

Ninguém cogitava, naquele início de 2014, que aquela operação modificaria o cenário político do país – esse efeito não era sequer esperado. Policiais, procuradores e magistrados das diversas instâncias, eu entre eles, apenas cumprimos nosso dever com zelo, ao passo que os fatos estarrecedores de um esquema gigantesco de corrupção foram surgindo paulatinamente.

Dito isso, é inegável que as duas operações guardam muitos pontos em comum. Ambas revelavam a existência de um sistema de corrupção no qual o pagamento e o recebimento de subornos haviam se tornado

---

[10] MORO, Sergio Fernando. "Considerações sobre a Operação Mani Pulite". *Revista CEJ* (Brasília), v. 8 n. 26, pp. 56-62, jul./set. 2004. Disponível em <https://revistacej.cjf.jus.br/cej/index.php/revcej/article/view/625>. Acesso em 5/09/2021.

rotina. A ampla publicidade das ações penais, a cobertura massiva da mídia, o grande apoio popular, a presença do "dilema do prisioneiro" nas colaborações premiadas – os primeiros colaboradores, em regra, obtêm mais vantagens do que os demais – e a forte reação da classe política para barrar avanços na legislação aproximam a Lava Jato da congênere italiana. Mas daí a afirmar que a operação brasileira foi toda pré-desenhada a partir da Mãos Limpas é um exagero e tanto.

* * *

Quando surgiu a Lava Jato, o Brasil não vivia um bom momento na luta contra a corrupção. Eram raras as condenações ou prisões preventivas ou definitivas na Justiça por crimes de corrupção, com a exceção, em parte, do julgamento do mensalão, a Ação Penal 470, pelo Supremo Tribunal Federal. Anos antes, a Operação Castelo de Areia, que investigou um grande esquema de corrupção por parte de uma empreiteira, fora anulada pelo Superior Tribunal de Justiça com o argumento um tanto controverso de que as apurações iniciais da Polícia Federal basearam-se em denúncia anônima. Não muito tempo antes, outra grande operação, a Satiagraha, que investigou um grande esquema de corrupção e lavagem de dinheiro, também foi desmontada sob críticas severas, a meu ver injustas, contra o juiz federal encarregado dela, Fausto De Sanctis.

Nesse contexto, a reação contra a Lava Jato era previsível e não tardaria. Começaram a surgir informações na imprensa de que a operação poderia envolver grandes empreiteiras e ainda autoridades com foro privilegiado, sendo que estas só poderiam ser investigadas e julgadas pelas Cortes Superiores em Brasília. O primeiro nome a aparecer foi o do deputado federal André Vargas, do PT, eleito pelo Paraná. Em seguida, outros nomes com foro surgiram: o do também deputado federal Luiz Argôlo, do Solidariedade da Bahia, e o do senador Fernando Collor de Mello, na época filiado ao PTB de Alagoas.

Quero deixar claro aqui mais uma vez que as investigações em Curitiba não foram dirigidas a autoridades com foro privilegiado. Alberto Youssef era um profissional da lavagem de dinheiro, enquanto Paulo

Roberto Costa era ex-diretor da Petrobras. Não tinham foro privilegiado, portanto. Se no decorrer das investigações surgissem provas ou fatos relacionados a autoridades com foro – o que se chama, na doutrina jurídica, de "encontro fortuito de provas" –, certamente eu enviaria a informação ao Supremo Tribunal Federal, ao qual caberia decidir pela continuidade ou não da investigação em relação àquela autoridade.

Mas os investigados viram no surgimento de nomes com foro supostamente relacionados aos presos em Curitiba uma brecha processual para tentarem barrar a continuidade da Lava Jato. Isso aconteceu com aquele pedido de liminar ao Ministro Teori Zavascki para colocar em liberdade todos os primeiros presos da Lava Jato. Um obstáculo contornado com algum custo, como já escrevi. O ministro, é bom frisar, seria um dos grandes responsáveis pelo sucesso da operação. Proferiu decisões firmes e ponderadas e liderou seus pares no STF para apoiar os avanços anticorrupção no Brasil. Sua morte precoce, em janeiro de 2017, mais do que um desastre de avião, foi também um desastre para o país, que perdeu sua firmeza e serenidade no comando da operação na Suprema Corte.

* * *

Resolvido o imbróglio com o Ministro Teori, os processos voltaram ao meu gabinete. As investigações prosseguiram, e o Ministério Público Federal e a Polícia Federal descobriram, com ajuda das autoridades suíças, que Paulo Roberto Costa mantinha 28 milhões de dólares em contas secretas naquele país. Esse montante, além de não ter sido declarado no Brasil, era incompatível com seus rendimentos lícitos. Por isso, os procuradores pediram nova prisão preventiva do ex-diretor da Petrobras. Havia o receio de que Costa pudesse fugir, já que tinha à sua disposição uma fortuna no exterior e sabia que a sua prisão poderia ser novamente decretada a qualquer momento.

No dia 11 de junho de 2014, logo depois de assistir à defesa da monografia de final de curso de um dos estagiários da 13ª Vara – e com muita pressa, antes que Costa pudesse fugir do país –, decretei nova prisão preventiva do ex-diretor da estatal. Daquela vez, eu acreditava que as chances de que a minha decisão fosse revertida pelas Cortes Superiores seriam remotas, pois, além da destruição de provas em março, surgiram as contas milionárias na Suíça, cuja existência Paulo Roberto Costa e seu advogado haviam convenientemente esquecido de informar ao STF no habeas corpus anteriormente deferido.

Aqui cabe um parêntese. Muitos me acusam de ter decretado prisões preventivas em excesso na Lava Jato, o que não é verdade: apenas 15% dos acusados na operação estiveram presos antes da sentença. Posso garantir que, antes e durante a operação, nunca mudei meus padrões como juiz em relação a esse tema. Sempre que decretava uma prisão desse tipo, eu partia do pressuposto de que, embora não houvesse necessidade de uma prova cabal contra aquela pessoa, era imprescindível uma prova muito boa para não correr o risco de se prender preventivamente um inocente. Tanto que a grande maioria dessas decisões foi mantida pelas Cortes Superiores. Os esquemas de corrupção descobertos pela força-tarefa, é bom que se diga, não cessaram nem mesmo após a deflagração da operação, e interromper uma prática criminosa serial é um dos motivos que justificam a prisão preventiva.

Veja-se os dois casos aqui mencionados. Youssef levava a vida no mundo do crime, teve a oportunidade de deixá-lo quando fez acordo no Caso Banestado, mas desperdiçou a chance. A interceptação indicava que estava envolvido cotidianamente em esquemas ilícitos. Aliás, foi preso em São Luís logo após entregar uma mala com dinheiro em espécie a um agente público. Paulo Roberto Costa, além de ter recebido milhões de dólares em suborno e tê-los ocultado no exterior (o que aumentava o risco de que fugisse e ainda ficasse com a fortuna lá fora), orientou familiares a destruir provas durante uma diligência policial. Tenho absoluta certeza de que tais motivos eram suficientes para a decretação da prisão preventiva de ambos no Brasil e em qualquer país sério do mundo.

Prisão preventiva cabe quando há boas provas dos crimes associadas a alguma situação de urgência gerada por um risco, que pode ser às provas, à aplicação da lei, à sociedade ou mesmo a outro indivíduo.

Por exemplo, quando, mesmo antes do julgamento, se descobre que o acusado esconde documentos, planeja sua fuga ou pretende praticar novos crimes, é cabível decretar a preventiva, desde que haja provas dos delitos pelos quais é investigado ou acusado. Em situações claras de decretação de prisão preventiva, se a Justiça não mostra firmeza, ela se desmoraliza. Vira a Justiça do faz de conta, que é o que muitos criminosos de colarinho-branco desejam e vários, infelizmente, conseguem.

Na Operação Lava Jato, o rigor era justificado pela própria existência do sistema de corrupção, que perdurava por anos, que havia penetrado profundamente nas esferas pública e privada e que buscava toda forma possível de obstruir a Justiça. Houve até mesmo casos de subornos pagos por pessoas que já respondiam a acusações ou estavam sendo investigadas.

Além do cuidado em embasar os decretos de prisão em provas contundentes, eu buscava dar o máximo de celeridade à tramitação de ações com presos preventivos, para que ninguém ficasse detido dessa maneira por mais de um ano – as estatísticas da 13ª Vara Federal Criminal de Curitiba não me deixam mentir. Após a sentença, com o contraditório e a avaliação das provas, o risco de se ter um inocente preso diminui consideravelmente. Não há nenhum acusado na Operação Lava Jato que tenha ficado mais de um ano preso preventivamente sem qualquer julgamento. O que demorava, sim, era o julgamento de recursos, principalmente nos tribunais superiores.

* * *

Eu comecei a perceber que a Lava Jato se aproximava de um grande esquema de corrupção no segundo semestre de 2014. As prisões preventivas e as ações penais contra o ex-diretor Paulo Roberto Costa e o doleiro Alberto Youssef tiravam o sono daqueles que tinham se valido do serviço ilícito de ambos. Youssef utilizava contas de empresas de fachada para receber valores milionários de empreiteiras que tinham contrato com a Petrobras e, depois, distribuía o dinheiro para executivos da estatal e agentes políticos.

A quebra do sigilo bancário das contas dessas empresas mostrou que os créditos se originavam de algumas das maiores empreiteiras do país. Para justificar essas transações, simulavam-se contratos de consultoria ou de prestação de serviços. Em geral, não havia muita sofisticação na fraude, mas os métodos utilizados para essas transações dificultavam a investigação. Os valores, na maioria dos casos, eram sacados em espécie das contas das empresas de fachada e entregues aos beneficiários, o que dificultava o rastreamento de uma ponta a outra.

Apesar disso, havia comunicações eletrônicas entre Alberto Youssef e executivos da Petrobras e agentes políticos, além de registros, inclusive fotográficos, das visitas desses agentes ao escritório do doleiro. As visitas, segundo depois seria revelado por Youssef, eram destinadas a entregas aos agentes políticos de dinheiro em espécie. Alguns dos fotografados ocupam cargos em posição de poder até hoje. Além disso, não havia prova dos serviços prestados pelas empresas de consultoria, até porque não existiam de fato.

As empreiteiras começaram a contratar grandes escritórios de advocacia e passaram a apresentar petições nos processos de investigação da Lava Jato, requerendo acesso aos autos sob o argumento de que o nome delas estava aparecendo nas investigações e na imprensa. Permiti esse acesso, mas o Ministério Público requereu, em seguida, que as empreiteiras fossem intimadas para esclarecer as transações com as empresas de fachada controladas por Alberto Youssef e apresentar a documentação comprobatória dos serviços. A medida deixou as empresas em um dilema: não apresentar nada, invocando o direito a não autoincriminação, ou apresentar documentos fraudulentos à Justiça, o que iria piorar sua situação. A maioria optou por apresentar explicações ralas e evitar a juntada de documentos. Embora a omissão não pudesse ser utilizada como prova, era mais um indicativo de que as transações eram criminosas.

As ações penais contra a dupla Youssef e Costa eram consistentes e poderiam resultar na condenação dos dois a muitos anos de prisão. Eles sabiam disso e passaram a cogitar a assinatura de acordos de colaboração premiada. Para tanto, seria utilizada a lei que trata de organizações criminosas, aprovada em 2013 em uma espécie de resposta do governo e do Congresso aos protestos populares ocorridos naquele mesmo ano.[11] Nada como o povo na rua para fazer as instituições se mexerem e aprovarem leis que dormitam nos escaninhos da burocracia.

Pressionado pela família, Costa foi o primeiro a propor um acordo ao Ministério Público – o documento foi assinado em agosto de 2014. O de Youssef viria no mês seguinte, não sem algum receio de minha parte – embora o juiz não participe dessa negociação, que cabe ao Ministério Público e, em alguns casos, à polícia. Confesso que meus sentimentos em relação àqueles acordos eram dúbios. Se, por um lado, havia a real possibilidade de descobrir vários outros delitos, obter provas em relação a eles e, assim, reduzir a impunidade em casos de grande corrupção no Brasil, por outro, duas pessoas responsáveis por crimes graves seriam beneficiadas e não cumpririam penas proporcionais às suas faltas.

Ainda havia o risco, diante do nosso sistema judicial falho, de que as revelações dos colaboradores não gerassem efeitos mais concretos, o que seria o pior dos mundos: eles conseguiriam benefícios de redução de pena, mas não se poderia alcançar os demais envolvidos nos crimes. Há sabedoria no ditado popular de que "mais vale um pássaro na mão do que dois voando". Eu já tinha visto isso acontecer antes, com os acordos de colaboração celebrados durante o Caso Banestado, um deles com o próprio Youssef.

Ao assinar com a força-tarefa do MPF no Caso Banestado, Youssef se comprometera a não retornar ao mercado de câmbio paralelo. Dez anos depois, ficou claro que não só o doleiro descumprira o combinado como aperfeiçoara os seus esquemas criminosos. Confrontado pelos procuradores da Lava Jato, Youssef apresentou uma justificativa peculiar: ele disse que, no acordo de colaboração, tinha se obrigado a deixar o mercado de câmbio paralelo, o que havia cumprido. Agora, na Lava Jato, ele estaria "apenas" lavando dinheiro da corrupção. Aquele era o pior argumento do mundo, mas o Ministério Público insistia que, apesar de tudo, as informações e provas que o doleiro poderia ter sobre

---

[11] Lei 12.850, de 2013.

crimes de grande corrupção na Petrobras e em Brasília justificavam uma segunda chance.

Como as revelações de Paulo Roberto Costa e Alberto Youssef envolveriam crimes praticados por autoridades com foro privilegiado, desde o início as negociações tiveram a participação do Procurador-Geral da República, Rodrigo Janot, e os acordos foram submetidos à homologação do Ministro Teori Zavascki, do STF. A coleta dos depoimentos, submetida ao Supremo, gerava um problema na primeira instância, pois eu não tinha acesso às declarações do doleiro e do ex-diretor da Petrobras, ainda que eles estivessem presos preventivamente por minha determinação e respondessem a ações penais na 13ª Vara Federal. Pontualmente, ocorriam alguns lamentáveis vazamentos do conteúdo. Mas era impossível rastrear a origem deles – ouvi acusações infundadas de que partiram de mim, o que era risível, já que, além de não concordar com essa prática, eu nem sequer tinha acesso aos depoimentos.

Naqueles meses finais de 2014, o Brasil vivia um clima acirrado de campanha política. Os dois principais adversários naquela eleição eram Dilma Rousseff, que buscava um novo mandato para a Presidência pelo PT, e Aécio Neves, candidato do Partido da Social Democracia Brasileira (PSDB). Especulações sobre o possível conteúdo dos depoimentos dos dois colaboradores, reforçadas pela imprensa, insuflavam ainda mais os ânimos. Corriam também boatos de que várias empreiteiras envolvidas no escândalo buscavam autoridades em Brasília para propor um acordo conjunto de leniência com a Procuradoria-Geral da República. Nele, pagariam uma indenização de 1 bilhão de reais e, em contrapartida, as investigações e ações penais e cíveis em relação a essas empresas não prosseguiriam. O valor era expressivo, mas muito menor do que os prejuízos sofridos pela Petrobras com a corrupção serial, que seriam estimados pela própria empresa, em 2015, em 6 bilhões de reais.

Enquanto isso, na primeira instância o Ministério Público Federal e a Polícia Federal queriam prosseguir com mais etapas da operação. Os procuradores e delegados miravam antigos e atuais executivos da Petrobras que haviam se beneficiado de subornos, como o ex-gerente Pedro Barusco e o ex-diretor Renato Duque, ambos da Diretoria de Serviços, assim como os dirigentes de diversas empreiteiras que haviam feito depósitos em contas de empresas fantasmas de Alberto Youssef. Mas, para essas novas etapas, era fundamental ter os depoimentos de Youssef e de Costa, que reforçariam as provas necessárias para se justificar processos penais robustos contra outros envolvidos. Havia o risco de que a investigação não fosse muito além das condenações e prisões das pessoas já implicadas. A inércia favoreceria um "acordo tácito" para reduzir os danos diante do que a Lava Jato já havia descoberto.

A saída foi aproveitar as ações penais em andamento na 13ª Vara Federal contra Youssef e Costa para obter de ambos dados sobre esses novos personagens que surgiam na operação, deixando apenas informações sobre atores políticos com foro privilegiado para o STF. Marquei audiência para ouvir o doleiro e o ex-diretor da Petrobras em 9 de outubro de 2014, entre o primeiro e o segundo turnos da eleição presidencial.

A escolha daquela data era difícil, já que o seu conteúdo poderia ter impacto na disputa eleitoral – é bom lembrar que, desde o início, todas as ações penais decorrentes da Lava Jato eram públicas. No entanto, logo no início da audiência, os dois colaboradores foram orientados a não revelar nomes com foro privilegiado (e isso incluía os dois candidatos à Presidência da República), já que não se poderia usurpar a competência do Supremo. Isso certamente diminuiu o impacto eleitoral. Além disso, grande parte das autoridades envolvidas nos crimes era de deputados e senadores. Como o primeiro turno tinha sido no dia 5 de outubro, as eleições parlamentares já estavam encerradas.

Em alguma medida, as revelações da audiência, incluindo o desvio de recursos em contratos da Petrobras assinados nas gestões do ex-Presidente Lula e da então Presidente Dilma Rousseff, talvez pudessem gerar algum impacto eleitoral indireto, especialmente na candidatura da petista. Havia aí um dilema: postergar a audiência e, dessa maneira, retardar a divulgação dos fatos, não seria também uma forma de permitir que considerações eleitorais influenciassem as ações da Justiça? Afinal, se a audiência poderia afetar a candidatura da situação, o adiamento teria impacto na oposição. A Justiça seria questionada de qualquer maneira. Concluí – e é isso que penso sobre esse tema – que o melhor seria conduzir normalmente o processo, independentemente da agenda eleitoral. Justiça e política não devem se misturar, e não seria correto definir a agenda dos processos com base em preocupações quanto à possibilidade de eventuais repercussões eleitorais. Além do mais, a ação penal envolvia acusados presos, por isso deveria tramitar rapidamente, conforme previsto no Código de Processo Penal.

Pelo sistema processual brasileiro, o juiz preside a audiência e, no interrogatório dos acusados, tem a responsabilidade de fazer as perguntas em primeiro lugar. Depois dele, perguntam o Ministério Público e os advogados de defesa. Já para as testemunhas, o Ministério Público e os advogados de defesa perguntam em primeiro lugar. O juiz faz somente perguntas complementares. Nossa tradição jurídica é a do Direito continental europeu, que é diferente do Direito anglo-saxão, na qual o juiz raramente faz perguntas, embora também possa fazê-las. No Brasil, há juízes que perguntam mais e outros que perguntam menos.

Como cabe ao juiz formar a sua convicção e julgar o caso, não vejo nenhum problema em fazer as perguntas que forem necessárias. A intervenção do juiz acaba servindo para diminuir um efeito colateral indesejável do sistema processual, aquilo que alguns juristas chamam de "efeito combate", ou seja, de reduzir o processo a um embate entre profissionais do Direito em posições opostas que buscam ganhar o caso mesmo em detrimento da verdade e da Justiça.

Talvez por termos assistido a muitos júris em filmes norte-americanos, temos a impressão errada de que o processo se resolve na audiência, depois que o promotor ou o advogado apresentam uma testemunha-chave, revelam um documento inédito, obtêm a confissão do acusado ou demonstram a falsidade de uma testemunha acusadora. Na vida real, as coisas não funcionam dessa forma. O destino do processo é muitas vezes definido ainda na fase de investigação, com a coleta de provas em quebras de sigilo bancário ou buscas e apreensões, por exemplo. Normalmente, o processo chega à fase do interrogatório já amadurecido, sem espaço para malabarismos ou grandes surpresas.

O segredo de uma boa audiência, seja para ouvir testemunhas ou acusados, é um só. É preciso se preparar com antecedência e estudar os detalhes do caso para fazer as perguntas certas, na ordem correta. Além disso, é aconselhável permanecer concentrado, prestando atenção nas perguntas e nas respostas. Nada é mais irritante em uma audiência do que ouvir perguntas repetidas ou feitas por pessoas que não se prepararam devidamente para o ato. Em geral, nos processos da Lava Jato, os profissionais que participavam da audiência eram competentes e tinham feito a lição de casa, mas também havia exceções desanimadoras.

Não se deve esquecer de que, para o depoente, o momento é solene – normalmente é a primeira vez dele em uma Corte de Justiça e talvez, para muitos, seja a única. Por isso, mesmo um acusado de crimes graves tem que ser tratado com respeito. Lembro com certa tristeza de alguns profissionais que, durante a audiência, ficavam se distraindo com ações paralelas durante os depoimentos. Em um caso anterior à Lava Jato, presenciei um profissional do Direito que havia levado um livro e ficava lendo durante os depoimentos, algo nada recomendável.

Apesar do caráter usualmente ordinário das audiências, aquela em particular, no dia 9 de outubro de 2014, seria especial. Pela primeira vez, dois personagens centrais dos casos de corrupção e lavagem de dinheiro na Petrobras iriam oficialmente a público descrever os esquemas em detalhes. A partir dali, não haveria mais volta, não seria mais possível, como se diz, "colocar o gênio de volta na garrafa". Qualquer tentativa de abafar as investigações encontraria gigantesca resistência da sociedade. Logo, quando me dirigi à sala de audiência naquela tarde, estava um pouco tenso, pois sabia que tudo a partir dali seria diferente.

Sempre que me lembro desse episódio eu o comparo a uma cena do filme *Os intocáveis*, que narra a luta de um grupo de agentes da lei contra o chefão do crime de Chicago, Al Capone, durante o período da Lei Seca nos Estados Unidos. Em determinado momento da história, quando a força-tarefa já estava formada, os policiais dão uma batida em uma agência dos correios onde havia um depósito clandestino de bebidas. Antes de arrombarem a porta, há um diálogo clássico entre os personagens de Sean Connery (Malone, um policial experiente) e Kevin Costner (Eliot Ness, agente especial do Tesouro norte-americano designado como chefe do esquadrão especial): "Se atravessar esta porta agora, você enfrentará muitos desafios, não tem como voltar atrás, entende?", diz Malone. "Sim, eu entendo", responde o outro. "Então, ótimo, me dê o machado."

Quando abri a porta para entrar na sala de audiência naquele dia, obviamente eu não portava um machado, mas tive a mesma sensação: era o ponto de não retorno.

CAPÍTULO 4
Nada será como antes

A audiência foi devastadora. A Lava Jato revelava em todos os seus detalhes o sistema de corrupção que governava o Brasil. Alberto Youssef e Paulo Roberto Costa disseram que as maiores empreiteiras do país formavam um grande cartel, no qual se definia previamente as vencedoras das licitações da Petrobras, o que permitia às empresas cobrar o preço máximo admitido pela estatal. Em troca, pagavam um percentual de 1% a 3% do valor dos contratos a agentes públicos, incluindo políticos. Costa tinha sido indicado para a Diretoria de Abastecimento pelo deputado federal José Janene, líder do PP e velho conhecido de Youssef, que entrou para o esquema da Petrobras ao sair da prisão decorrente do Caso Banestado.

Nos contratos assinados pela Diretoria de Abastecimento da Petrobras, chefiada por Costa, 1% de todo valor acordado era repassado pelas empreiteiras a Youssef, que ficava encarregado de remunerar os agentes públicos e políticos, entre eles o próprio Costa. O restante, 2% ou 1% de cada contrato, era pago a outros operadores do esquema fraudulento, segundo os colaboradores. Esse esquema criminoso era reproduzido em contratos relacionados a outras diretorias da estatal, como a de Serviços e Engenharia, ocupada por Renato Duque, e a Internacional, comandada por Nestor Cerveró e depois por Jorge Luiz Zelada. Segundo os depoimentos dos dois colaboradores, a Diretoria de Abastecimento repassava subornos para agentes políticos do PP; a Diretoria de Serviços e Engenharia, para agentes políticos do PT; e a Diretoria Internacional, para agentes políticos do Partido do Movimento Democrático Brasileiro (PMDB) – em algumas ocasiões, outros partidos também eram beneficiados.

Em outras palavras, as diretorias da Petrobras haviam sido loteadas por agentes políticos que, por meio de seus representantes, gerentes e diretores, cobravam um percentual de suborno das empreiteiras contratadas a preços superfaturados, em jogos de cartas marcadas. Todos ganhavam o seu quinhão em detrimento dos cofres da estatal – dinheiro público, portanto. O mais assustador nos depoimentos era a revelação de que a corrupção teria perdurado por anos e envolvido dezenas de contratos milionários (ou, em alguns casos, bilionários) da Petrobras com suas principais fornecedoras. Era o sistema de corrupção instalado e funcionando por anos, sem qualquer interferência – até a Lava Jato.

Loteamento político de cargos públicos, patrimonialismo, abuso de poder para enriquecimento privado, sistema sofisticado de corrupção, tudo estava ali. Até hoje o valor pago em subornos é objeto de estimativas. Como o sistema de corrupção perdurou por anos e envolveu subornos calculados sobre contratos de valores milionários e até bilionários, as cifras atingiram valores muito expressivos.

Durante a audiência, impedi que os advogados perguntassem a Youssef e Costa sobre agentes políticos beneficiados. Uma pena que todos os fatos não pudessem ser revelados, mas aquele não era o momento: se isso ocorresse, a defesa dos políticos alegaria mais uma vez usurpação da competência do Supremo Tribunal Federal. A audiência só terminou no início da noite. Quando voltei ao meu gabinete, os funcionários da 13ª Vara queriam saber como haviam sido os depoimentos. Novamente me veio à cabeça a cena do filme *Os intocáveis* e disse, lacônico: "Nada será como antes."

Segundo as leis brasileiras, as audiências nos processos judiciais são públicas, por isso eu não via qualquer razão para impor sigilo ao conteúdo das revelações de um grande esquema de corrupção na administração pública. Não cabe ao Judiciário ser o guardião de segredos sombrios do poder público. Já naquela época utilizávamos o processo judicial eletrônico, assim quaisquer documentos do processo eram disponibilizados na internet, ao alcance de todos. Logo após o fim daquela audiência histórica, iniciou-se o procedimento técnico para inserir os áudios dos dois depoimentos no processo eletrônico. Mas a inserção terminou tarde da noite e a divulgação ficou para o dia seguinte.

A repercussão na imprensa foi imensa. Como eu já esperava, houve críticas pelo fato de a audiência ter ocorrido em período eleitoral. Mas, como Youssef e Costa não nominaram nenhum dos candidatos a presidente, penso que as reclamações caíram no vazio. O objetivo legítimo daquela audiência – prosseguir, na forma da lei, com a ação penal e com as demais investigações e, dessa maneira, impedir um freio na Lava Jato – foi alcançado.

Graças ao que se relatou naquele dia, foi possível deflagrar, em 14 de novembro de 2014, uma nova fase da operação, chamada pela Polícia Federal de Juízo Final. Nela, a pedido da PF e do MPF, decretei a prisão preventiva de seis pessoas em um primeiro momento e, alguns dias depois, de outras cinco, além de buscas e apreensões nos endereços respectivos. Entre os presos estavam altos dirigentes de grandes empreiteiras, como OAS, Camargo Corrêa, Engevix, UTC Engenharia, Mendes Júnior e Galvão Engenharia. Também foram presos Renato Duque, ex-diretor de Serviços e Engenharia da Petrobras, e Fernando Baiano, outra pessoa que, como Youssef, atuava na intermediação do pagamento de subornos. Entre as provas utilizadas, havia os depoimentos de Youssef e de Paulo Roberto Costa, tudo devidamente corroborado com provas documentais de rastreamento de subornos e simulações de contratos de prestação de serviços. Essa sétima fase teve um impacto gigantesco. A Operação Lava Jato entrava em uma nova e desafiadora etapa.

* * *

A prisão dos dirigentes de seis das maiores empreiteiras brasileiras mostrou que a Lava Jato iria a fundo no processo de depuração daquele grande sistema de corrupção. Também evidenciou que não era intenção dos agentes da lei interferir na política, pois foi feita após o segundo turno das eleições presidenciais de 2014. Se houvesse sido antes, teria tido um impacto muito maior do que a audiência com os depoimentos de Costa e de Youssef. No fundo, a Justiça seguia o seu ritmo normal, sem antecipar nem atrasar diligências por questões políticas.

Apesar de existirem fundamentos consistentes para as prisões preventivas dos empresários, eu estava cético quanto à manutenção delas por muito tempo. Presos em 14 de novembro, eu não acreditava que continuariam na cadeia após janeiro do ano seguinte. O rigor com a corrupção ou com o crime de colarinho-branco, afinal, não era da tradição de nossos tribunais, e as empreiteiras tinham um enorme poder político que sempre contava a seu favor.

Mas o tempo foi passando e os empreiteiros permaneciam na carceragem da Polícia Federal em Curitiba. Não era o lugar mais adequado. A carceragem era utilizada pela PF somente como uma passagem para a transferência para o sistema prisional estadual, muito mais amplo. Em geral, os presos ficavam ali somente alguns dias. A própria Polícia Federal era contra a permanência deles por muito tempo, pois isso lhe trazia um grande ônus de servir como carcereira, o que desviava os recursos necessários para as investigações.

No caso dos presos da Lava Jato, havia um agravante. Os advogados iam diuturnamente visitar os presos, para preparar as defesas, o que era um direito deles, mas gerava problemas de logística. Havia uma forte pressão dos presos e de seus advogados para que ali permanecessem. Os empreiteiros tinham medo de ser transferidos para prisões comuns, onde acreditavam – não sei se com ou sem razão – que sofreriam ameaças e agressões por parte dos demais prisioneiros. Já os advogados, além de desejosos de atender seus clientes, preferiam que eles ficassem na carceragem da Polícia Federal, que, por ter uma estrutura mais enxuta do que os presídios estaduais, facilitava a visitação cotidiana.

Para contornar o problema, conseguimos que fosse reservada uma ala específica, ampla o suficiente, no Complexo Médico-Penal de Pinhais, na região metropolitana de Curitiba, para abrigar os presos da Lava Jato. Não era a ala médica, mas ali conseguiríamos mantê-los separados dos presos comuns, afastando o receio de que pudessem sofrer alguma agressão. Na unidade, não teriam nenhum privilégio, salvo o de ficarem em um ambiente mais seguro. Eu considerava uma boa solução, pois evitava riscos de segurança sem que isso significasse algum tipo de regalia. Paulatinamente, os empresários foram transferidos para o presídio estadual. Ficavam na carceragem somente os presos com acordo de colaboração, pois entendíamos que eles, sim, por estarem sujeitos a maiores riscos, precisavam ficar em carceragem administrada diretamente pela Polícia Federal.

Os fatos foram transcorrendo com muita rapidez naqueles meses. As buscas realizadas nas empreiteiras, paralelamente às prisões, propiciaram a coleta de documentos relevantes, inclusive anotações por escrito sobre a atuação do cartel das empreiteiras, assim como provas da divisão entre elas das licitações da Petrobras. Foram encontradas tabelas nas quais eram listadas, nas linhas, as empreiteiras e, nas colunas, as licitações da estatal, apontando o nível de interesse de cada uma das empresas nas obras. Em outro documento, havia uma espécie de regulamento informal de como se dava a distribuição das obras, jocosamente chamado de "campeonato". O cartel se autodenominava, também a título de brincadeira, "O Clube".

Valia a pena participar do grupo, pois era ali que os resultados das licitações eram definidos. A partir da definição de qual empreiteira teria preferência, as demais deixavam de apresentar propostas ou apresentavam propostas de "cobertura", apenas para simular competitividade. Dessa forma, esvaziavam, na prática, a utilidade das concorrências realizadas pela Petrobras, pois o jogo tinha cartas marcadas. Certamente, às vezes o planejado não dava totalmente certo pela participação de uma empreiteira que não estava no grupo, mas eram exceções, pois para várias obras somente as que faziam parte do clube tinham as condições técnicas e financeiras de realizá-las. Os documentos apreendidos eram mais uma das provas cabais de que Costa e Youssef estavam falando a verdade em seus depoimentos prestados em decorrência dos acordos de colaboração.

Aqui vale reiterar o que já foi dito: os acordos de colaboração eram relevantes, pois somente os participantes dos crimes tinham condições de prestar depoimentos sobre os fatos e acelerar a descoberta deles pelos investigadores. Além disso, tudo precisava ter prova de corroboração, uma vez que a palavra do colaborador era insuficiente para uma condenação criminal ou mesmo para justificar uma prisão ou uma acusação. Essa regra sempre foi seguida à risca na Lava Jato. Ao contrário do que alguns críticos da operação alegavam, não se tratava de processos que tinham por base somente a palavra de criminosos colaboradores.

Os empreiteiros permaneceram presos preventivamente por um tempo considerável, mais do que eu imaginava, sendo soltos somente em abril de 2015 por decisão em habeas corpus do Supremo Tribunal Federal. A Corte entendeu que as prisões preventivas estavam justificadas quando da decretação, mas que, passados cinco meses, não haveria mais riscos se eles fossem colocados em liberdade.

Bem antes, em dezembro de 2014, o Supremo havia soltado Renato Duque, ex-diretor de Serviços e Engenharia da Petrobras, que, segundo Costa e Youssef, era o responsável por direcionar a parte do suborno que cabia a agentes políticos ligados ao Partido dos Trabalhadores. Aparentemente, o STF não estava convencido de que havia provas suficientes de seu envolvimento no esquema criminoso. Pouco tempo depois, houve uma reviravolta no caso. O Ministério Público descobriu, em cooperação com autoridades da Suíça e do Principado de Mônaco, que Renato Duque tinha uma fortuna, cerca de 20 milhões de euros, guardada em contas secretas no exterior. O ex-diretor da Petrobras havia inclusive esvaziado as contas na Suíça no decorrer de 2014, temendo que elas fossem descobertas como as de Costa, transferindo os saldos para contas em Mônaco. Os fatos novos motivaram a renovação da prisão preventiva de Duque, em uma espécie de *déjà-vu* do que havia acontecido com Costa. Mais uma vez, o Supremo havia sido ludibriado pelo acusado e por seus advogados, que também não haviam informado a Corte sobre esses ativos no exterior. Provocado novamente sobre a prisão por um habeas corpus, o Supremo dessa vez rejeitou o pedido por unanimidade.

Embora as linhas gerais do esquema criminoso já tivessem sido reveladas nos depoimentos de Costa e de Youssef, faltavam muitos detalhes sobre a distribuição do suborno para outros dirigentes da Petrobras e para outros agentes políticos por meio dos demais intermediários. Youssef só tinha condições de revelar parte do caminho do dinheiro, especificamente aquele que ele mesmo se encarregou de criar. Como Costa costumava receber por meio de Youssef, ele não tinha condições de fornecer muitos detalhes sobre outros intermediadores, embora conhecesse alguns.

O Ministério Público e a Polícia Federal passaram a investigar as relações financeiras das empreiteiras com terceiros contratantes. Se elas haviam efetuado pagamentos milionários a empresas de fachada controladas por Alberto Youssef, poderiam ter utilizado esquema semelhante com outros intermediadores. Não era algo trivial, pois as empreiteiras tinham centenas ou milhares de contratos com fornecedores, a grande maioria evidentemente legítimos. Entre alguns deles, poderia haver empresas de fachada que, por meio de simulação de serviços, teriam sido utilizadas para repassar subornos a agentes públicos. Como juiz, eu não participava das investigações, mas às vezes era provocado para autorizar quebras de sigilo bancário e fiscal a fim de permitir o rastreamento de valores e identificar aquelas empresas que teriam sido utilizadas no esquema criminoso.

E assim, com um trabalho demorado e difícil, os investigadores foram descobrindo as transações suspeitas e várias das empresas de fachada, propiciando cada vez mais a identificação de intermediários de suborno e agentes públicos que teriam se envolvido no sistema de corrupção. Foram sendo colhidas, passo a passo e com muito esforço, todas as provas que instruíram as diversas fases da Operação Lava Jato. Os acordos de colaboração ajudaram muito, indicando caminhos, confirmando fatos e, por vezes, permitindo atalhos, mas foram o trabalho de rastreamento do dinheiro e o cruzamento de dados, além da cooperação jurídica internacional, que permitiram revelar e provar todo o sistema de corrupção.

Em um desdobramento da investigação, foram identificados pagamentos de suborno em contratos da Petrobras conduzidos pela Diretoria Internacional, na época ocupada por Nestor Cerveró, para fornecimento de navios-sonda. Os subornos haviam sido intermediados por Fernando Baiano e por outro operador, Júlio Camargo, tendo este último celebrado acordo de colaboração com o Ministério Público. Camargo afirmava ter pago os subornos a agentes públicos da Diretoria

Internacional da Petrobras, com a intermediação de Fernando, e Nestor seria um dos beneficiários.

O ex-diretor Internacional da Petrobras estava no exterior e acabou sendo preso preventivamente em janeiro de 2015, por ordem do juiz que me substituiu durante o período de plantão judiciário – o Ministério Público suspeitava que ele mantinha contas secretas fora do país e que havia risco de fuga e de dissipação desses valores. No início, Nestor negava tudo, mas, tempos mais tarde, faria acordo de colaboração com a Procuradoria-Geral da República, confessando os fatos. Uma das primeiras acusações formuladas contra ele foi a de trazer parte do suborno recebido no exterior para o Brasil, adquirindo, por meio de uma empresa offshore, um dúplex de 300 metros quadrados no Rio de Janeiro. Depois, simulou um contrato de aluguel com a sua empresa e passou a ocupar o apartamento.

Com o aprofundamento das investigações dos esquemas criminosos na área Internacional da Petrobras, surgiu, pela primeira vez, o nome do poderoso deputado federal Eduardo Cunha, que, no início da legislatura de 2015, havia sido eleito Presidente da Câmara dos Deputados na condição de oponente político do governo federal. Segundo um dos colaboradores, Júlio Camargo, o deputado teria recebido suborno na aquisição pela Petrobras de navios-sonda no exterior. Mais tarde, foi descoberto que o deputado mantinha, em nome de um "trust", conta bancária na Suíça com ativos milionários. Os fatos lhe renderam, ainda em 2015, a abertura de um processo na Comissão de Ética da Câmara dos Deputados e, em 2016, uma acusação formulada pelo Procurador-Geral da República por corrupção e lavagem de dinheiro.

Foi Eduardo Cunha quem deu início ao processo de impeachment da Presidente da República Dilma Rousseff e quem o presidiu na Câmara dos Deputados. Posteriormente, em 5 de maio de 2016, o Supremo Tribunal Federal, liderado pelo Ministro Teori Zavascki, determinou o afastamento de Cunha da Presidência da Câmara, pois entendeu que o parlamentar estaria utilizando o cargo para obstruir as investigações e os processos judiciais contra ele. Na sequência, a Câmara cassou o mandato de Cunha e a ação penal que o Procurador-

-Geral da República havia proposto contra ele acabou sendo enviada para a 13ª Vara Federal de Curitiba.

Segundo a acusação, Eduardo Cunha teria recebido cerca de 1,5 milhão de dólares em uma conta bancária em nome de um "trust" que mantinha, sem declaração, na Suíça e cuja origem remota era a compra, pela Petrobras, de parte dos direitos de exploração de petróleo em um campo em Benin, na África. Tempos depois, um gerente da Petrobras que havia participado do negócio também foi acusado por ter recebido cerca de 4,8 milhões de dólares em uma conta em nome de offshore na Suíça. Tão logo o processo de Cunha chegou a Curitiba, o Ministério Público pediu e eu deferi a prisão preventiva dele por todas as suas ações de obstrução das investigações e do processo.

O interrogatório de Cunha seria tenso. O ex-deputado adotava uma postura bastante assertiva, embora educada. Mas não conseguiu justificar o recebimento do dinheiro na conta no exterior e o fato de não ter declarado nem a conta, nem os recursos no imposto de renda no Brasil. Ele insistia no argumento de que seria apenas o "usufrutuário em vida" da conta e dos recursos. Foi também condenado criminalmente. Depois, seria ainda acusado em outros processos na Lava Jato ou em desdobramentos da operação, sugerindo que praticava em série crimes de corrupção ou de lavagem de dinheiro.[12]

---

[12] Em 14/09/2021, a Segunda Turma do STF, em um julgamento por empate que beneficiou o acusado, anulou a condenação de Eduardo Cunha argumentando que a competência para julgar o processo seria da Justiça Eleitoral. A ação penal foi proposta originariamente pelo Procurador-Geral da República ao STF, mas, quando Cunha teve o mandato cassado, o Ministro Teori Zavascki enviou a ação penal à 13ª Vara Federal de Curitiba. Cinco anos depois, tendo o condenado já cumprido mais de quatro anos de prisão, a Segunda Turma do STF decidiu que o foro de julgamento era outro, anulando a condenação. Além da insegurança jurídica, o caso envolvia o depósito de 1,5 milhão de dólares em conta na Suíça controlada pelo ex-deputado, sem qualquer indicativo de que os recursos teriam sido utilizados em alguma campanha eleitoral. "Segunda Turma do STF anula decisão de Moro e manda ação contra Eduardo Cunha para a Justiça Eleitoral". *O Estado de S. Paulo*. Disponível em <https://politica.estadao.com.br/blogs/fausto-macedo/segunda-turma-do-stf-anula-decisao-de-moro-e-manda-acao-contra--eduardo-cunha-para-a-justica-eleitoral/>. Acesso em 27/09/2021.

Com o aprofundamento das investigações dos esquemas criminosos na área de Serviços e Engenharia da Petrobras, o Ministério Público chegou a João Vaccari Neto, que havia atuado como tesoureiro do PT, e ainda ao ex-Ministro José Dirceu, que já havia sido condenado pelo STF no caso do mensalão. Dirceu acabou preso e condenado, segundo decisões de primeira e segunda instância, por ter recebido suborno diretamente de um dos operadores do esquema da Petrobras.

Uma parcela dos subornos pagos em contratos entre a estatal e a empreiteira Engevix teria sido destinada ao ex-ministro por um intermediário que exercia, na Diretoria de Serviços e Engenharia, um papel equivalente ao de Youssef na Diretoria de Abastecimento. Esse intermediador colaborou com a Justiça, revelou os fatos e disponibilizou provas documentais dos repasses a José Dirceu. Foi possível rastrear documentalmente o envio de cerca de 4 milhões de reais, entre 2009 e 2013, ao ex-ministro. Diante daquela prova, restou a ele admitir os recebimentos, mas tentou justificá-los alegando que o dinheiro seria proveniente de empréstimo do operador da propina. O problema é que, em empréstimos, o dinheiro vai e volta do mutuante ao mutuário e aqui só havia o caminho de ida. Além disso, não havia contrato e o intermediador negava a existência de qualquer empréstimo.

O mais perturbador em relação a José Dirceu é o fato, reconhecido na sentença e no acórdão do TRF-4, de que teria recebido subornos, inclusive enquanto estava sendo julgado pelo plenário do Supremo Tribunal Federal na ação penal do mensalão. Essa é uma característica importante do sistema de corrupção: corruptores e corruptos não param senão pela ação firme da Justiça. Nesse caso, nem a perspectiva de condenação pela Suprema Corte inibiu a continuidade da prática criminosa pelo ex-ministro.

* * *

Era uma questão de tempo até que se chegasse a esquemas de corrupção fora do âmbito dos contratos da Petrobras. Era improvável que o sistema de corrupção tivesse ficado restrito aos contratos da estatal. Dizia-se na época, aliás, que a Petrobras, entre as estatais brasileiras, era a que tinha o melhor sistema de governança. Se isso tinha acontecido lá, eu só imaginava o que teria acontecido nas outras.

Uma primeira descoberta envolveu o deputado federal André Vargas, eleito no Paraná pelo PT. Segundo sentença e acórdão, ele teria recebido subornos em contratos de publicidade da Caixa Econômica Federal. Vargas e Eduardo Cunha foram os únicos deputados federais que tiveram o mandato cassado pela Câmara pelo envolvimento nos crimes descobertos pela Operação Lava Jato. Isso foi relevante, principalmente considerando que eram parlamentares de expressão, mas foi pouco em vista da extensão do esquema criminoso.

A partir de depoimentos prestados em acordo de colaboração por executivos de uma grande empreiteira, os investigadores foram informados de que os ajustes fraudulentos de licitação e os pagamentos de suborno também teriam ocorrido em contratos de construção da Usina Nuclear de Angra 3 com a Eletrobras Eletronuclear, outra estatal brasileira. A história de Angra 3 é bem longa – suas obras foram iniciadas em 1984 e paralisadas por diversas vezes. Ainda não está pronta e estima-se que serão necessários bilhões de dólares para finalizá-la.

Algumas das mesmas empreiteiras envolvidas nos crimes na Petrobras também pagaram suborno a agentes públicos vinculados à Eletronuclear. Embora as investigações tenham se iniciado na 13ª Vara Federal com buscas e apreensões e prisões, inclusive do presidente da Eletronuclear, o Supremo Tribunal Federal acabou decidindo, em setembro de 2015, que só ficariam em Curitiba os processos que tivessem por objeto subornos havidos em contratos da Petrobras e, portanto, determinou que o caso fosse remetido para a Justiça Federal do Rio de Janeiro.

Esse entendimento passou a ser aplicado em casos similares e ocasionalmente o Supremo retirava processos de Curitiba para enviar para outras jurisdições, sendo variados os resultados finais nesses diversos destinos. O efeito colateral foi a fragmentação das informações, a dissipação de provas e a restrição do acervo de investigações em Curitiba.

Em alguns locais, as investigações e os processos prosseguiram em ritmo acelerado, muito dependente da dedicação dos agentes da lei locais. No Rio de Janeiro, o Ministério Público Federal formou uma força-tarefa semelhante à de Curitiba. Na Justiça Federal do Rio, os casos foram conduzidos pelo juiz Marcelo Bretas, da 7ª Vara Federal Criminal. Ele me visitou em Curitiba para ver como estávamos organizados para lidar com os processos da Lava Jato e tive uma impressão muito positiva dele. Em agosto de 2016, foi promulgada a primeira sentença do caso Eletronuclear, já pela 7ª Vara Federal do Rio de Janeiro, com a condenação por crimes de corrupção e lavagem de dinheiro, entre outros, do presidente da Eletronuclear e de seus associados. Outros processos seguiram-se, com condenações de outros executivos da estatal.

O aprofundamento das investigações levou à descoberta de que o ex-governador do Rio de Janeiro Sérgio Cabral teria recebido em inúmeras ocasiões subornos em contratos relativos a obras públicas e serviços no estado do Rio. Curiosamente, ele teria recebido propinas inclusive em, pelo menos, um contrato da Petrobras, mesmo sendo a estatal controlada pelo governo federal. Por algum estranho critério territorial de distribuição de subornos, ele tinha direito a uma parte da propina porque a obra – o Complexo Petroquímico do Rio de Janeiro (Comperj) – era no estado governado por ele. Como o fato estava relacionado à Petrobras, ele foi processado e condenado na 13ª Vara Federal de Curitiba. Em paralelo, também foi investigado no Rio em desdobramentos da investigação contra corrupção na Eletronuclear. O que por final foi revelado, até mais pelas investigações no Rio do que em Curitiba, é que o ex-governador havia montado um sistema de corrupção próprio no estado do Rio de Janeiro.

De volta à 13ª Vara Federal de Curitiba, também foram descobertos indicativos de que uma empresa beneficiada pelo Ministério do Planejamento em um convênio para empréstimos consignados para servidores públicos federais teria pago, como contrapartida, suborno sistemático aos agentes públicos e políticos responsáveis por favorecê-la. Esse foi outro caso que o Supremo retirou, posteriormente, de Curitiba, enviando para a Justiça Federal de São Paulo, onde ainda tramita, sem resultados. Se não houver um compromisso sério dos órgãos da Justiça para que processos contra figuras poderosas sigam adiante e para que a lei seja aplicada, nada acontece e tudo se perde nos escaninhos do Judiciário.

Talvez estimulados pelos exemplos exitosos em Curitiba e no Rio de Janeiro, começaram a se espalhar pelo país diversas investigações sobre crimes contra a administração pública e contra o sistema financeiro, além de lavagem de dinheiro, em quantidade e qualidade inéditas, como as operações Sépsis e Zelotes, envolvendo acertos de corrupção no âmbito da Caixa Econômica Federal e do Conselho de Administração de Recursos Fiscais, respectivamente. A Justiça dos estados não permaneceu alheia a esse movimento, tendo sido realizadas algumas operações relevantes, como a Quadro Negro – contra um esquema de corrupção na Secretaria de Educação do Paraná – e a Sodoma – que levou à prisão do ex-governador de Mato Grosso Silval Barbosa.

Em 1939, Edwin Sutherland, o sociólogo que criou a expressão *white-collar crime* – crime do colarinho-branco –,[13] afirmou que o "crime era contagiante". Aparentemente, o combate ao crime também o é: às vezes as instituições precisam apenas de um empurrãozinho para começar a funcionar.

---

[13] Edwin Sutherland, além de cunhar a expressão crime do colarinho-branco, foi pioneiro no estudo desse crime, formulando, entre outras teses, a teoria da associação diferencial, segundo a qual o comportamento criminoso seria decorrente do aprendizado em um ambiente no qual a infração fosse comum e desacompanhada de punição. (SUTHERLAND, Edwin H. "White-Collar Criminality". In: GEIS, Gilbert; MEIER, Robert F.; SALINGER, Lawrence M. (orgs.) *White-Collar Crime: Classic and Contemporary Views*. 3. ed. Nova York: The Free Press, 1995, pp. 29-38.)

CAPÍTULO 5
Vale para todos

Quando a Lava Jato deu seus primeiros passos, a Odebrecht era, de longe, a maior empreiteira do país, com obras distribuídas por diversos países e receita bruta anual de 107 bilhões de reais em 2014.[14] A Andrade Gutierrez vinha em seguida, com receita bruta anual de cerca de 8,079 bilhões.[15] As duas empresas estavam sendo investigadas na Operação Lava Jato, mas, em novembro de 2014, durante a fase intitulada Juízo Final, tinham passado quase incólumes nas diligências da Polícia Federal.

Em junho de 2015, decretei, a pedido da PF e do MPF, as prisões preventivas dos principais dirigentes da Odebrecht e da Andrade Gutierrez. Para nós, a 14ª fase da Lava Jato, batizada pela Polícia Federal de Erga Omnes, expressão em latim que significa "vale para todos", trouxe um certo alívio. Desde novembro de 2014, muitos se perguntavam por que a Odebrecht e a Andrade Gutierrez não haviam sido incluídas na operação realizada naquele mês. A imprensa, sempre desconfiada (cumprindo o seu papel, é bom que se diga), aventava a possibilidade de que as duas empreiteiras tivessem sido poupadas para proteger agentes políticos mais vinculados a elas. Mas não era nada disso. Não

---

[14] Disponível em <https://www.novonor.com.br/pt-br/comunicacao/releases/receita-da-odebrecht-sa-totaliza-r-1077-bilhoes-um-crescimento-de-11-sobretudo>. Acesso em 6/09/2021.

[15] Disponível em <https://docplayer.com.br/32174626-Relatorio-anual-grupo-andrade-gutierrez.html>. Acesso em 6/09/2021.

protegíamos ninguém na Lava Jato. A resposta era mais singela: ambas utilizavam métodos mais complexos para pagar os subornos e, por isso, a investigação em relação a elas foi mais demorada.

A reação das duas empreiteiras foi imediata. Em grandes anúncios publicados nos principais jornais do país em 21 e 25 de junho de 2015, tanto a Odebrecht quanto a Andrade Gutierrez refutavam os crimes, afirmavam que possuíam elevados padrões éticos e modernos sistemas de *compliance*[16] e atacavam as motivações dos policiais e procuradores. Fizeram tudo que puderam para desmoralizar as investigações. Diga-se em favor das duas empresas que, bem adiante, após o acordo de leniência, elas tomaram as providências necessárias para adoção de políticas de integridade no âmbito corporativo. Todos merecem uma segunda chance, e ninguém desejava que as empresas fossem à bancarrota: o objetivo era apenas que abandonassem as práticas ilegais.

É falacioso o argumento de que a corrupção é óleo nas engrenagens da economia, como se ouvia, até cinicamente, naquela época. Na verdade, é areia nas engrenagens, porque destrói a competição e distorce o investimento do dinheiro público e privado. Os investimentos públicos, em um sistema de corrupção, são dirigidos a obras e serviços que geram oportunidades para pagamento de suborno. Surgem as famosas "catedrais no deserto", ou seja, obras faraônicas ou investimentos que não fazem sentido do ponto de vista da eficiência econômica ou social. As empresas, por sua vez, descuidam de investimentos em inovação e produtividade, já que o importante é o "capitalismo de compadrio", ou seja, a proximidade com o poder público por meio de relações não republicanas para conseguir negócios. Não há vantagens para a sociedade

---

[16] Trecho do anúncio do Grupo Odebrecht: "Todas as nossas empresas possuem e praticam um Código de Conduta e um Sistema de Conformidade (*compliance*), efetivos e amplamente divulgados em total alinhamento à legislação anticorrupção brasileira e internacional." Trecho do anúncio do Grupo Andrade Gutierrez: "Cumpre esclarecer, por fim, que o Grupo Andrade Gutierrez sempre se pautou por rigorosos valores éticos. Há mais de dois anos reformulou e aprimorou seu Programa de *Compliance* e Integridade, tornando-o ainda mais completo e mais presente no dia a dia dos seus colaboradores."

ou para as empresas no sistema de corrupção. Mais corrupção gera menos crescimento econômico, mais desigualdade, menor qualidade no provimento dos bens públicos. É um jogo de "perde-perde", salvo para os desonestos. Essa realidade foi escancarada pela Lava Jato.

Naqueles primórdios das investigações contra a Odebrecht, tanto o grupo empresarial quanto seu CEO, Marcelo Bahia Odebrecht, foram muito refratários a qualquer tipo de colaboração com as investigações. Só foi possível obter provas contundentes contra a empresa e seus dirigentes por meio de cooperação com outros países. Com base em documentos vindos do exterior, ficaria provado que a Odebrecht se valia de uma enorme teia de contas bancárias e offshores mundo afora para subornar agentes públicos e políticos brasileiros. A partir de contas em seu nome no exterior, a empresa transferia valores milionários para outras contas abertas em nome de offshores de Antígua, Andorra, Áustria e Panamá, tendo a própria Odebrecht ou algum funcionário dela como beneficiários finais. Somente depois é que o dinheiro era transferido para contas controladas por gerentes e diretores da Petrobras. Não raro, o dinheiro passava por mais de uma conta em nome de uma offshore antes de ser depositado na conta do agente público.

Entre junho de 2007 e agosto de 2011, a Odebrecht movimentou 14,38 milhões de dólares e 1,9 milhão de francos suíços por esse esquema ilegal destinado ao pagamento de subornos a agentes da Petrobras. Posteriormente, seria descoberto que o esquema criminoso ia muito além do pagamento de subornos a gerentes e diretores da estatal.

A Andrade Gutierrez e seus executivos, ainda no decorrer de 2015, buscaram as autoridades para celebrar acordos de colaboração e de leniência. Revelaram diversos casos de suborno, inclusive o do Comperj, já mencionado, que levou à condenação do ex-governador do Rio de Janeiro Sérgio Cabral.

Quanto à Odebrecht, o desdobramento foi um pouco mais complexo. Em 30 de outubro de 2015, o interrogatório de Marcelo Odebrecht na 13ª Vara de Curitiba atraiu os holofotes da mídia de todo o Brasil. Naquele dia, porém, orientado por seus advogados, Marcelo não quis responder nem às minhas perguntas nem às dos procuradores. Em vez disso, leu uma declaração com 60 perguntas e respostas que, segundo o empreiteiro, contemplavam todas as acusações imputadas a ele. Não era bem assim. Na verdade, ele não tinha respostas para as perguntas baseadas nos documentos que demonstravam o fluxo do suborno das contas controladas pela Odebrecht até as dos agentes da Petrobras.

Diante da força das provas, o grupo empresarial finalmente capitulou.

Ainda naquele ano de 2015, a Procuradoria-Geral da República e o Ministério Público Federal em Curitiba começaram as tratativas com a Odebrecht e com seus executivos para a assinatura de acordos de leniência e de colaboração. Como os acordos envolviam revelações de crimes praticados por pessoas com foro privilegiado, deveriam ser realizados pela Procuradoria-Geral da República e homologados pelo Supremo Tribunal Federal. Mas foi somente com a descoberta, pela força-tarefa, de que a Odebrecht mantinha um departamento próprio encarregado do pagamento desses subornos que a empreiteira se rendeu definitivamente à realidade dos fatos. Chamava-se "Setor de Operações Estruturadas", ligado diretamente à presidência da empresa, e centralizava o pagamento de subornos no Brasil e no exterior. Um departamento de propinas, em bom português. O sofisticado sistema informatizado de controle dos subornos, chamado Drousys, ficava hospedado em servidores na Suécia e na Suíça.

Quando uma das secretárias que trabalhava no setor resolveu colaborar com a Justiça e revelar os fatos que conhecia, não houve mais como esconder a realidade. Na época, foram apreendidos documentos da contabilidade informal da Odebrecht que apontavam pagamentos em contas no exterior e em espécie, no Brasil, a vários agentes públicos e políticos, com a identificação deles pelos mais variados codinomes. Além dos pagamentos em contas no exterior, como foi o caso dos agentes da Petrobras, a empreiteira pagava suborno em espécie no Brasil por meio de operações denominadas "dólar-cabo": entregava valores em dólares no exterior a um doleiro e recebia desse reais em espécie no Brasil, montante que era repassado a agentes públicos. Cruzando os dados constantes nesses lançamentos contábeis informais com as contas da empresa no exterior e os locais da entrega de dinheiro no Brasil, foi possível identificar parte dos beneficiários desses pagamentos. O restante dos nomes viria à tona por meio dos acordos de colaboração e de leniência do grupo empresarial. "Feira", por exemplo, era o codinome de João Santana, profissional de marketing político que atendia os candidatos à Presidência da República pelo Partido dos Trabalhadores; "Italiano" referia-se a Antonio Palocci; "Cobra", ao ex-presidente da Petrobras Aldemir Bendine; "Prisma", ao diretor da estatal Paulo Roberto Costa. Havia também apelidos curiosos, como "Santo", "Nervosinho", "Menino da Selva", "Amante", "Boiadeiro", entre muitos outros.

Em 8 de março de 2016, quando a Lava Jato completava dois anos, foi proferida a primeira sentença condenatória contra o Grupo Odebrecht: o CEO, Marcelo Odebrecht, teve pena de 19 anos e 4 meses de reclusão pelos crimes de corrupção ativa, lavagem de dinheiro e associação criminosa. Em janeiro do ano seguinte, a então Presidente do Supremo Tribunal Federal, Ministra Cármen Lúcia, homologou os acordos de colaboração de 77 executivos e ex-executivos do Grupo Odebrecht, incluindo o já condenado Marcelo. O próprio Marcelo assinou um acordo de colaboração. A partir desse momento, o seu discurso de defesa foi no sentido de reconhecer a sua responsabilidade, mas também afirmar que havia herdado um modelo de negócios viciado e que não era o único responsável pelos crimes. Embora isso não eliminasse a sua culpa, pois continuar um esquema criminoso é algo tão ruim como inaugurá-lo, parece-me que ele tinha alguma razão em suas reclamações no sentido de que alguns estavam tentando utilizá-lo como bode expiatório dentro da empresa.

Esses acordos de colaboração, bem como outros realizados pela força-tarefa da Lava Jato, sofreram críticas. Dizia-se que as autoridades vinham fazendo acordo com uma quantidade muito grande de criminosos, com benefícios desproporcionais, o que seria um gerador de impunidade. Mas o fato é que crimes não são cometidos no céu ou em conventos, então não se pode chamar anjos ou freiras como testemunhas em casos criminais envolvendo organizações criminosas ou esquemas ilícitos secretos e complexos. Na corrupção, o crime envolve quem paga e quem recebe, e nenhum dos dois tem interesse em que o fato seja descoberto. Quase sempre esse tipo de crime só é testemunhado pelos próprios criminosos.

Ao longo da história, vários países se valeram de colaboradores não só para desmantelar grandes organizações criminosas, mas para obter condenações criminais firmes contra os seus membros. Os depoimentos do sicário Sammy "The Bull" Gravano, por exemplo, foram utilizados para condenar John Gotti, o chefe dos Gambino, uma das cinco famílias mafiosas que dominavam a cena criminal em Nova York até o final da década de 1980. Já Tommaso Buscetta, traficante de drogas italiano que viveu foragido no Brasil e foi preso e extraditado, serviu como testemunha no maxiprocesso contra a Cosa Nostra, a organização mafiosa siciliana, levando à condenação simultânea de mais de 300 de seus membros.[17]

Claro que a colaboração premiada deve ser usada com cautela e não pode ser vulgarizada. Tudo que um criminoso colaborador diz tem necessariamente de ser corroborado com outras provas. A regra é: faz-se um acordo com um criminoso menor para chegar a um maior. Acordos com os cabeças só se justificam em casos especiais, quando se deseja uma espécie de "efeito dominó" em um mesmo grupo ou quando se pretende chegar a vários outros grandes criminosos.

A colaboração também não deve gerar impunidade. Sempre que possível, o criminoso colaborador deve ser punido, ainda que em grau menor do que seria a pena sem aquela colaboração. Não se deve cair na tentação de aproveitar a confissão para punir o colaborador mais rigorosamente do que os seus cúmplices. Isso significa que a colaboração deve ser avaliada conforme o país no qual é empregada. Uma coisa são acordos com criminosos realizados em países nos quais o rigor – e não a impunidade – é a regra. Outra são os acordos em países nos quais se verifica o contrário.

No Brasil, onde a impunidade sempre foi a norma, era impossível fazer acordos de colaboração muito rigorosos. O cenário havia me-

---

[17] A história do combate à Máfia siciliana foi objeto do livro *Morte a Vossa Excelência: Entenda a verdadeira história do juiz que desafiou e abalou a máfia*. Porto Alegre: Editora Citadel, 2020, tradução para o português de *Excellent Cadavers*, de Alexander Stille.

lhorado desde o acordo de colaboração com Alberto Youssef no Caso Banestado, mas nem tanto. Nenhum criminoso iria concordar em ficar cinco anos preso quando era improvável que fosse cumprir esse tempo de cadeia sem fazer acordo. Mesmo assim, nos casos de maior culpabilidade, os acordos celebrados pelo Ministério Público foram relativamente rigorosos. Marcelo Odebrecht, por exemplo, concordou com dois anos e seis meses de prisão em regime fechado, para cumprir em seguida o resto da pena de maneira mais branda, enquanto Youssef cumpriu dois anos e oito meses de prisão em regime fechado antes de obter benefício similar.

Uma pergunta ao leitor: quando e em quais casos, antes da Lava Jato, criminosos de colarinho-branco cumpriram penas parecidas? Além disso, a vida de um colaborador normalmente não é nenhum mar de rosas. Muitos enfrentam dificuldades profissionais severas e até se arrependem de ter colaborado com a Justiça. Infelizmente, alguns, até mesmo juízes e promotores, descontam nos colaboradores sua frustração pela impunidade da criminalidade mais grave ou dos delatados.

Por tudo isso, me causa certa indignação ouvir críticas ao uso da colaboração premiada na Lava Jato, especialmente quando vindas de pessoas que sempre se mostraram lenientes com a corrupção ou até mesmo cúmplices. A mim, parece que a irresignação é, no fundo, contra a quebra do grande pacto de silêncio que sempre imperou sobre esses crimes no Brasil.

No caso da Odebrecht, a colaboração dos executivos e da própria empresa era fundamental para que pudesse ser decifrado todo o material apreendido na investigação. Havia planilhas e mais planilhas de pagamentos a agentes públicos ou políticos identificados apenas por codinomes, parte deles indecifráveis. Alguns policiais federais, de boa-fé, acreditavam que conseguiriam desvendar as planilhas e os codinomes sem a colaboração dos executivos da Odebrecht. Não conseguiriam ou isso levaria muito tempo. Lembro, por exemplo, que inicialmente o codinome "Italiano", relativo a Antonio Palocci, foi atribuído equivocadamente a outro Ministro da Fazenda. Como esse, havia outra centena de codinomes representando agentes públicos brasileiros e estrangeiros.

Entender esse labirinto e dar significado a todo o material apreendido dependia em parte dos próprios criminosos. O potencial daquelas colaborações, portanto, era enorme.

* * *

A colaboração dos executivos do Grupo Odebrecht e o próprio acordo de leniência da empresa também tiveram efeito fora do Brasil. Isso porque esses acordos envolveram não só o Ministério Público Federal brasileiro, mas também o Departamento de Justiça dos Estados Unidos e a Procuradoria-Geral da Suíça. Nesse acordo multinacional, além de se comprometer a acabar com a prática de ilícitos e entregar todas as provas de ilegalidades cometidas, a Odebrecht assumiu a responsabilidade pelo pagamento de uma multa de 3,82 bilhões de reais em 23 parcelas anuais, com correção pela taxa Selic – um total final estimado em 8,5 bilhões de reais. Desse montante, 82,10% ficariam com o governo brasileiro.

Nesse mega-acordo, os executivos da Odebrecht revelaram o pagamento de suborno em diversos países, especialmente da América Latina, como Peru, Equador, Colômbia, Panamá, México e República Dominicana, envolvendo autoridades de diferentes níveis. No Peru, por exemplo, foram abertas investigações por suspeitas de pagamento de propina a quatro Presidentes da República. O último deles, Pedro Pablo Kuczynski, teve de renunciar ao cargo em 21 de março de 2018.[18] No México, o ex-diretor da petroleira Pemex acusou três ex-presidentes do país de terem recebido propina da Odebrecht – Enrique Peña Nieto, Felipe Calderón e Carlos Salinas de Gortari –, mas as investigações prosseguem lentamente. No Equador, o Vice-Presidente Jorge Glas foi preso, enquanto o ex-Presidente Rafael Correa fugiu para a Europa.

As autoridades brasileiras orientaram o Grupo Odebrecht a assinar acordos com as autoridades de todos os países em que a empreiteira havia

---

[18] Para um relato detalhado dos casos no Peru, Equador, Colômbia e Panamá, ver GONZÁLEZ, Jorge. *Odebrecht: La historia completa: los secretos de un escándalo de corrupción que desestabilizó a América Latina*. Bogotá: Penguin Random House, 2018.

pago suborno. Quando não houvesse acordo, as provas seriam compartilhadas com esses países, com o compromisso de que aquele material não poderia ser utilizado contra a empresa e seus funcionários, mas apenas contra os membros do governo que haviam recebido as propinas.

Essa restrição nem sempre era bem compreendida, mas, como tinham recebido essas provas por meio dos acordos de colaboração e leniência, as autoridades brasileiras não poderiam simplesmente expor a empresa ou os colaboradores a processos judiciais em outros países. Com esse grande acordo internacional envolvendo a Odebrecht, a repercussão da Lava Jato reverberou forte em toda a América Latina e também em Angola, na África. Formou-se uma grande onda anticorrupção em países latino-americanos – nesses lugares, a operação foi denominada Caso Odebrecht.

Até a Operação Lava Jato, como já comentei aqui mas sempre é bom frisar, o Brasil tinha fama de ser a terra da impunidade para corruptos e criminosos em geral. Mas, com a notoriedade internacional da Operação Lava Jato e as repercussões do Caso Odebrecht na América Latina, o Brasil passou a ser visto com olhos diferentes pela comunidade internacional.

Eu mesmo presenciaria diretamente essa mudança de percepção quando, a partir de 2016, passei a ser entrevistado por jornais estrangeiros e convidado a dar palestras no exterior. Nunca cobrei por essas palestras, pois entendia ser uma boa oportunidade para explicar o que acontecia no Brasil e difundir boas práticas anticorrupção. Estive nos Estados Unidos, na França, na Alemanha, em Portugal, na Argentina, no Peru, no México e na Colômbia – em alguns desses países por mais de uma vez. Em todos, sem exceção, a Operação Lava Jato era vista com bons olhos, sinal de que o Brasil evoluía na tentativa de implantar, finalmente, o império da lei.

Como se não bastassem as repercussões do acordo da Odebrecht, surgiram, no decorrer das investigações, outros reflexos internacionais envolvendo pagamentos de propinas. Havia, como já disse, os casos de subornos pagos por empresas brasileiras a agentes públicos brasileiros, os de subornos pagos por empresas brasileiras a agentes públicos estrangeiros e também foram descobertos diversos casos de subornos pagos por empresas estrangeiras a agentes públicos brasileiros. A maioria das empresas estrangeiras, diante das provas e para evitar sanções maiores, preferiu celebrar acordos de leniência com o Ministério Público ou com a Controladoria-Geral da União, a fim de prevenir processos e responsabilização por via judicial.

Como os subornos também envolveram lavagem de dinheiro no exterior ou passagem de valores de propinas por contas no exterior, em países como Suíça, Mônaco, Luxemburgo e Antígua, foram também abertos processos nesses lugares ou estabelecidas relações de cooperação jurídica internacional com eles, outro fator que fez com que a Operação Lava Jato se tornasse uma investigação de caráter global.

Há uma tendência de maior enfrentamento da corrupção em nível internacional, especialmente pela crescente percepção de que não é só moralmente errada, mas também gera competição desleal nos mercados globais. No passado, o pagamento de suborno em transações comerciais internacionais era até aceito como algo corriqueiro ou mesmo necessário em alguns contextos, embora não moralmente aceitável. Alguns países, inclusive europeus, admitiam que o suborno em transações comerciais internacionais fosse considerado custo pelas empresas para fins de cálculo de tributos sobre o lucro. A percepção sobre a corrupção internacional foi sendo, paulatinamente, alterada, com a edição de leis que a criminalizavam, como o pioneiro *Foreign Corrupt Practices Act* (FCPA), de 1977, pelos Estados Unidos, até o mais recente *United Kingdom Bribery Act* (UKBA), de 2010, passando pela aprovação de convenções internacionais, como a Convenção das Nações Unidas contra a Corrupção, de 2002.

Atualmente, o pagamento de suborno em transações internacionais é tido como inaceitável e criminalizado pelos mais diversos países, inclusive o Brasil. Como na Lava Jato vários dos subornos estavam relacionados a transações comerciais internacionais ou envolveram operações financeiras que se desdobraram em mais de um país, eles atraíram mais de uma jurisdição nacional. Além disso, algumas empresas brasileiras que pagaram subornos tinham ações negociadas na Bolsa de Valores de Nova York, ficando suscetíveis à aplicação do FCPA e à jurisdição norte-americana. O caráter transnacional dos fatos gerou processos derivados das investigações da Lava Jato em vários países do mundo, por isso algumas empresas brasileiras tiveram de buscar autoridades estrangeiras para realizar composições e acordos que evitassem processos e sanções mais graves.

Nos países latino-americanos, o interesse pela Lava Jato era ainda maior, já que todos tinham, como no Brasil, dificuldades em punir a grande corrupção. Na verdade, punir práticas corruptas é difícil em qualquer país do mundo, pois quase sempre envolve pessoas poderosas, com capacidade de influir no sistema de Justiça. Mas nos países latino-americanos, com sistemas de polícia e de Justiça mais deficientes, o desafio é ainda maior. A regra na região é a da impunidade, embora haja bons exemplos, como os processos no Peru contra o ex-Presidente Alberto Fujimori, seu braço direito Vladimiro Montesinos e aliados[19] no fim dos anos 1990 e início dos anos 2000.

Na América Latina, eu normalmente respondia a perguntas do tipo "Como o Brasil está conseguindo combater a corrupção?" ou "Como o Brasil está conseguindo fazer a lição de casa?". Em cada país visitado, eu percebia uma ponta de inveja saudável do Brasil e buscava ajudar como podia. Também aprendia um pouco sobre a cultura local e as dificuldades em se combater a corrupção. No Peru, por exemplo, havia muita vontade de avançar contra práticas corruptas, mas eu ouvia que o Ministério Público e a polícia não tinham os recursos necessários para apurar crimes tão complexos.

Na Argentina, ouvi de muitos que era necessária uma reforma processual e da Justiça para torná-la mais ágil e independente. O problema das reformas é que nem sempre elas caminham na direção desejada, como, aliás, ocorreria no Brasil. No México, encontrei organizações não governamentais contra a corrupção que me impressio-

---

[19] Durante a Operação Lava Jato, conheci José Ugaz, que trabalhou como procurador especial no caso Fujimori e depois presidiu a Transparência Internacional. A experiência dele foi descrita no livro *Caiga quien Caiga: La historia íntima de cómo se desmontó la Mafia Fujimontesinista*. Lima: Editorial Planeta, 2014. Posteriormente, foi feito um filme com base no livro.

naram, como Mexicanos contra la Corrupción y la Impunidad.[20] Na Colômbia, percebi como era popular entre eles *O Mecanismo*, série da Netflix inspirada na Lava Jato.

Sobre filmes e séries baseados na Lava Jato, vale um breve parêntese. O filme *Polícia Federal: A lei é para todos* é um retrato bem próximo dos fatos, embora sempre com uma dose de liberdade criativa. Conheci o produtor do filme, Tomislav Blazic, além do diretor e de alguns dos atores, todos muito simpáticos. Fui prestigiar a pré-estreia em Curitiba junto com o juiz federal Marcelo Bretas, que viajou do Rio de Janeiro. Foi um evento muito prazeroso.

Já na série *O Mecanismo*, com duas temporadas, a liberdade criativa foi mais intensa, o que não desmerece a qualidade da produção. O problema é o "baseado em fatos reais" que, às vezes, leva as pessoas a confundirem o ficcional com o real. Lembro que, devido à série, vieram me perguntar quem era o policial federal que teria tentado se suicidar no início das investigações. Ocorre que o fato não era real, mas apenas uma liberdade de criação no roteiro. Conheci o diretor da série, José Padilha, e tive vontade de perguntar o motivo de tantas liberdades criativas, mas não o fiz. Os artistas devem ser deixados à vontade.

Na vida real, a evolução das investigações e dos processos foi diferente em cada país. Alguns avançaram bastante e alcançaram resultados impressionantes. Outros, nem tanto. Tudo depende da vontade política e institucional para combater a corrupção. Mesmo no Brasil, os ventos poderiam mudar a qualquer momento, como de fato mudariam.

---

[20] https://contralacorrupcion.mx.

CAPÍTULO 6
O áudio

Ao atingir o cerne do bilionário esquema de subornos da maior empreiteira do país, a Lava Jato assustou a classe política brasileira, especialmente aquela que ocupava o poder. Surgiram rumores de que a Odebrecht mantinha uma relação muito próxima com dirigentes do PT, inclusive com o ex-Presidente Luiz Inácio Lula da Silva. Já naquela época, em 2016, a operação havia alcançado algumas lideranças importantes do partido, como o ex-tesoureiro João Vaccari Neto[21] e os ex-Ministros José Dirceu (Casa Civil) e Antonio Palocci (Fazenda). Esses dois últimos, em particular, foram os homens fortes do primeiro mandato de Lula. Devido ao sistema de corrupção que afetou a Petrobras e outras estatais e órgãos do governo, com bilhões de reais em subornos pagos durante todo o governo Lula[22] a partir de diretores

---

[21] Posteriormente, condenações contra João Vaccari Neto foram anuladas devido ao novo entendimento do STF de que seria da competência da Justiça Eleitoral decidir sobre casos de corrupção quando os recursos fossem destinados a financiamento eleitoral.
[22] O ex-Presidente Barack Obama, em sua autobiografia (*Uma terra prometida*. São Paulo: Companhia das Letras, 2020), revelou a percepção que tinha sobre o ex-Presidente Lula: "Constava também que [Lula] tinha os escrúpulos de um chefão do Tammany Hall, e circulavam boatos de clientelismo governamental, negócios por baixo do pano e propinas na casa dos bilhões." Tammany Hall é uma referência a uma organização política que teve um papel central no controle político de Nova York durante a segunda metade do século XIX e no início do século XX e que ficou famosa pelo patrimonialismo, loteamento político e corrupção. Um de seus chefes, William M. "Boss" Tweed, é até hoje um dos símbolos da corrupção política nos Estados Unidos.

nomeados por indicação política, era natural que surgissem indagações sobre a eventual participação consciente e ativa do ex-presidente nos crimes. Seria possível que tudo tivesse ocorrido e se estruturado sem seu conhecimento ou assentimento?

Perguntas parecidas haviam surgido antes, no que foi denominado pela mídia de "escândalo do mensalão", em que parlamentares garantiam apoio ao presidente em troca de propinas. Mas, nesse caso, Lula alegou desconhecer o esquema e não foi denunciado na ação penal que tramitou no STF. Em entrevista ao jornal *The New York Times* em 2012, quando o caso foi julgado pela Suprema Corte, o ex-presidente negou que o esquema tivesse ocorrido. "Eu não acredito que o mensalão existiu", disse.[23] Mas o mensalão, ou o "amplo esquema de distribuição de dinheiro a parlamentares, os quais, em troca, ofereceram seu apoio e o de seus correligionários aos projetos de interesse do governo federal na Câmara dos Deputados", era um fato real, como reconheceu o Supremo Tribunal Federal, na época liderado pelo Ministro Joaquim Barbosa.

Eu sabia que as investigações da Lava Jato contra os petistas iriam gerar controvérsias políticas consideráveis. Lula deixou a Presidência da República com enorme popularidade e prestígio internacional. Embora parte desse capital político estivesse sendo corroído pelos erros da gestão de Dilma Rousseff, que ele escolhera para sucedê-lo, Lula era ainda um potencial candidato a um novo mandato presidencial.

Diante desse contexto, teria sido muito fácil para todos não dar esse passo na investigação. Afinal, embora eu e a força-tarefa da Lava Jato já estivéssemos acostumados aos mais variados ataques, sabíamos que o nível e a escala das investidas cresceriam de modo violento. Aparentemente, o PT parecia até conformado com as ações contra Palocci e José Dirceu. Sobre Dirceu, já escrevi antes. Quanto a Palocci, a força-tarefa, ao quebrar, com autorização judicial, o sigilo telemático do Setor de Operações Estruturadas da Odebrecht encontrou um e-mail

---

[23] "Em entrevista a jornal, Lula diz que não crê na existência do mensalão". G1. Disponível em <http://g1.globo.com/politica/noticia/2012/08/em-entrevista-jornal-lula-diz-que-nao-cre-na-existencia-do-mensalao.html>. Acesso em 9/09/2021.

com uma planilha denominada "Posição Programa Especial Italiano", que retratava uma espécie de conta-corrente informal, com crédito de cerca de 300 milhões de reais, colocada, segundo conclusões das investigações da PF, à disposição de agentes políticos, incluindo Palocci. O ex-Ministro da Fazenda foi preso e condenado a doze anos e dois meses de prisão por corrupção e lavagem de dinheiro – tempos depois, ele assinaria acordo de colaboração com a Polícia Federal, homologado pelo Tribunal Regional Federal da 4ª Região.

Voltando ao ex-presidente, não havia alternativa senão prosseguir diante dos indícios de seu envolvimento pessoal nos crimes. Não dependia da vontade dos investigadores ou do juiz decidir se o caso seria investigado ou não. Não havia como fechar os olhos para a realidade. O dever legal era de prosseguir, ainda que todos soubessem que investigar e processar Lula seria muito desgastante.

Podia-se argumentar que a dimensão do esquema criminoso e o fato de que ele teria sido usado em benefício dos aliados políticos e ainda, segundo conclusões das investigações da PF, para financiar campanhas políticas presidenciais eram suficientes para indicar a participação consciente de Lula nos crimes. O Ministério Público Federal e a Polícia Federal optaram por ir além e apurar se havia algum registro de enriquecimento ilícito do ex-presidente vinculado aos desvios da Petrobras. Evidentemente, cabiam aos procuradores e delegados as escolhas e estratégias de investigação. A partir dos indícios que me eram apresentados, passei a autorizar algumas diligências mais invasivas, como quebras de sigilo fiscal e bancário.

Com o surgimento de fundadas suspeitas do envolvimento de Lula no esquema, deferi em 19 de fevereiro de 2016 um pedido do MPF para que fossem interceptados alguns telefones utilizados por ele e por pessoas próximas. Os procuradores também solicitaram mandados de busca e apreensão em endereços do ex-presidente para que fossem coletadas provas. Deferi o pedido no dia 24 de fevereiro. Naquela ocasião, o Ministério Público chegou a pedir a prisão temporária, por cinco dias, de três associados de Lula, mas neguei o pedido, por entender que, naquele momento, só cabia colher provas.

O pedido mais polêmico do MPF foi o da condução coercitiva do ex-presidente até a Polícia Federal para prestar depoimento na mesma data em que houvesse as buscas. Condução coercitiva não é equivalente a prisão nem há violação dos direitos do investigado, pois ele pode permanecer em silêncio. O Ministério Público entendia que era necessário obter esclarecimentos do ex-presidente e que tentativas anteriores de ouvi-lo haviam sido malsucedidas. Poucos dias antes, quando Lula fora convocado para prestar depoimento em uma investigação do Ministério Público Estadual de São Paulo, houve grande tumulto, com o protesto de militantes petistas em frente ao Fórum da Barra Funda, na capital paulista. Até por isso, o Ministério Público Federal e a Polícia Federal entendiam que, na data em que ocorressem as buscas, era oportuno ouvir formalmente Lula para evitar que ele instigasse a militância com o intuito de obstruir o trabalho dos policiais e procuradores.

A interceptação telefônica nos números do ex-presidente captou diálogo no dia 27 de fevereiro em que Lula dizia ao interlocutor ter ciência prévia de que seria realizada alguma busca e apreensão em seus endereços e cogitava convocar parlamentares do PT para esperarem a polícia nesses locais e, dessa maneira, atrapalhar a diligência. Essa ameaça de obstrução do trabalho da Polícia Federal por militantes poderia gerar situações de risco para eles e para os agentes. Os riscos justificariam até mesmo a prisão temporária do ex-presidente, mas o próprio MPF preferiu requerer a medida menos grave, ou seja, apenas a condução coercitiva.

Em 29 de fevereiro, depois de ouvir os argumentos do MPF e da PF, autorizei a condução coercitiva de Lula na mesma data em que fossem cumpridos os mandados de busca. Proibi tanto o uso de algemas quanto a filmagem do ex-presidente durante o depoimento. Indeferi ainda pedido de condução coercitiva da ex-primeira-dama Marisa Letícia. Sabia que tudo que implicasse o nome de Lula na Lava Jato seria polêmico – o desenrolar dos fatos provaria que eu estava certo. A defesa do líder petista buscou desde o início construir o álibi de que Lula estaria sendo perseguido politicamente e que a criminalização da atividade política buscava impedir uma futura candidatura dele à Presidência.

Sempre que me lembro dessa passagem eu a associo ao também

rumoroso caso O.J. Simpson, em que o ex-jogador de futebol americano e ator foi acusado de assassinar a ex-esposa e o namorado dela em 1994. Apesar de as provas indicarem o seu envolvimento direto no crime, a defesa conseguiu a absolvição de Simpson ao retratar a investigação policial e o processo na Justiça norte-americana como uma perseguição racista ao acusado. O termo utilizado para o álibi foi denominado *racial card* – cartão racial, conforme bem retratado na minissérie *American Crime Story: The People v. O.J. Simpson*. No Brasil de 2016, tínhamos o *political card*, o cartão político. Em vez de discutir fatos e provas, a defesa do ex-presidente e o próprio discurso de Lula buscavam retratar os policiais, procuradores e o próprio juiz como politicamente orientados. Seriam aliados da direita brasileira, buscando inviabilizar governos de esquerda.

Nada mais falso. Tratava-se de subornos pagos sistematicamente por dirigentes de empreiteiras a gerentes e diretores da Petrobras, bem como a agentes políticos que eram responsáveis pela indicação desses gerentes e diretores a seus cargos. Quem controlava essas nomeações na época dos fatos, entre 2003 e 2014, era o governo capitaneado pelo PT. Como havia um loteamento político dos cargos entre os partidos que apoiavam as gestões petistas, era natural que os subornos, quando pagos, fossem direcionados a agentes políticos dessas siglas – basicamente integrantes do PT, PP e PMDB. Não faria muito sentido se o esquema criminoso na Petrobras servisse para direcionar recursos para os partidos políticos da oposição. Seria como criticar o processo do escândalo Watergate, que afetou a Presidência do republicano Richard Nixon, com a afirmação de que nenhum integrante do Partido Democrata teria sido investigado.

A Lava Jato centrada em Curitiba resultou na condenação de diretores e gerentes da Petrobras, inclusive um CEO, e dos responsáveis pelo pagamento de subornos, usualmente dirigentes de empreiteiras e intermediários. Quanto aos políticos, houve condenações de governadores, ex-ministros e parlamentares de mais de um partido – pelo menos PT, PP, PMDB e PTB –, incluindo o ex-Presidente da Câmara dos Deputados Eduardo Cunha, notório inimigo político do PT, que presidiu a abertura do processo de impeachment contra Dilma Rousseff. Além do mais, após a colaboração da Odebrecht e de seus dirigentes, vieram à tona pagamentos de suborno também para governos estaduais e municipais, e quase todos os partidos políticos acabaram afetados em maior ou menor grau.

Por tudo isso, era uma falácia o álibi de que as investigações eram politicamente motivadas.

Ainda assim, naquele início de 2016 eram crescentes as reclamações do PT contra a Lava Jato, o que tumultuava o processo judicial e convulsionava o ambiente político no país. O clima de tensão chegou ao ápice na manhã de 4 de março, quando a Polícia Federal cumpriu os mandados de busca e apreensão nos endereços ligados ao ex-presidente, incluindo o apartamento em que ele morava em São Bernardo do Campo, na Grande São Paulo, e um sítio em Atibaia, no interior paulista, que era frequentado por ele. Para colher o depoimento dele, os policiais optaram por levá-lo até a sala reservada às autoridades no aeroporto de Congonhas, na capital paulista.

O objetivo, disseram-me, era levá-lo sem alarde, para ouvi-lo discretamente, sem chamar a atenção das pessoas. Se tomassem o depoimento no apartamento dele, havia, segundo os policiais, risco de que o prédio fosse cercado por militantes petistas, o que perturbaria o trabalho. O mesmo ocorreria se o levassem para a Superintendência da Polícia Federal em São Paulo – repetindo o tumulto do dia em que promotores estaduais paulistas tentaram ouvi-lo no Fórum da Barra Funda, duas semanas antes. Além disso, ouvir o ex-presidente na sala reservada a autoridades em Congonhas ainda daria ao ato um tom mais solene do que levá-lo a uma delegacia.

Mas foi impossível evitar o tumulto.

Logo que a Polícia Federal informou ao ex-presidente que ele seria levado ao aeroporto de Congonhas, o líder petista e seus assessores acionaram a militância política, que foi até o local protestar. Depois, ainda apareceram manifestantes a favor da Lava Jato, o que gerou um risco sério de confronto. Enquanto isso, políticos do PT tentavam a todo custo ingressar na sala onde Lula era ouvido pelos delegados. A confusão estava armada.

Terminado o depoimento, pouco antes do meio-dia, o ex-presidente foi até a sede do PT em São Paulo e, em entrevista coletiva, atacou a Operação Lava Jato, incluindo a Polícia Federal, o Ministério Público e o juiz do caso – eu. Utilizou ainda uma metáfora um tanto ameaçadora ao comparar-se com uma "jararaca" e advertiu que "se quiseram matar a jararaca, não bateram na cabeça, bateram no rabo".

Aquele foi um dia difícil, mas a tensão seria ainda maior nas semanas seguintes.

Com o avanço das investigações em relação a Lula e os movimentos políticos e sociais pelo impeachment da Presidente Dilma Rousseff, surgiram rumores, veiculados pela imprensa, de que o ex-presidente seria nomeado Ministro da Casa Civil. A medida teria duplo objetivo, segundo se especulava: Lula atuaria para impedir o impeachment e ainda ganharia foro privilegiado junto ao Supremo Tribunal Federal, o que retiraria a competência da 13ª Vara Federal Criminal de Curitiba para continuar com os processos de investigação contra ele.

Enquanto essas notícias pipocavam na internet, o inquérito contra Lula seguia o seu curso normal. O monitoramento dos telefones ligados ao líder petista fora deferido por mim em 19 de fevereiro a pedido da Polícia Federal e do Ministério Público e, após o fim do prazo de 15 dias, havia sido prorrogado, como prevê a lei. Em 16 de março, surgiu a notícia de que Lula aceitara o convite de Dilma para o cargo de Ministro-chefe da Casa Civil. Embora a nomeação ainda não fosse oficial, a Polícia Federal optou por pedir a interrupção do monitoramento. Eu autorizei o fim das interceptações naquele mesmo dia, às 11h12. Mas, antes que a interrupção fosse implementada pelas operadoras de telefonia, houve uma conversa telefônica entre Lula e Dilma, às 13:32, na qual a presidente informou que encaminharia a Lula um termo de posse de ministro para que ele assinasse apenas em caso de necessidade, isso sem que houvesse ainda ato de posse marcado. A frase da presidente, de que enviaria a Lula um termo de posse no cargo de ministro para que ele usasse apenas em caso de "necessidade", não fazia sentido. A interpretação possível era de que Lula provavelmente lançaria mão dele se fosse surpreendido por uma nova ordem de busca ou de prisão antes de sua efetiva posse formal – um aparente estratagema para impedir a ação da Justiça. O referido diálogo foi trazido ao processo pela Polícia Federal e mantido nos autos.

Após o término da interceptação, o Ministério Público Federal pediu o fim do sigilo sobre o processo e a sua remessa ao Supremo Tribunal Federal. Naquele mesmo dia, por volta das 16h, acatei o pedido do MPF.

Em poucas horas os áudios passaram a ser divulgados pela imprensa. Embora aquele material não estivesse mais sob sigilo judicial, asseguro que não fui eu o responsável por repassá-lo aos jornalistas. Ao dar publicidade ao inquérito, apenas repeti o padrão que vinha adotando até então: não manter sigilo sobre os processos da Lava Jato. Repito: não cabe ao juiz guardar segredos sombrios da administração pública. Naquele caso específico, o conteúdo de vários diálogos indicava o envolvimento do ex-presidente em ilícitos, mostrava sua relação com propriedades em nome de terceiros, reforçando suspeitas de lavagem de dinheiro, e sugeria que sua nomeação visava protegê-lo da ação da Justiça, como o STF viria a reconhecer. Mas poucos entenderam esse propósito e fui torpedeado de todas as maneiras.

Sinceramente, penso que a polêmica em torno da divulgação desse diálogo não tinha razão de ser. Quem estava sendo interceptado era o ex-Presidente Lula – até que tomasse posse formal, ele não tinha foro privilegiado. Dilma só aparece no monitoramento porque ligou para o telefone interceptado de Lula. Nunca houve escuta nos aparelhos telefônicos ligados à presidente, que tinha foro privilegiado, e por isso não se violou a competência do STF. Muito menos houve violação da segurança nacional, o que só poderia ser alegado se aquele diálogo tivesse algo a ver com ações estratégicas do país. Quanto à suposta captação do diálogo após a determinação para o encerramento da diligência, havia tanto justa causa quanto estavam presentes os requisitos legais para a interceptação. Afinal, o diálogo era relevante para as investigações. Nem havia incompetência do juízo, pois Lula ainda não tinha tomado posse no cargo de ministro. Portanto, não havia qualquer ilegalidade na captação do diálogo gerado antes da interrupção do fluxo de dados e na inserção dos áudios no inquérito.

A publicidade dos processos e julgamentos é ordenada pela Constituição,[24] sendo o sigilo uma exceção. No processo penal, as investigações são realizadas em sigilo por questão de necessidade. Se o rastro de provas do possível autor do crime for conhecido, há um risco de ele ser apagado. Nem mesmo Sherlock Holmes pode desvendar o crime com seu arqui-inimigo, Professor Moriarty, na sua cola, para lembrar célebres personagens do escritor britânico Arthur Conan Doyle. Quando as investigações chegam a uma conclusão, não é mais necessário o sigilo. Em processos e julgamentos por crimes contra a administração pública, a publicidade é fundamental para permitir o escrutínio público não só dos atos que estão sob o crivo do Judiciário, mas também da própria ação da Justiça em relação a eles. A sociedade tem o direito de saber sobre acusações da prática de crimes por agentes públicos ou políticos e igualmente de acompanhar o que faz a Justiça em relação a essas acusações.

A publicidade irrestrita conferida aos processos da Lava Jato, incluindo documentos, audiências e julgamentos, permitiu que a imprensa e a sociedade acompanhassem todos os acontecimentos, dia a dia, desde o início da operação. A percepção de que a grande corrupção era disseminada no Brasil foi confirmada e superada pelos fatos e pelas provas. O sistema de corrupção foi exposto e o Brasil, de certa forma, colocado no divã: como o país pôde permitir grau tão elevado de deterioração institucional, com o pagamento de subornos tendo se tornado rotina em contratos públicos?

Os críticos diziam que queríamos fazer sensacionalismo e julgar os casos com base na opinião pública. Os hipócritas, aqueles que pagavam ou recebiam suborno, assim como seus aliados, alegavam que buscávamos criminalizar a política. Nada mais falso, já que apenas cumpríamos a Constituição. Ou seria preferível varrer tudo para debaixo do tapete a fim de que ninguém soubesse? Quanto à criminalização da política, quando alguém me convencer de que pagar ou aceitar subornos fazem parte do exercício da boa política, concordarei

---

[24] Art. 93, IX, da Constituição Federal de 1988.

com o argumento. A publicidade tinha ainda o efeito salutar de prevenir a obstrução da Justiça. Ou alguém pensa que isso não foi tentado durante a Operação Lava Jato?

A investigação, que teve foco inicial em contratos da Petrobras com as maiores empreiteiras brasileiras, expandiu-se, como já exposto, para outras estatais e órgãos do governo federal, depois para governos estaduais e municipais, e finalmente adquiriu alcance internacional. Era uma consequência inevitável, pois, evidentemente, o sistema de corrupção não ficava restrito aos contratos da Petrobras.

Embora seja louvável que crimes graves de corrupção e lavagem sejam descobertos por meio das investigações e que os responsáveis sejam processados, a profusão desses casos não deixava de ser desalentadora, por revelar um acentuado e generalizado grau de deterioração da administração pública em vários níveis. A publicidade dos processos deixava tudo bem claro para a sociedade.

Eu tinha noção de que a divulgação dos diálogos do ex-Presidente Lula traria forte repercussão, mas, honestamente, não imaginei que gerasse tanta controvérsia. No fim da tarde daquele dia 16, ao chegar em casa, peguei meu filho, ainda pequeno, e fui ao clube com ele para nos distrairmos. Nem acompanhei os noticiários.

No dia seguinte, parecia que o mundo havia acabado. A divulgação das conversas teve forte repercussão política. A nomeação de Lula para o cargo de ministro foi acelerada, mas, em seguida, suspensa por decisão do Ministro do STF Gilmar Mendes em mandado de segurança impetrado no STF pelo Partido Popular Socialista (PPS – atual Cidadania).

Alguns analistas políticos disseram que a divulgação daqueles áudios acelerou o processo de impeachment de Dilma Rousseff, embora os motivos formais do impedimento da presidente nada tivessem a ver com o esquema criminoso da Petrobras ou mesmo com essa aparente tentativa de obstruir a ação da Justiça. A queda da presidente foi motivada pelo que ficou conhecido como "pedaladas fiscais", o atraso proposital no repasse de dinheiro aos bancos públicos para artificialmente ocultar o rombo orçamentário. Honestamente, não sei se a divulgação teve alguma influência no processo de impeachment. Creio que o destino da presidente, àquela altura, já estava traçado, sobretudo por sua falta de apoio político junto ao Congresso. Mas, se isso de fato ocorreu, não era um efeito desejado ou antevisto por mim, pela Polícia Federal ou pelo Ministério Público. Apenas seguimos a praxe normal dos processos da Lava Jato.

Minha decisão sobre os áudios de Lula e Dilma foi criticada no STF. Naquele fim de semana, o Ministro Teori Zavascki, em evento público, repreendeu-me indiretamente, afirmando, com certa veemência, que a função do magistrado era agir com ponderação para pacificar conflitos sociais, não fomentá-los. Entendi o recado, mas aquelas palavras pareceram-me injustas. Na semana seguinte, em 22 de março, o Ministro Teori concedeu liminar em reclamação apresentada na Suprema Corte para suspender os processos contra o ex-presidente, cessar a publicidade da interceptação telefônica e determinar a remessa dos autos ao STF.

Era uma repetição, em certa medida, da liminar concedida na reclamação de Paulo Roberto Costa no ano anterior. A diferença era que, dessa vez, o Ministro Teori aparentava estar muito contrariado com a minha decisão, pois sugeriu a possibilidade de que eu fosse responsabilizado disciplinarmente. Admito que, naquelas semanas, fiquei bastante preocupado. Estava com a consciência tranquila quanto à correção e à legalidade da minha decisão. Entretanto, havia nítida pressão política para que eu fosse de alguma maneira responsabilizado – para piorar as coisas, a decisão aparentava não ter sido bem compreendida no STF.

Se eu sofresse alguma punição naquele caso, penso, seria uma afronta à independência da magistratura. Além disso, punir um juiz por fazer o que era certo no contexto dos fatos era algo ainda mais surreal. Foram dias bastante tensos. Quem me deu um grande suporte emocional naquele período foi a minha esposa, Rosângela. Obviamente ela notou a minha tensão. Eu estava pressionado diante de tantos ataques na imprensa e nas redes sociais influenciadas pelo PT. Rosângela decidiu abrir uma página de apoio no Facebook chamada "Eu Moro com Ele". O objetivo não era propriamente me defender, mas receber as mensagens de apoio que me eram enviadas e agrupá-las de alguma forma. Acabei concordando com a abertura da página: notei que aquilo era importante para ela, que também vinha sentindo a pressão – ao me ajudar, sei que ela se sentiria melhor. Foi sempre Rosângela quem cuidou dessa página, eu nunca me envolvi com isso. "Eu Moro com Ele" seria encerrada no fim de 2017, quando entendemos que não era mais necessária.

Em relação às críticas do Ministro Teori, enviei-lhe informações sobre a minha decisão em relação aos áudios de Lula. Fiz uma exposição detalhada de todo o contexto e expus as minhas razões. Como sabia da seriedade do ministro, escrevi o ofício com toda a cautela e todo o respeito possíveis. Nessas horas, não adiantava ficar contrariado com a decisão desfavorável e agir ou escrever com raiva ou mágoa. Mas, no documento, em nenhum momento reconheci ter cometido um erro ao levantar o sigilo sobre a interceptação. Não iria escrever algo que não era verdadeiro. Sempre tive compromisso com a verdade. Registrei ali, no entanto, que lamentava a polêmica suscitada pela minha decisão.

Em 31 de março de 2016, o Ministro Teori submeteu o caso ao plenário do STF. Embora ele tenha mantido a liminar que suspendia à investigação e avocava os processos, o tom da decisão mudou sensivelmente – ele deixou de sugerir que eu deveria ser responsabilizado disciplinarmente no caso. Estou certo de que a mudança decorreu da passagem do tempo desde a polêmica e da sua percepção de que a minha decisão tinha os seus fundamentos, ainda que se pudesse dela discordar. Acredito também que o comedimento com que apresentei as informações ao ministro contribuiu para diminuir o calor inicial de sua reação.

Três meses mais tarde, em 13 de junho de 2016, ao julgar o mérito do caso, Teori Zavascki decidiu anular a interceptação do diálogo relativo à assinatura do termo de posse em caso de necessidade, mantendo a validade das demais conversas captadas na escuta. Por outro lado, determinou a devolução dos processos do ex-presidente para a 13ª Vara Federal de Curitiba. Como já disse, eu não concordava com a nulidade apontada, mas ao menos os processos poderiam prosseguir.

Naquele intervalo de tempo entre as duas decisões do ministro do STF, a Câmara dos Deputados aprovou, no dia 17 de abril, a abertura do processo de impeachment da Presidente Dilma – ainda naquele ano ela seria definitivamente afastada do cargo em votação no Senado.[25] Mas, reforço aqui, essa era uma questão em relação à qual eu não tive qualquer participação ou mesmo intenção de influir.

* * *

As investigações da força-tarefa avançavam a passos largos quando houve uma tragédia. O relator da Lava Jato no STF, Ministro Teori Zavascki, morreu em um acidente aéreo no dia 19 de janeiro de 2017, quando o avião em que viajava fez uma tentativa frustrada de pouso em Paraty (RJ).

Eu me lembro que estava em um curto período de férias, após muito tempo de trabalho intenso, almoçando em um restaurante de Balneário Camboriú (SC), quando recebi uma mensagem no celular informando que caíra o avião que levava o ministro. Foi como uma bomba. Além da tragédia em si, pela perda de vidas, o Ministro Teori vinha se destacando por decisões corajosas e serenas em relação à Lava Jato.

Foi dele, por exemplo, a iniciativa de decretar a prisão do senador Delcídio do Amaral, então no PT de Mato Grosso do Sul, após o político ter sido flagrado em gravações buscando impedir que Nestor Cerveró, ex-diretor da área Internacional da Petrobras, fizesse um acordo de colaboração e confessasse os seus crimes. Foi também do ministro a corajosa decisão de afastar Eduardo Cunha da Presidência da Câmara dos Deputados, passo necessário para a posterior cassação de seu mandato pela Casa e a sucessiva condenação criminal. Nessas decisões, o Ministro Teori conseguiu consenso entre os demais juízes do Supremo, o que foi fundamental para vencer eventuais resistências dos demais poderes da República.

O velório do ministro seria em Porto Alegre, na sede do Tribunal

---

[25] "Impeachment de Dilma Rousseff marca ano de 2016 no Congresso e no Brasil". Agência Senado. Disponível em <https://www12.senado.leg.br/noticias/materias/2016/12/28/impeachment-de-dilma-rousseff-marca-ano-de-2016-no-congresso-e-no-brasil>. Acesso em 10/09/2021.

Regional Federal da 4ª Região, Corte em que Teori Zavascki iniciou sua carreira na magistratura. Interrompi minhas férias e fui ao velório. Apesar de não ser pessoalmente próximo do ministro, entendi que era meu dever estar presente nessas últimas homenagens devido ao papel fundamental que ele havia desempenhado na Lava Jato.

Na cerimônia, havia autoridades dos diversos poderes, sinal do prestígio de Teori. Houve procissão de políticos, muitos deles inclusive sob investigação da Lava Jato no Supremo Tribunal Federal, o que gerava uma situação insólita. O que me deixou realmente feliz foi encontrar os familiares do Ministro Teori e a forma calorosa com que me receberam. Fiz questão de lhes dizer que ele fora um herói pela coragem de suas decisões judiciais durante a Lava Jato. Era um reconhecimento comum, mas, por vezes, é importante repetir o óbvio e acredito que eles gostaram de saber que essa era minha opinião.

Logo começou o debate sobre quem sucederia Teori Zavascki na relatoria dos processos da operação no STF. Havia alguns ministros que, por suas declarações e por seus votos, não eram simpáticos à Lava Jato, enquanto outros mostravam-se mais favoráveis. Ter um relator que não fosse um crítico severo da operação, portanto, era muito importante.

Após um período de suspense e tensão, o Ministro Edson Fachin, que estava na Primeira Turma do STF, transferiu-se para a Segunda Turma para ocupar a vaga do Ministro Teori, sendo logo depois sorteado como novo relator dos processos da Lava Jato na Suprema Corte. Edson Fachin também se destacou na condução dos processos, honrando o legado do seu antecessor. A Lava Jato estava de novo em boas mãos.

CAPÍTULO 7
Um domingo qualquer

Quando ingressei na sala de audiência do Fórum da Justiça Federal em Curitiba, pouco antes das 14h do dia 10 de maio de 2017, respirei fundo e procurei manter a calma e o foco. Eu sabia que, nas horas seguintes, enfrentaria mais uma situação delicada na Lava Jato: a audiência com Lula. O ex-presidente havia sido denunciado pelo Ministério Público Federal no ano anterior. Os procuradores argumentavam que Lula tivera um papel central no esquema criminoso da Petrobras. Ainda segundo o MPF, o ex-presidente teria sido beneficiado pela construtora OAS com um apartamento tríplex no edifício Solaris, em Guarujá, litoral paulista – o imóvel seria uma parcela do suborno ao líder petista em troca do desvio de verbas públicas em contratos da estatal.

Vale lembrar que a estratégia da acusação era relacionar o ex-presidente a atos de enriquecimento ilícito. Os valores que teriam sido disponibilizados pela Odebrecht e pela OAS a Lula e ao PT por esquemas de suborno seriam infinitamente maiores, mas os recursos obtidos, em sua maior parte, teriam sido destinados ao financiamento ilegal de campanhas eleitorais. Esses fatos foram relatados, pelo menos, pelo ex--Ministro Antonio Palocci, pelo empresário Marcelo Odebrecht, CEO do grupo Odebrecht, por Léo Pinheiro, CEO da OAS, e até mesmo por João Santana, responsável pelas campanhas presidenciais do PT.

Aceitei a denúncia em 20 de setembro de 2016. Começava aí um calvário. A tramitação desse processo foi muito desgastante. Desde o início a defesa do ex-presidente adotou uma postura bastante agressiva contra o Ministério Público e contra mim. Os advogados de Lula listaram dezenas de testemunhas para serem ouvidas na ação penal, com o claro intuito de prolongar e dificultar o máximo possível o trâmite do processo. As audiências eram quase sempre muito desagradáveis diante da hostilidade adotada pela defesa do ex-presidente. Enquanto isso, o PT e seus apoiadores na mídia e nas redes sociais não poupavam ataques à ação penal, ressoando a tese dos advogados de Lula de que tudo não passava de perseguição política.

Reclama-se muito hoje em dia, durante o governo do Presidente Bolsonaro, das ofensas disparadas contra o Judiciário nas redes sociais e na imprensa. Bem, já tínhamos isso durante a Lava Jato, embora os responsáveis pelos ataques fossem outros, e isso começou mesmo antes, durante o mensalão, quando o Ministro Joaquim Barbosa foi severamente atacado por jornalistas e blogs ligados ao PT. Quero esclarecer que a liberdade de expressão comporta discussões e críticas veementes às autoridades públicas de quaisquer dos três poderes. Entretanto, o que se via nesses casos – e mesmo atualmente – eram ataques sistemáticos, impulsionados não raras vezes por grupos políticos, destinados a corroer a legitimidade das instituições. Deveria existir limites para isso, sem, no entanto, haver censura prévia ou qualquer restrição excessiva à liberdade de expressão. É difícil encontrar um equilíbrio apropriado.

Foram tempos muito difíceis. A imprensa dava demasiado destaque a cada ato do processo, até mesmo despachos ordinatórios, ainda no início da ação penal. Sei que os jornalistas estavam cumprindo o papel de informar a sociedade, mas o holofote exagerado sobre o caso não deixava de ser, em certa medida, um incômodo, por fomentar sensacionalismos. Nos dias anteriores à audiência com o ex-presidente, a imprensa começou a dar àquele rito ordinário, comum e necessário em toda ação penal, um tom de duelo. Enquanto a capa da *IstoÉ* simulou uma luta de boxe entre mim e Lula, com o título "Moro vs. Lula: Ajuste de contas", a *Veja* estampou o meu rosto e o do ex-presidente com máscaras de super-heróis em uma capa-cartaz e a manchete "O primeiro encontro cara a cara".

O próprio Lula e o PT incentivavam o clima de confronto: o ex-presidente e seus apoiadores convocaram toda a militância a ir a Curitiba apoiá-lo. O objetivo era fazer uma grande manifestação em frente ao prédio da Justiça Federal para demonstrar a força política do ex-presidente e intimidar os agentes envolvidos na condução do processo, inclusive eu. A mobilização petista fez com que grupos contrários ao partido e a favor da Lava Jato também agendassem manifestações na capital paranaense. Se os dois grupos se encontrassem, o risco de confrontos e violência era enorme.

Cheguei a gravar um vídeo – o que eu nunca tinha feito – pedindo que os apoiadores da Operação Lava Jato não fossem até as proximidades do Fórum, mas não adiantou muito. Por isso, a Secretaria de Segurança do Paraná e a Polícia Federal bloquearam o trânsito nas imediações do prédio da Justiça Federal, só permitindo a passagem dos servidores do Judiciário, dos advogados e dos que participariam da audiência. Naquele dia, o expediente no Fórum foi suspenso. Todas as atenções estavam concentradas no depoimento. Enquanto o Fórum se transformava em uma fortaleza, foram selecionadas áreas longe da Justiça Federal – e distantes entre si – para abrigar os apoiadores de Lula e os da Lava Jato.

À época, eu tinha o hábito de sempre almoçar com minha família em casa, mas, naquela ocasião, optei por levar um lanche para o almoço embrulhado em uma sacola plástica, pois sabia que seria um dia atípico e queria facilitar o trabalho da minha escolta – uma foto minha segurando o embrulho seria publicada na imprensa, e dias depois ganhei uma lancheira térmica de um apoiador da Lava Jato.

Nos dias anteriores, eu havia relido toda a ação penal do tríplex e estudado cada minúcia. Chegar bem preparado para uma audiência em ações penais é fundamental para qualquer magistrado. Há mais chances de o juiz fazer as perguntas certas – o que não significa, claro, que as respostas serão verdadeiras. Mas, nesses casos, a eventual contradição é um indicativo que o juiz pode utilizar em seu julgamento.

Aqui faço um intervalo para lembrar um episódio ocorrido alguns anos antes da Lava Jato, no julgamento de um caso de lavagem de dinheiro do tráfico de cocaína pelo Cartel de Juárez, México, uma das maiores organizações criminosas do mundo. A história começa em 1997, quando o líder do cartel, Amado Carrillo Fuentes, adquiriu uma chácara na região metropolitana de Curitiba onde pretendia se refugiar com a esposa brasileira. No entanto, com a morte de Fuentes meses depois em uma cirurgia plástica malsucedida, o imóvel foi repassado a um sócio dele, Lucio Rueda Bustos, que fora oficial do Exército mexicano. Seguindo os planos de Fuentes, ele se mudou para o Brasil em 1999. Aqui, assumiu um nome falso – Ernesto Plascencia San Vicente – e casou-se com uma brasileira.

Bustos, que se apresentava como um próspero empresário mexicano, criador de gado e investidor imobiliário, tinha adquirido vários imóveis no interior paulista e em Curitiba. A identidade real dele foi descoberta por uma dupla de policiais civis que o prendeu provisoriamente, sem mandado judicial, levando-o a uma delegacia. Mas, ao invés de realizar o trabalho, os policiais o soltaram mediante pagamento de suborno. A história acabou chegando à Polícia Federal, que abriu investigações sobre o suposto empresário e sobre os policiais. A comparação das suas digitais com as que constavam em uma ação penal a que o ex-militar mexicano respondera por tráfico de drogas em 1980 nos Estados Unidos confirmou que Ernesto era, na verdade, Lucio Rueda Bustos. Ele seria preso em 2006 pela PF na Operação Zapata e denunciado à 2ª Vara Federal Criminal de Curitiba por lavagem de dinheiro do narcotráfico.

No início da ação penal, Bustos negou ter esse nome. Afirmou ser Ernesto, o empresário mexicano de sucesso sem qualquer relação com o tráfico de drogas ou com o cartel de Juárez. No decorrer da ação penal, porém, ele mudou sua versão e admitiu que fora preso nos Estados Unidos na década de 1980 por conspiração para o tráfico de drogas. Estranhamente, persistiu afirmando ser Ernesto: na sua nova versão, ele alegou ter utilizado o nome falso de Lucio na prisão nos Estados Unidos. Aquela mudança de versão aniquilou a credibilidade do réu.

A parte cômica da história ficou por conta do suposto cunhado de Lucio, trazido ao Brasil para depor como testemunha de defesa e confirmar a versão do acusado de que ele seria Ernesto, o empresário, e não Lucio, o traficante. Na audiência, quando lhe perguntei a respeito do nome dos pais do acusado, ele disse que não se recordava – ou seja, não lembrava o nome dos próprios sogros:

– Como são os nomes dos pais do senhor Ernesto?
– No recuerdo en este momento.
– O senhor, pelo que eu entendi, é casado com a irmã do senhor Ernesto, correto?
– Sí.
– E o senhor não se recorda do nome dos seus sogros, então?
– En este momento no recuerdo.

Obviamente a pessoa foi para a audiência despreparada, inclusive para mentir. O juiz precisa estar atento a esses sinais. Aquela contradição gritante reforçou ainda mais a minha convicção sobre o caso. Lucio Rueda Bustos acabou condenado por lavagem de dinheiro e seu patrimônio milionário, oriundo do tráfico de drogas, foi confiscado por mim na sentença. Foi o primeiro caso no Brasil de condenação por lavagem de dinheiro cujo crime antecedente ocorrera inteiramente em outros países – no caso, tráfico internacional de drogas entre México e Estados Unidos.

* * *

O interrogatório de Lula naquele 10 de maio de 2017 alongou-se por horas. Pela lei brasileira, no interrogatório de um acusado, o juiz faz primeiro as suas perguntas e depois é a vez da acusação, seguida pela defesa. Não há nada de errado nessa disposição. O juiz precisa esclarecer os fatos e ouvir as respostas do réu sobre os termos da acusação. Nessa etapa, a busca é pela verdade, não pela condenação.

Como mencionei anteriormente, há juristas que não concordam com esse entendimento, sob o argumento de que a verdade é inalcançável e o processo penal seria, por consequência, uma espécie de jogo, sendo indiferente o resultado. Sempre entendi que essa teoria é uma bobagem. O objetivo do processo penal é fazer Justiça na forma da lei, respeitando, claro, os direitos do acusado, mas também os da vítima. Para isso, é importante fazer, por meio de provas, a melhor reconstrução histórica do que aconteceu. Não se busca aqui uma verdade absoluta, mas a verdade prática, própria da razão humana. Não posso concordar com aqueles que acham que o resultado de um julgamento é indiferente à lei ou à Justiça. Se for assim, também vamos legitimar as *fake news* e os fatos alternativos, já que tudo é relativo e o conhecimento humano é impreciso. Nada mais incorreto. Fazer Justiça na forma da lei, pesquisar os fatos e agir com correção são ações importantes e, se você, como juiz, não acredita nisso, está na profissão errada.

No início daquela audiência, questionei Lula sobre a declaração que ele tinha dado dias antes, durante evento do PT. "Se eles não me prenderem logo, quem sabe um dia eu mando prendê-los pelas mentiras que eles contam", disse ele na ocasião. Perguntei o que o ex-presidente quis dizer com aquilo. Ele disse tratar-se de "um ato de força de expressão" e que a história um dia julgaria se houve abuso de autoridade por parte da Polícia Federal e do Ministério Público.

– O dia que o senhor for candidato o senhor vai ter muita força de expressão – me disse Lula.

– Acha apropriado um ex-Presidente da República dizer isso? – perguntei.

– Acho que não, acho que não.

Lula negou saber dos desvios de dinheiro na Petrobras em sua gestão e adotou uma clara postura de confronto.

– O senhor se sente responsável pela Operação Lava Jato ter destruído a indústria da construção civil neste país? – questionou o ex-presidente. – O senhor se sente responsável por 600 milhões [sic] de pessoas que já perderam o emprego no setor de óleo e gás e na construção civil? Eu tenho certeza que não.

Respondi com outra pergunta:

– O senhor entende que o que prejudicou essas empresas foi a corrupção ou o combate à corrupção?

– Não, é o método de combater a corrupção.

– A que o senhor se refere? A ter processos contra pessoas que pagaram propina?

– É que quando um juiz e os acusadores se submetem à imprensa para poder prender as pessoas, aí tudo mais é possível, doutor.

Lula repetia os mantras que eram utilizados contra a operação. A culpa pelas dificuldades das empresas afetadas pela Lava Jato era da investigação e não do envolvimento delas na prática sistemática de suborno. O principal culpado era a imprensa, notadamente a Rede Globo, por divulgar os fatos e as provas descobertos sobre o sistema de corrupção vigente durante o governo do ex-presidente. Ou, em uma teoria ainda mais delirante, era tudo uma armação do governo norte-americano, que queria sabotar a ascensão internacional do Brasil. Aqueles que pagavam suborno e recebiam suborno como meio de vida não tinham, na visão dele, nenhuma responsabilidade. É como culpar pelo assassinato o policial que encontra o cadáver vitimado por um homicida. O pior não era o ex-presidente invocar esse tipo de argumento, o mais assustador era ver quantos seguidores políticos acreditavam – e ainda acreditam – nesse argumento.

As empresas investigadas por suborno tiveram, desde o início da Lava Jato, a oportunidade de procurar as autoridades, celebrar acordos de leniência, revelar os crimes e colaborar com a Justiça, reduzindo assim os prejuízos à sua reputação e às suas finanças. A maioria, porém, confiando na impunidade, optou por negar suas responsabilidades até que, com o aparecimento de mais e mais provas, o quadro em relação a elas foi se agravando. Se tivessem decidido colaborar desde o início, teriam sofrido consequências muito menores. Foi a demora que piorou o cenário para elas. De todo modo, não era possível admitir que continuassem com o esquema criminoso nem que seus sócios e executivos ficassem impunes. Buscar um acordo de leniência era a única saída legal. Antes tarde do nunca: muitas empresas, louvavelmente, celebraram acordos, merecendo assim uma nova chance.

Em harmonia com a postura agressiva de Lula, os advogados do ex-presidente insistiam na tática de tentar tumultuar o ambiente a todo momento com questões impertinentes ou interrupções. Até mesmo o saudoso advogado criminalista René Ariel Dotti, que acompanhava a audiência como assistente da acusação pela Petrobras e que era conhecido por sua ponderação, perdeu a paciência e censurou o defensor de Lula. De todo modo, se o objetivo do ex-presidente e de seus advogados era me tirar do sério, claramente não conseguiram.

Lula negou todas as acusações e buscou, em alguns momentos, fazer discursos políticos, mas o fato é que não apresentou justificativas convincentes para vários dos elementos probatórios que já estavam no processo. Como foi reconhecido em três instâncias do Judiciário, envolvendo nove magistrados em votações unânimes, as provas apontavam para o fato de que a construtora OAS havia destinado um apartamento tríplex no edifício Solaris para o ex-presidente e sua família e feito amplas reformas no imóvel sem que tivesse sido pago o preço correspondente.

Segundo testemunhas, acusados e documentos, o apartamento era de propriedade do ex-presidente, embora não houvesse sido transferido formalmente a ele, em estratégia destinada a ocultar a verdadeira titularidade do imóvel. A transferência formal para Lula ou para alguma pessoa interposta poderia ocorrer em um momento seguinte, mais cedo ou mais tarde, mas é preciso lembrar que o surgimento da Lava Jato e, mais especificamente, a prisão preventiva de dirigentes da OAS em novembro de 2014 alteraram o cenário.

Depois de ouvir as testemunhas e os acusados, além das alegações finais da acusação e da defesa, publiquei a sentença em 12 de julho de 2017. O ex-presidente foi condenado pelos crimes de corrupção e lavagem de dinheiro a uma pena somada de nove anos e seis meses de reclusão. Mantive o ex-presidente em liberdade enquanto a defesa recorria da condenação.

Alguns acharam a pena fixada exagerada, pela dimensão do crime e pelo histórico do ex-presidente. Não estava, porém, sob julgamento o governo Lula ou mesmo a pessoa dele, e sim um crime específico e concreto para o qual a fixação da pena tem parâmetros legais. Além disso, no Brasil há generosas regras sobre progressão de regime no cumprimento da pena. Assim, nove anos e seis meses de reclusão representariam na prática um ano e sete meses de prisão em regime fechado, ou seja, de recolhimento na cadeia. Após esse período, o ex-presidente poderia obter progressão para regime semiaberto, que permite ao preso sair para trabalhar ou estudar durante o dia, retornando à unidade prisional à noite. Sem falar no fato de que, em muitos lugares no Brasil, prisão no semiaberto equivale a prisão domiciliar.

* * *

Aproveito para fazer algumas reflexões sobre o ato de julgar. Normalmente o magistrado forma o seu julgamento ao longo da instrução de uma ação penal. Ele analisa as provas, ouve as testemunhas e as partes e vai montando um quebra-cabeça. Em determinado momento, coloca tudo no papel – é a sentença. Há casos em que, ao escrever, o juiz pode reavaliar suas convicções ao notar algum detalhe que passara despercebido. Já me ocorreu várias vezes absolver a pessoa acusada em casos nos quais eu sabia que ela era culpada, mas não havia provas necessárias para se ter a segurança de uma condenação criminal. O meu dever, como juiz, era julgar segundo a lei e as provas. Claro que sentimentos podem às vezes influenciar a valoração de fatos e provas. Julgar é uma ciência humana, não matemática. Mas o juiz deve agir sempre para que subjetividades e sentimentos não influenciem o julgamento. Ainda que um magistrado defenda eventualmente a descriminalização das drogas, por exemplo, ele deve julgar uma ação penal por tráfico de entorpecentes conforme as provas e as leis do país.

No ano seguinte à condenação de Lula por mim, em janeiro de 2018, o Tribunal Regional Federal da 4ª Região, mais especificamente a 8ª Turma, formada pelos desembargadores João Pedro Gebran Neto, Victor Laus e Leandro Paulsen – em dia também marcado por mobilização de apoiadores de Lula e da Lava Jato em Porto Alegre, onde fica a sede do TRF-4 –, confirmou a condenação e ainda aumentou a pena de Lula para doze anos e um mês de reclusão. "Há prova acima de dúvida razoável de que a unidade do tríplex estava, sim, destinada ao ex-presidente como vantagem, apesar de não formalmente transferida porque sobreveio a Operação Lava Jato e, com ela, a prisão de empreiteiros envolvidos", disse em seu voto o desembargador Gebran Neto, relator do recurso. "Estamos tratando é da revelação de uma criminalidade organizada envolvendo a própria estrutura do Estado brasileiro, com prejuízo inequívoco às suas perspectivas de amadurecimento, de crescimento e de desenvolvimento. O fato de se tratar de alguém processado por malfeitos praticados quando do exercício da Presidência é um elemento relevantíssimo a ser considerado", argumentou o revisor, desembargador Paulsen. Três meses mais tarde, em 26 de março, o TRF manteve a decisão, após o julgamento de recurso na própria Corte denominado embargos de declaração.

Durante a Operação Lava Jato, e certamente influenciado por ela, o STF havia alterado sua jurisprudência e passado a admitir que, após a confirmação da condenação criminal por uma Corte de segunda instância, a pena poderia ser executada imediatamente, ainda que fossem interpostos recursos aos tribunais superiores.

Lembro-me até hoje que, em 17 de fevereiro de 2016, eu trabalhava no meu gabinete da 13ª Vara Federal de Curitiba quando recebi a notícia – de uma amiga desembargadora federal – de que o STF estava votando um habeas corpus[26] em que poderia reverter a sua jurisprudência anterior, a de que o início da execução da pena dependia do trânsito em julgado do caso, quando não cabiam mais recursos. No habeas corpus, que tinha o Ministro Teori Zavascki como relator, o Supremo, com uma maioria de sete votos contra quatro, reviu seu posicionamento e passou a admitir que, após a condenação por um tribunal de apelação, ou seja, pela segunda instância, seria possível iniciar a execução da pena.

Fui inteiramente surpreendido naquele dia. Não tinha essa possibilidade em vista. Mas foi uma grata surpresa. Depois de vários anos atuando em uma vara criminal, vi casos complexos virarem pó por nunca alcançarem o trânsito em julgado, dada a prodigalidade do nosso sistema recursal. Foi o que ocorreu, por exemplo, no Caso Banestado, já narrado neste livro.

O novo entendimento do STF nada tinha de extravagante: em países como França e Estados Unidos, a execução da pena começa, como regra, já após a condenação em primeira instância. No ano anterior, em 2015, a Ajufe (Associação dos Juízes Federais do Brasil) entregara ao Senado um projeto de lei que reformava o Código de Processo Penal para permitir a prisão de condenados por crimes graves após condenação em segunda instância ou, no caso de crimes contra a vida, após a con-

---

[26] Habeas corpus 126.292, Supremo Tribunal Federal.

denação pelo Tribunal do Júri. Eu participei da redação desse projeto, que ainda tramita no Congresso.

Seguindo a jurisprudência do Supremo Tribunal Federal, após a confirmação da condenação pelo Tribunal Regional Federal em Porto Alegre, o ex-Presidente Lula poderia ter a prisão decretada para a execução da condenação criminal. Para evitar o cárcere, a defesa dele ingressara com pedidos de habeas corpus no Superior Tribunal de Justiça e no Supremo Tribunal Federal. O julgamento no Supremo, no dia 4 de abril de 2018, uma quarta-feira, foi cercado de tensão. Havia alguns ministros que queriam revisar a jurisprudência da execução da pena após a condenação criminal em segunda instância, estabelecida pouco mais de dois anos antes. O voto mais relevante em um plenário dividido foi o da Ministra Rosa Weber, pois ela era o possível *"swing voter"* – no Direito norte-americano, o termo indica o voto decisivo e ao mesmo tempo difícil de prever.

Todo o Brasil acompanhou pela mídia o julgamento, que se estendeu até tarde da noite. Para mim, aquela decisão era muito importante, não por causa do ex-presidente, mas porque a manutenção da execução da pena após condenação em segunda instância era fundamental para o fim da impunidade dos crimes de grande corrupção, o que fora um enorme impulso para a Lava Jato.

Naquele dia, ao chegar em casa depois do trabalho, preferi acompanhar o julgamento apenas a partir do voto da Ministra Rosa Weber. Eu estava tenso: em alguns momentos, ficava com os olhos grudados na TV; em outros, preferia deixar a sala. Mas a ministra votou a favor da execução da condenação em segunda instância e, por seis votos a cinco, o STF manteve a decisão anterior pela prisão após condenação em segunda instância e autorizou a prisão imediata do ex-presidente.

O julgamento foi precedido por um episódio que gerou polêmica. O então Comandante do Exército, general Villas Bôas, publicou, na véspera da decisão do Supremo, um tuíte com o seguinte conteúdo:[27]

---

[27] https://twitter.com/Gen_VillasBoas/status/981315180226318336.

"Nessa situação que vive o Brasil, resta perguntar às instituições e ao povo quem realmente está pensando no bem do País e das gerações futuras e quem está preocupado apenas com interesses pessoais?

Asseguro à Nação que o Exército Brasileiro julga compartilhar o anseio de todos os cidadãos de bem de repúdio à impunidade e de respeito à Constituição, à paz social e à Democracia, bem como se mantém atento às suas missões institucionais."

Em livro publicado em 2021,[28] o general disse que pretendeu, com a publicação, conter aqueles mais exaltados que clamavam por uma intervenção militar por conta da corrupção revelada pela Operação Lava Jato e que estaria sendo liberada pelo STF no caso de concessão do habeas corpus. Para alguns, o tuíte teria por objetivo pressionar o Supremo a não rever o precedente e, nessa linha, teria sido bem-sucedido. Não creio, porém, que o general tenha tido essa intenção ou mesmo que o tuíte tenha surtido esse efeito específico. Se o general quisesse pressionar o STF, agiria pelos bastidores e não publicamente, sendo plausível a sua alegação de que o tuíte tinha por objetivo conter os exaltados. Por outro lado, antes do julgamento já era previsível um resultado de seis votos contra cinco na votação. A única dúvida era o voto da Ministra Rosa Weber e não acredito, conhecendo-a pessoalmente, que ela tenha se intimidado pela publicação. Não cabe, evidentemente, às Forças Armadas intervir na política ou mesmo influenciar julgamentos. Não me parece que foi isso que ocorreu no episódio. O general Villas Bôas, um homem honrado, ocupou o comando do Exército em um período de grande turbulência no país e manteve os militares nos quartéis.

No dia seguinte, 5 de abril, o TRF-4 decretou a prisão de Lula e encaminhou a ordem à 13ª Vara Federal Criminal de Curitiba para a expedição do mandado, o que eu fiz ainda naquele dia, às 17h50. Em deferência ao ex-presidente, dei a ele o prazo de 24 horas para que se apresentasse voluntariamente para iniciar o cumprimento da pena.

---

[28] CASTRO, Celso (org.). *General Villas Bôas: Conversa com o comandante*. Rio de Janeiro: FGV, 2021.

Mas, em vez disso, Lula preferiu transformar a sua prisão em um circo, refugiando-se no Sindicato dos Metalúrgicos de São Bernardo do Campo, região metropolitana de São Paulo. Com o prédio cercado por militantes do partido, o líder petista desafiava a Polícia Federal e a Justiça a ir buscá-lo. A PF relutava em invadir o local, pois, devido à grande concentração de apoiadores dele, poderia haver tumulto e gente ferida.

A imprensa passou a transmitir ao vivo toda a movimentação no sindicato, inclusive uma missa em homenagem à esposa do ex-presidente, falecida meses antes – era sábado e, de casa, assisti a alguns trechos pela TV. Durante a cerimônia, o ex-presidente tomou a palavra e mais uma vez atacou a Lava Jato, a Polícia Federal, o Ministério Público e principalmente a mim. Embora o prazo para que Lula se apresentasse tivesse se encerrado na sexta-feira, as negociações para que ele se entregasse seguiram até o dia seguinte.

Como o prazo foi descumprido pelo condenado, os advogados dele temiam que a Justiça decretasse também sua prisão preventiva. Um dos advogados de Lula telefonou para mim preocupado com essa possibilidade e garantindo que ele iria se entregar ainda naquele sábado. Pode parecer bobagem o receio de um novo decreto, mas o fato é que a prisão preventiva nesse caso dificilmente seria revogada mesmo se o STF reformulasse o entendimento quanto ao início de execução da pena a partir da condenação em segunda instância, o que de fato ocorreria no fim de 2019.

Finalmente, na tarde daquele 7 de abril, após um pequeno comício, Lula se entregou à Polícia Federal. De São Paulo, ele foi de avião para Curitiba, onde passou a cumprir a pena em uma cela especial na Superintendência da Polícia Federal. Nem era uma cela propriamente dita, mas uma sala reservada na qual o ex-presidente foi mantido com certo conforto. Apoiadores de Lula montaram acampamentos próximos à Superintendência e passaram a infernizar a vida dos moradores locais e dos policiais. Com o passar do tempo, o acampamento foi se esvaziando.

Até hoje o ex-presidente busca caracterizar o processo como uma perseguição política e pessoal a ele. Criou-se até o termo "lavajatismo" para designar essa suposta perseguição, que, asseguro, nunca houve. O que Lula normalmente omite é que, como já escrevi, a minha sentença foi depois confirmada pelo Tribunal Regional Federal da 4ª Região e ainda pelo Superior Tribunal de Justiça. Ele ainda seria condenado em outra ação penal, por outro juiz, em outro episódio de suborno – o caso das reformas custeadas pela Odebrecht e a OAS no sítio de Atibaia (SP) para atender o ex-presidente. Em síntese, segundo a sentença, Lula utilizava, como se fosse sua propriedade, um sítio em nome de terceiros, reformado, sem nenhum pagamento, pelas empreiteiras envolvidas nos subornos na Petrobras. Essa sentença também foi confirmada pelo TRF-4. Ou seja: eu fui o responsável por apenas uma das condenações e ela ainda foi confirmada por duas instâncias. Mas a narrativa do ex-presidente omite esses fatos e procura atribuir a mim a responsabilidade única por suas condenações criminais.

Em 2020, como abordarei adiante, o STF anulou a condenação no caso do tríplex em Guarujá com base em uma alegada parcialidade minha no julgamento. O Supremo tem de ser respeitado como instituição, mas sou forçado a dizer que a anulação tem por base fatos e afirmações que não são reais. Nunca houve qualquer fraude cometida contra o ex-presidente no processo que resultou em sua condenação e jamais se atuou com parcialidade contra ele. É preciso lembrar ainda que a sentença foi confirmada em apelação pelo TRF e depois pelo STJ. Como se não bastasse, o ex-presidente só foi preso após o plenário do STF ter rejeitado o habeas corpus que visava impedir o início da execução da pena fixada pelo TRF: ou seja, a Suprema Corte autorizou a prisão de Lula. Por tudo isso, é bem difícil de entender que o STF venha, posteriormente, dizer que a execução não deveria ter ocorrido e que o ex-presidente não teve direito a um julgamento justo.

Após a prisão de Lula, os ataques do PT à Lava Jato continuaram. Mesmo encarcerado e impedido pela Lei da Ficha Limpa de concorrer às eleições presidenciais devido à condenação por órgão colegiado, Lula decidiu candidatar-se à Presidência da República em 2018. Estranhamente, embora estivesse proibido pela lei de disputar o pleito, ele poderia fazer campanha até que a Justiça Eleitoral declarasse a sua inelegibilidade. Era algo surreal até para o melhor realismo fantástico da literatura latino-americana. Para tornar tudo ainda mais esdrúxulo, o PT criou a narrativa de que seu maior líder foi condenado pela Justiça com o intuito de inviabilizar a candidatura dele, como se fosse do Judiciário a culpa pelos crimes.

* * *

De todos os absurdos daqueles meses de 2018, o maior ocorreria em um domingo. Por volta das 9h do dia 8 de julho, o desembargador federal Rogério Favreto, em plantão naquele fim de semana no TRF-4, acatou um pedido de liminar em habeas corpus para tirar Lula da prisão em Curitiba. O argumento era fraco: como Lula era candidato à Presidência, deveria, em síntese, ter a oportunidade de concorrer em igualdade de condições com os demais candidatos e, portanto, ser colocado em liberdade. Por esse raciocínio tortuoso, qualquer criminoso que se candidatasse a um cargo eletivo no Brasil deveria ser solto para concorrer em igualdade de condições com os candidatos em liberdade.

Além da fundamentação frágil, a decisão tinha outros problemas. Primeiro: o desembargador Favreto não era o juiz natural do caso. Juiz plantonista despacha só em casos urgentes, e não havia nenhuma justificativa razoável para que aquele pedido da defesa de Lula não pudesse esperar até o dia útil seguinte, quando seria avaliado pelo desembargador responsável. Segundo: o habeas corpus me apontava como autoridade coatora, ou seja, responsável pela prisão. Mas, como já narrei, a prisão fora ordenada pelo Tribunal Regional Federal da 4ª Região. Na prática, o desembargador Favreto estava revogando a decisão de três desembargadores da mesma hierarquia que a dele. E só quem poderia fazer isso seria um tribunal superior em Brasília, autoridade de maior hierarquia.

Também chamou a atenção o fato de que, pela decisão do desembargador, o alvará de soltura de Lula deveria ser apresentado diretamente à Polícia Federal em Curitiba, sem que o juiz federal de plantão na capital paranaense fosse comunicado, como era de praxe. Por isso, quando a PF recebeu o alvará, resolveu me comunicar a decisão de Favreto antes de cumpri-lo. Naquele julho, eu estava de férias em casa. Gosto de viajar, mas naquela ocasião resolvera ficar em Curitiba para descansar. O delegado me comunicou a decisão. Em princípio, a ordem deveria ser cumprida. Não havia o que fazer. O delegado deveria seguir a decisão do desembargador, por mais que fosse manifestamente ilegal. Se não cumprisse, poderia ser processado por desobediência e sofrer ações disciplinares.

Pelos argumentos frágeis, eu sabia que, no dia seguinte, segunda-feira, a liminar seria revogada pelo desembargador natural do processo no TRF. Mas o ex-presidente já estaria solto e haveria novo desgaste para prendê-lo. Mais uma vez, Lula poderia cercar-se de apoiadores e colocar pessoas inocentes em risco. Em resumo, um novo circo à vista.

Decidi entrar em contato com o presidente do TRF-4, Carlos Thompson Flores, e lhe expliquei o que estava acontecendo. O desembargador João Pedro Gebran Neto, relator da ação penal contra o ex-presidente naquele tribunal, também foi informado. Gebran examinou o caso e, às 14h13 daquele domingo, publicou sua decisão afirmando que o desembargador plantonista era absolutamente incompetente para revogar a ordem de prisão assinada pela 8ª Turma do TRF-4. Aparentemente, o problema estava resolvido. No entanto, logo em seguida o desembargador Favreto publicou nova ordem determinando que a decisão do relator fosse ignorada e que fosse cumprido o alvará de soltura.

De repente, havia duas decisões judiciais contraditórias, de magistrados diferentes. Qual delas cumprir? Diante do impasse, o Ministério Público Federal pediu a instauração de um conflito de competência entre o desembargador plantonista e o desembargador natural para que fosse definida qual decisão deveria ser cumprida. O presidente do TRF-4 resolveu, no fim daquele longo dia, que deveria prevalecer a decisão do desembargador natural do processo. Lula, portanto, permaneceria preso. No dia seguinte, segunda-feira, o desembargador Gebran Neto revogou a liminar de Favreto. Essa decisão seria referendada pela Ministra Laurita Vaz, do STJ.

Lula e o PT novamente acusaram a mim e o Tribunal Regional Federal da 4ª Região de perseguição política por descumprirmos o alvará de soltura. Eu, em realidade, apenas comuniquei o fato ao tribunal. Mas a verdade nesse imbróglio todo é que a lei prevaleceu.

CAPÍTULO 8
O convite

Antes e durante a Lava Jato, como juiz, posso assegurar que nunca busquei holofotes. Quem me conhece sabe que sempre fui discreto e reservado. Claro que o apoio de boa parte da sociedade é motivo de muito orgulho e satisfação profissional. Sobretudo em Curitiba, era comum ser ovacionado nas ruas ou nos restaurantes que vez ou outra frequentava com a família. Perdi as contas das manifestações de apoio pessoal que recebi por todo o país. Nós, brasileiros, parecíamos ter acordado para a luta contra a corrupção, com grandes manifestações populares em todo o país. Afinal, em toda a nossa história não houve outra operação policial contra a corrupção com resultados tão expressivos.

Os números não mentem. Conforme balanço da Lava Jato divulgado pelo Ministério Público Federal, a operação, considerando apenas os processos que tramitaram na 13ª Vara Federal Criminal de Curitiba, resultou na condenação de 174 pessoas, principalmente pelos crimes de corrupção e lavagem de dinheiro, e na recuperação para os cofres públicos de cerca de 4 bilhões de reais, sem contar valores muito superiores a serem pagos pelos condenados e pelas empresas envolvidas em decorrência de acordos de colaboração e de leniência.[29]

---

[29] Disponível em <http://www.mpf.mp.br/grandes-casos/lava-jato/resultados>. Acesso em 13/09/2021. Entre os condenados estavam poderosos empresários e agentes públicos, como dirigentes de empreiteiras, deputados, senadores, altos executivos de estatais brasileiras. A estimativa de recuperação de valores é superior a 14 bilhões de reais.

Em um país no qual grassava a impunidade da grande corrupção, alcançar esses resultados, com julgamentos e condenações criminais de políticos e empresários poderosos, revelar e desmantelar um sistema de corrupção no qual subornos foram pagos durante anos como a regra do jogo, não foi algo trivial e exigiu muito esforço institucional e pessoal dos agentes da lei envolvidos.

Apesar da forte mobilização social, entendo que paixões, quando exageradas, não são saudáveis para o Brasil. Sempre tive em mente que nós, brasileiros, não podemos depender de "salvadores da pátria". Herança da colonização portuguesa, nosso sebastianismo atrapalha o bom desenvolvimento do país. Mais do que um ou outro personagem, precisamos ter fé em nossas instituições, no Estado de Direito e, sobretudo, na democracia.

Ao atrair os holofotes do país, a Lava Jato também sofreu ataques de todo tipo, principalmente quando alcançou figuras-chave do governo. Desde que mantivessem a civilidade, esses críticos sempre tiveram o meu respeito – houve inclusive manifestos de alunos e professores contra a Lava Jato na Universidade Federal do Paraná na época em que eu lecionava Direito Processual Penal lá, embora também tenham ocorrido manifestos favoráveis de tamanho equivalente. Mas, infelizmente, também surgiram os ataques covardes, incluindo ameaças a mim e à minha família, muitas fomentadas por blogs, agentes políticos e partidos afetados pela operação, o que sempre causava algum aborrecimento – como face mais visível da Lava Jato, eu era o alvo principal. As investidas vinham pelas redes sociais ou mesmo pela imprensa. Multiplicavam-se representações disciplinares contra mim no Conselho Nacional de Justiça. Nenhuma delas tinha fundamento, mas ainda assim eu tinha de gastar boa parte de meu tempo defendendo-me daquelas acusações absurdas.

Olhando agora, concluo que a Lava Jato atraiu para si mais inimigos do que poderia suportar. Ao atingir, progressivamente, todos os grupos políticos mais poderosos envolvidos em corrupção, começaram a faltar aliados para proteger a operação da coalizão pró-corrupção e pró-impunidade. De todo modo, minha conclusão é a de que a Lava Jato foi vítima de suas virtudes, e não de seus erros.

Houve, mesmo entre pessoas bem-intencionadas, afirmações de que a Lava Jato foi longe demais, que ela deveria ter encerrado os seus trabalhos quando estava no auge. Alguns, com interesses políticos, defendiam que a operação deveria ter sido encerrada em 2016, logo após o impeachment da ex-presidente. Ocorre que policiais, promotores e juízes não têm essa discricionariedade. Não podem simplesmente apagar as luzes e adotar um olho cego para as provas que insistem em aparecer. No caso da Lava Jato, os trabalhos precisavam continuar enquanto houvesse fatos e provas a ser considerados, quer isso fosse ou não conveniente segundo os interesses políticos do momento. A Justiça não tem essa opção de simplesmente ignorar o mundo à sua volta.

Mas, pelos ataques e igualmente pela sobrecarga de trabalho, iniciei exausto o ano de 2018, o quinto da operação. Para que as investigações e ações penais tramitassem em um ritmo razoável, minha dedicação, desde o início da Lava Jato, em 2014, havia sido integral. Foram muitos fins de semana e horas extras debruçado sobre os casos, lendo e redigindo decisões e sentenças. Não raro, os momentos de lazer com a família eram prejudicados por urgências ou pela preocupação com as ações penais. A Lava Jato só poderia funcionar com a total devoção ao trabalho dos que estavam envolvidos nela, e eu não seria exceção. Até nas pontuais viagens ao exterior que fiz, naquele período, para divulgar os trabalhos da operação – e dessa forma fortalecê-la –, levei trabalho pendente a tiracolo. Não havia momentos de folga.

Na minha avaliação, a Operação Lava Jato, como qualquer outra investigação, tinha começo, meio e fim. Embora ainda existissem casos relevantes a investigar, o auge dela já havia passado naqueles primeiros meses de 2018. Os principais diretores e gerentes da Petrobras envolvidos no esquema criminoso haviam sido condenados e cumpriam suas penas na cadeia. Os dirigentes das principais empreiteiras envolvidas no esquema de suborno já haviam sido denunciados pela força-tarefa, com vários deles também condenados e presos. Quanto aos agentes políticos beneficiados pelas propinas, alguns haviam perdido o foro privilegiado por não ocuparem mais cargos públicos e por isso foram processados e condenados na 13ª Vara Federal Criminal de Curitiba.

Entre eles, políticos de vários partidos, como o ex-Presidente Lula, o ex-Ministro José Dirceu, o ex-Presidente da Câmara dos Deputados Eduardo Cunha, o ex-governador do Rio de Janeiro Sérgio Cabral, o ex-senador Gim Argello e vários ex-deputados federais.

O que muita gente não compreendia e até hoje não entende é que a 13ª Vara Federal Criminal de Curitiba não tinha competência para julgar todos os acusados na Lava Jato. Por um lado, como já expliquei, o STF, no curso da operação, decidiu que à 13ª Vara caberia julgar casos de corrupção e lavagem de dinheiro relativos apenas a contratos ou obras na Petrobras – abrindo uma ou outra exceção com maior conexão aos crimes ocorridos na estatal. Por isso, durante a investigação, quando surgiam provas de esquemas de suborno e lavagem de dinheiro em outras estatais ou mesmo nos governos federal ou estaduais, eu tinha de enviá-las para outros juízos. Confesso que lembrava sempre da Operação Farol da Colina, quando muitos juízes para os quais enviei processos contra doleiros deixaram os papéis de lado. Mas não havia o que fazer. A decisão era do STF.

Tiveram de sair das minhas mãos provas colhidas na 13ª Vara envolvendo possíveis subornos na Eletrobras em relação à construção da Usina Hidrelétrica de Belo Monte; na Eletronuclear, relativamente à construção da Usina Nuclear de Angra 3; no Ministério do Planejamento, a respeito de contratos de consignação em pagamento de servidores públicos federais; no governo do estado do Rio de Janeiro, entre outros casos. Em alguns juízos, como no Rio, onde ficaram a cargo do juiz federal Marcelo Bretas, as investigações e os processos foram conduzidos com eficiência e presteza. Em parte dos outros, infelizmente, não.

Por outro lado, eu não tinha competência para julgar agentes políticos com foro privilegiado. Senadores e deputados federais respondem, no Brasil, a acusações criminais diretamente no Supremo Tribunal Federal. Todas as provas que surgissem em relação a essas pessoas eram remetidas ao STF.

Havia uma crítica recorrente, vinda do PT, de que o então senador Aécio Neves, do PSDB, teria sido poupado por não ter sido processado e condenado pela 13ª Vara Federal Criminal de Curitiba. Sem ingressar no mérito das investigações contra o ex-senador, atualmente deputado, o caso dele nunca esteve sob a minha jurisdição. Pelo fato de ele ser parlamentar federal, a competência sempre foi do STF. De todo modo, tudo que surgiu em relação ao tucano durante as investigações na 13ª Vara foi encaminhado à Suprema Corte. Nada foi sonegado. Aliás, algumas das acusações mais robustas contra o político do PSDB vieram do acordo de leniência da Odebrecht – que, evidentemente, não existiria se não houvesse a Lava Jato e os esforços da 13ª Vara para que os processos contra os dirigentes da Odebrecht seguissem seu curso.

Em 2017, encontrei Aécio Neves em um evento da revista *IstoÉ* chamado "Personalidades do ano" e acabei sendo fotografado conversando com ele, o que foi depois explorado pelos críticos da Lava Jato como revelador de falta de imparcialidade e de preferência política. A crítica era injusta, pois eu não tinha competência sobre qualquer processo judicial contra ele e, convenhamos, jamais iria encontrá-lo publicamente se houvesse algum objetivo sinistro de conspiração. Apesar disso, reconheço que aparecer ao lado do político naquela oportunidade foi um descuido, principalmente porque seis meses depois o senador passou a ser investigado no Supremo por suposto recebimento de suborno da JBS. Claro que eu não tinha como saber disso com antecedência, mas o fato é que, como juiz, nunca tive qualquer contato com agentes políticos para tratar sobre a Lava Jato, quer presencialmente ou não.

Aquela foto com Aécio Neves foi mais um fator de desgaste, entre tantos outros. Por tudo isso, eu estava realmente cansado e queria encerrar minha participação na Lava Jato. Outro juiz assumiria o meu lugar, com ímpeto novo e sem o mesmo peso das críticas, ainda que injustas, sobre as decisões que eu tomara no caso.

A dificuldade era encontrar uma porta de saída. Pensei em me inscrever em algum curso no exterior, mas isso não é tão simples: envolve questões burocráticas e a mudança de toda a família. Outra possibilidade era pedir transferência para outra vara judicial, cível ou fiscal, onde o trabalho normalmente é mais tranquilo.

Foi nessa época, mais especificamente em outubro de 2018, que um amigo me procurou dizendo que o economista Paulo Guedes, responsável pelo programa econômico do então candidato à Presidência Jair Bolsonaro, gostaria de agendar uma conversa reservada comigo. Como não havia mal algum em recebê-lo, concordei. A reunião ocorreu em 23 de outubro, alguns dias antes do segundo turno das eleições. Na casa de um outro amigo em Curitiba, fizemos um pequeno churrasco no horário do jantar. Éramos quatro: eu, Paulo Guedes, um amigo meu e outro dele. Foi uma noite muito agradável – meu amigo é exímio churrasqueiro. Paulo Guedes falou sobre o candidato Bolsonaro e os planos para um possível governo. Na economia, explicou, haveria ajuste fiscal, abertura, desburocratização e crescimento baseado no investimento privado. Na política, o objetivo era colocar fim ao patrimonialismo e ao loteamento político dos cargos públicos, prática que estava na origem dos crimes descobertos pela Lava Jato.

Naquele encontro, Paulo Guedes me disse que Bolsonaro, se eleito, tinha a intenção de me convidar para assumir o cargo de Ministro da Justiça e Segurança Pública, e que me daria a tarefa de fortalecer o combate à corrupção. Não afirmou de onde partira a ideia de me convidar para o posto – suspeito que tenha sido o próprio economista quem sugeriu meu nome. Paulo Guedes é uma pessoa muito preparada, com um discurso sedutor. Naquele jantar, ele me disse que representaria a economia liberal no governo e eu, o *rule of law*, o Estado de Direito. Uma combinação ideal, afirmava, para a retomada da confiança no Brasil. Infelizmente, durante o governo eu descobriria que a promessa do presidente de combater a corrupção era falsa.

Aqui, uma breve reflexão. Enquanto escrevo estas linhas, tenho acompanhado os acontecimentos no país e as dificuldades da economia brasileira. Vejo ainda os percalços do Ministro Paulo Guedes para aprovar suas reformas no Congresso e mesmo obter previamente o apoio do Planalto. Não é uma tarefa fácil. Já passei por isso. É difícil lidar com o Congresso, o que é natural dentro de uma democracia pluralista. Mas é mais difícil ainda lidar com o Congresso quando não se tem o apoio do Planalto. Aí o ministro fica rifado e não tem como fazer aprovar os seus projetos. O compromisso do Presidente Bolsonaro com a economia liberal parece ser tão irreal como o seu compromisso com o combate à corrupção. Não vejo, portanto, boas perspectivas para as reformas desejadas por Paulo Guedes. O tempo dirá. Não tenho condições, porém, de condenar as escolhas do Ministro da Economia; provavelmente ele ainda pensa que a situação estaria pior sem a sua presença no governo.

Voltando a 2018 e ao convite, era uma decisão dificílima. Eu sabia que minha ida para o governo geraria muitas críticas. Como fora o responsável por proferir a primeira sentença condenatória contra o ex-presidente, fatalmente iriam argumentar, como de fato fizeram, que aquela condenação teria sido uma ação política para retirar Lula do páreo eleitoral e depois ser premiado pelo concorrente eleito.

Como já disse, essa crítica é injusta. Foram as condenações de Lula por crimes de corrupção exaradas pelo Tribunal Regional Federal da 4ª Região e pelo Superior Tribunal de Justiça que o retiraram do páreo eleitoral. A PF, o Ministério Público e a Justiça somente atuaram, na forma da lei, para determinar essa responsabilidade. Além disso, eu não poderia pautar minhas decisões a partir de um álibi furado criado pelo ex-presidente. Seria um grande erro guiar-me por narrativas inconsistentes de uma pessoa então condenada por corrupção. Mas, independentemente desses argumentos esdrúxulos, sabia que seria criticado pelo simples fato de deixar a magistratura e assumir um cargo político.

Eu me recordava, porém, do que ocorrera com a Operação Mãos Limpas, a gigantesca investigação contra a corrupção na Itália, iniciada em 1992 com a prisão de Mario Chiesa, administrador do Pio Albergo Trivulzio, um hospital e casa de repouso mantido pelo poder público em Milão. À semelhança do que ocorreria com a Lava Jato, as investigações cresceram em pouco tempo e revelaram uma extensa rede de corrupção, em que o pagamento de subornos era sistemático e dividido entre funcionários públicos e dirigentes políticos. Nos dois anos seguintes, centenas de crimes de corrupção foram descobertos, levando a muitas condenações e prisões. No entanto, a partir de 1994 houve uma reação política e uma série de medidas que minavam os avanços anticorrupção foi aprovada, frustrando as expectativas de se construir um sistema político mais íntegro.

Conheci pelo menos três magistrados envolvidos na investigação: Antonio Di Pietro, o mais famoso deles, e ainda Piercamillo Davigo e Gherardo Colombo. Todos eram procuradores da República durante a Mani Pulite – na Itália, é bom esclarecer, juízes e promotores compõem uma única carreira. Di Pietro deixou a magistratura em 1994 e, anos depois, elegeu-se senador. Já Davigo e Colombo permaneceram na carreira e chegaram até a Corte de Cassação, a Suprema Corte italiana. Os três, entretanto, apesar de terem feito um trabalho fantástico na magistratura, não escondiam o seu desapontamento diante da frustração das expectativas geradas pela Mãos Limpas. Di Pietro desiludiu-se com a política. Davigo escreveu sucessivos livros criticando o que denominou de "sistema da corrupção" e a pouca efetividade da Justiça italiana, enquanto Colombo ficou tão frustrado que passou a argumentar que somente a educação poderia resolver o problema da corrupção, embora não haja qualquer incompatibilidade em atuar ao mesmo tempo nas duas frentes – não há aqui *trade off*.

Eles diziam que, depois da Mãos Limpas, ficou mais difícil combater a corrupção do que antes. Não sei como está a situação atual na Itália. Li em alguns jornais que em 2019 foram aprovadas algumas boas leis contra a corrupção, mas confesso que não conheço detalhes.

De todo modo, a opinião dos três magistrados italianos sobre o que ocorrera por lá não era das melhores. Eu me recordo, em particular, de uma anedota contada por Davigo e publicada na imprensa brasileira e estrangeira. Reproduzo a história como saiu na revista *Piauí*, embora a tenha ouvido pessoalmente de Davigo:

"No período do fascismo, Mussolini mobilizou os italianos numa guerra contra as moscas e os pernilongos. Cada município, por menor que fosse, tinha de participar dos esforços de desinfestação. Eis que um dia – e aqui começa a parte ficcional da história – um representante do governo de uma província pegou seu carrinho e foi visitar um vilarejo escondido no interior. Esperava por ele a máxima autoridade da cidadezinha. Quando desceu na praça, o representante do governo foi cercado pelas moscas que infestavam o lugar. O representante quis saber o que acontecia: por acaso eles não estavam engajados na guerra contra as moscas? 'Sim, senhor, fizemos a guerra', respondeu a autoridade local. 'O problema é que as moscas venceram.'"[30]

Sem maiores mistérios, vi o convite para integrar o governo federal como uma oportunidade de evitar retrocessos no combate à corrupção e até mesmo de avançar com essa agenda no Poder Executivo. Acreditava que, como ministro em Brasília, poderia fazer mais do que fizera em Curitiba como juiz. A luta contra a corrupção começara na capital do Paraná, mas só poderia ser vencida em Brasília. Em outras palavras, era importante ir à capital federal na tentativa de impedir a "vitória das moscas".

Durante aquele churrasco, que avançou madrugada adentro, sinalizei a Paulo Guedes que, se Jair Bolsonaro fosse eleito presidente, eu aceitaria o desafio. Combinamos, entretanto, que a formalização do convite só ocorreria após o segundo turno das eleições para que o fato não tivesse qualquer influência sobre o pleito. Mais um indicativo, aliás, de que jamais pretendi influir na eleição presidencial de 2018.

Aqueles dias se passaram nervosos. A vitória eleitoral de Jair Bolsonaro parecia provável. Mas eu sentia um misto de entusiasmo pelas oportunidades que seriam abertas se me tornasse Ministro da Justiça e receio de que minha escolha fosse mal compreendida e que isso prejudicasse, de alguma maneira, o meu trabalho na Lava Jato.

Tratei o assunto com pouquíssimas pessoas, entre elas minha esposa. Embora também receosa, ela apoiava minha decisão de ir para o governo. Meu amigo churrasqueiro também se mostrou favorável. Não sei se o apoio era totalmente sincero ou se era aquele tipo de aprovação que se dá para não frustrar a expectativa de quem pede o conselho.

---

[30] CARIELLO, Rafael. "Os intocáveis: Como um grupo de procuradores combateu a corrupção na Itália – e foi derrotado". *Piauí*, ed. 116, ano 2016. Disponível em <https://piaui.folha.uol.com.br/materia/os-intocaveis/>. Acesso em 13/09/2021.

No segundo turno, em 28 de outubro de 2018, Jair Bolsonaro foi eleito com 55% dos votos válidos. Eu havia obtido o número do telefone dele e ligamos, eu e minha esposa, para cumprimentá-lo. Foi uma conversa rápida, até porque ele estava no meio das comemorações da vitória. Já no dia seguinte, como presidente eleito, ele disse publicamente que me convidaria para integrar o governo como Ministro da Justiça.

A partir daquele dia, foi um turbilhão. Toda a imprensa passou a especular se eu iria conversar com o presidente, se aceitaria ir para o governo, o que exatamente iria fazer. De todo modo, não havia como deixar o convite no ar, sem aceitá-lo ou recusá-lo. Afinal, eu era o juiz da Lava Jato em Curitiba, e a perspectiva de ingressar na política impediria a minha continuidade à frente dos processos a partir dali. Não falei com a imprensa, mas conversei com vários amigos para saber a opinião deles. Boa parte recomendou que eu aceitasse, pois seria uma oportunidade de fazer algo significativo no novo governo. Alguns, ponderando os riscos de não dar certo e também o passado de Bolsonaro, sugeriram que eu recusasse.

Resolvi ter uma conversa pessoal com o presidente eleito. Na manhã do dia 1º de novembro viajei de Curitiba para o Rio de Janeiro. Nessas viagens de avião eu sempre era reconhecido, e as abordagens eram inevitáveis, quase todas com elogios e cumprimentos, como já escrevi. Mas aquele voo estava estranho, tinha muita gente olhando para mim ao mesmo tempo. Reparando melhor, comecei a reconhecer alguns rostos: o avião estava cheio de jornalistas que haviam descoberto o voo em que eu iria embarcar e compraram passagem para me acompanhar na viagem. Alguns começaram a me fazer perguntas ali mesmo, sobre as minhas intenções diante do convite de Bolsonaro, se eu ia aceitá-lo ou não. Mas eu não poderia me manifestar naquele momento.

No Rio, fui até a casa do presidente eleito, no condomínio Vivendas da Barra. Em um primeiro momento, conversamos sozinhos a uma mesa mais reservada. Bolsonaro reiterou o convite. Como ele havia prometido na campanha reduzir o tamanho da máquina do governo, queria diminuir o número de ministérios para 15. Disse que iria reunificar os Ministérios da Justiça e da Segurança Pública, que haviam sido desmembrados no último ano do governo de Michel Temer. Eu assumiria, portanto, o cargo de Ministro da Justiça e Segurança Pública.

O presidente eleito foi além. Disse-me que passaria para o controle do Ministério da Justiça parte do Conselho de Controle de Atividades Financeiras (Coaf), até aquele momento vinculado ao Ministério da Fazenda. O Coaf é uma unidade de inteligência financeira que tem por função receber de entidades privadas, como bancos, informações sobre operações ou transações suspeitas de lavagem de dinheiro. Não é um órgão de investigação: o Coaf recebe a informação, insere em seus bancos de dados e transmite aos órgãos competentes, responsáveis por investigações criminais. O Coaf segue o modelo internacional de unidade de inteligência financeira criado pelo Financial Action Task Force (FATF), órgão vinculado à Organização para a Cooperação e Desenvolvimento Econômico (OCDE), que determina os parâmetros internacionais de prevenção e repressão à lavagem de dinheiro. No Brasil, o Coaf era muito enxuto e vinha sendo negligenciado. Seria inviável transferir apenas parte do órgão, com somente 40 servidores, para o Ministério da Justiça, como prometido por Bolsonaro. Isso revelava, na época, algum desconhecimento do presidente em relação ao Coaf, o que era compreensível devido ao caráter técnico do órgão. Ele também me disse que cogitava subordinar a Controladoria-Geral da União (CGU) ao novo ministério. Eu também não havia pensado nisso, mas, reservadamente, considerei um exagero. A ideia não prosperou.

Eu não solicitara essa transferência do Coaf para a pasta da Justiça, mas vi a ideia com bons olhos, pois facilitaria sua reestruturação, com maior integração com os órgãos responsáveis por investigações, como a Polícia Federal. Mas a transferência do Coaf para o novo ministério não era algo essencial. Para mim, a condição necessária para aceitar o cargo era a reunificação das pastas da Justiça e da Segurança Pública. Sei que há pessoas bem-intencionadas que defendem a separação da Justiça e da Segurança Pública em dois ministérios com o argumento de que, com as pastas unidas, a segurança pública fica negligenciada, mesmo diante dos elevados índices de violência e do avanço da criminalidade no Brasil.

Penso, todavia, que a separação das duas pastas acaba na prática enfraquecendo tanto a Justiça como a Segurança Pública. Além disso, na pasta da Justiça há secretarias com atuação vinculada à segurança, como, por exemplo, a Secretaria Nacional Antidrogas (SENAD) e o Departamento de Recuperação de Ativos Financeiros (DRCI), que trata da cooperação jurídica internacional. Fazia pouco sentido deixar essas secretarias dissociadas da segurança pública. Portanto, embora tenha partido do presidente eleito, a unificação dos dois ministérios era exatamente o que eu pretendia sugerir a ele.

Aproveitei o encontro para dizer a Bolsonaro quais eram os meus planos. Eu queria avançar na agenda anticorrupção, a fim de consolidar o progresso obtido durante a Lava Jato, e desejava também uma atuação mais incisiva do governo federal contra o crime organizado e a criminalidade violenta. Assumimos naquela conversa o compromisso de seguir essas diretrizes. Perguntei ao presidente eleito como seria sua postura se fossem identificados casos de corrupção no governo federal durante seu mandato. Bolsonaro disse que não protegeria ninguém que cometesse crimes. Não creio que ele pudesse dizer algo diferente, mas, pelo menos naquele momento, soou sincero para mim. O conhecimento sobre o futuro não estava disponível naquele momento.

Um ponto crucial, depois reiterado publicamente pelo presidente eleito, foi a carta branca que ele concedeu para as nomeações no ministério. Jair Bolsonaro queria romper com a velha prática do loteamento político dos cargos públicos – o que era louvável, uma vez que essa prática quase sempre resulta em ineficiência e corrupção. No chamado presidencialismo de coalizão, para obter apoio no Congresso, o chefe do Executivo aceita indicações dos partidos aliados para cargos na administração pública federal, o que costuma gerar nomeações bem controversas, muitas vezes de pessoas sem a menor qualificação para o cargo, incentivando a malversação do dinheiro público.

Eu não aceitaria o Ministério da Justiça se não tivesse liberdade total para escolher minha equipe. É claro que seria aberto a sugestões – o próprio Bolsonaro apontou nomes que eu acolhi, como o do secretário

Nacional de Segurança Pública. Mas não aceitaria reservar cargos dentro do ministério para nomeações com teor puramente político-partidário e de pessoas sem as qualificações técnicas necessárias.

Obviamente, sei que, para governar, o presidente tem de se aliar ao Congresso, e por isso é natural que, nas negociações, alguns cargos recebam indicações de parlamentares. É possível, a meu ver, fazer isso de forma republicana. Há excelentes parlamentares, probos, éticos e responsáveis, mas há outros nem tanto, com passado e histórico comprometidos. Com o primeiro tipo, a aliança funciona, na medida em que empodera parlamentares que poderão ensinar outros pelo exemplo, gerando um círculo virtuoso. Com o segundo tipo, a aliança nasce espúria e não dá certo, pois gera vícios e custos crescentes, com entregas de apoio político cada vez menores. Além disso, é importante observar a qualidade do indicado: precisa dominar o assunto exigido para o cargo e ter uma ficha impecável.

A nossa história recente não nos ajuda muito nesse aspecto. Ao longo da Nova República, houve uma progressiva deterioração na qualidade da relação entre Executivo e Parlamento. Todos os governos, desde 1985, com a exceção talvez do Presidente Itamar Franco, fizeram alianças políticas discutíveis, com crescente empoderamento, no Congresso, de agentes políticos não muito memoráveis. Lembremos que vários dos ex-presidentes da Câmara dos Deputados nos últimos anos tiveram problemas na Justiça – alguns foram condenados e presos por corrupção e lavagem de dinheiro. Aliar-se politicamente sem cuidar da ética leva o governo e o país para um caminho errado, apesar de eventuais ganhos de governabilidade a curto prazo. Penso que esse tipo de aliança compromete o futuro, já que ficará cada vez mais custosa e ineficiente.

Foi relatado a mim um exemplo concreto disso no Ministério da Justiça e Segurança Pública. Em uma gestão passada, o então ministro foi forçado a aceitar a indicação de uma pessoa desqualificada para o cargo de secretário Nacional do Consumidor a pedido de determinado grupo político, em troca de votos no Congresso Nacional. Contrariado, o ministro aceitou a nomeação, mas esvaziou a secretaria, tirando pessoal e orçamento. Todos perderam, principalmente o consumidor.

Esse é apenas um exemplo, e nem é o pior. O serviço público brasileiro é repleto de histórias de pessoas nomeadas para cargos de chefia por pressão política sem reunir as condições técnicas ou morais necessárias. Não há como ter serviço público eficiente dessa forma.

O Ministro Wagner Rosário, da CGU, buscou, no início do governo Bolsonaro, resolver parcialmente essa questão com a edição de um decreto[31] que estabelecia requisitos técnicos para nomeação para cargos em comissão de Direção e Assessoramento Superiores (DAS) ou para funções comissionadas. Mas essas exigências técnicas têm sido dispensadas com grande frequência, o que, aliás, o próprio decreto permite.

Uma solução interessante seria estender para as nomeações de cargos de direção superior na administração pública direta as proibições e exigências técnicas previstas na chamada Lei das Estatais.[32] Essa lei foi aprovada como um efeito colateral da Lava Jato e melhorou a governança das empresas controladas pelo Estado. Foi uma das raras leis aprovadas desde a Lava Jato que melhoraram a prevenção à corrupção e não o contrário.

Muitos especularam que eu teria estabelecido, como condição para a minha nomeação como ministro, uma das duas vagas para o Supremo Tribunal Federal cuja indicação caberia a Bolsonaro até 2022. Não fiz isso. Na minha visão, seria um pedido estranho, já que esse tipo de decisão só seria tomado pelo presidente quando surgisse a vaga – uma eventual promessa dele naquele momento de nada adiantaria. Evidentemente eu não descartava a possibilidade de ser nomeado pelo presidente no momento oportuno, mas não cabia estabelecer isso como condição para aceitar o cargo de Ministro da Justiça e Segurança Pública.

Alguns me disseram que eu teria sido ingênuo e deveria ter estabelecido essa condição específica, a indicação para a vaga no Supremo. Ora, Bolsonaro não manteve a palavra sequer quanto ao apoio à agenda anticorrupção ou à carta branca para as nomeações técnicas no ministério. Por que manteria a palavra quanto à minha indicação para ocupar

---

[31] Decreto 9.727, de 15 de março de 2019.
[32] Lei 13.303, de 30 de junho de 2016.

eventual vaga no STF? Eu simplesmente pensei que, naquele momento, demandar a promessa da vaga não era algo honrado a fazer. Além disso, a indicação do meu nome viria naturalmente se eu, como Ministro da Justiça, fizesse um bom trabalho (aqui de fato fui ingênuo, admito).

Apesar da costumeira hostilidade no discurso e das opiniões polêmicas, no quesito da ética Jair Bolsonaro havia passado relativamente incólume durante todo o período eleitoral, sem que seus adversários tivessem levantado sérias acusações de corrupção contra ele. Se no período eleitoral, quando o candidato é submetido a severo escrutínio pelos adversários e pela imprensa, nada de mais significativo havia aparecido, a minha impressão era de que a declaração de Bolsonaro de que seria firme na luta contra a corrupção soava honesta e crível. Naquela época – e estamos falando de novembro de 2018 – ainda não haviam surgido as notícias sobre Fabrício Queiroz, o assessor do então deputado estadual Flávio Bolsonaro na Assembleia Legislativa do Rio de Janeiro suspeito de comandar um esquema batizado de "rachadinha", em que o parlamentar se apropriava de parte dos salários dos assessores nomeados em seu gabinete, uma velha prática associada ao patrimonialismo.

Por falar em Flávio, naquele dia 1º de novembro no Rio de Janeiro, logo após eu dizer ao presidente eleito que aceitava o convite, ele e Paulo Guedes se aproximaram. Reiteramos na frente deles o compromisso que havíamos acabado de firmar e combinamos que eu e Paulo Guedes, juntos, faríamos o anúncio de que eu aceitara o convite para integrar o governo do presidente eleito.

Eu e o futuro Ministro da Economia fomos, em seguida, até o portão do condomínio na Barra da Tijuca, onde, do lado de fora, jornalistas e uma multidão de apoiadores do presidente eleito se aglomeravam. Esbocei uma tentativa de informar minha decisão, mas não foi possível devido aos muitos gritos e empurrões. Como a multidão estava muito agitada, ponderei que era melhor sair dali para evitar que alguém acabasse se machucando. Deixei o condomínio. A caminho do aeroporto, encaminhei mensagens pelo celular a alguns jornalistas confirmando que tinha aceitado o convite.

A reação inicial foi de entusiasmo, o que notei já no voo de volta a Curitiba. Havia muitas pessoas em êxtase – algumas delas, mais efusivas, vieram me cumprimentar. Até os jornalistas, mais uma vez no avião, aparentavam estar felizes com minha decisão. Dias depois, o Instituto Paraná Pesquisas revelou que 82,6% dos brasileiros entrevistados apoiaram minha decisão de aceitar o convite, sendo que apenas 14,6% foram contrários. Inclusive o mercado reagiu positivamente, com o dólar caindo e as ações em alta na bolsa de valores.

Mas as críticas não foram poucas.

Como deputado, Jair Bolsonaro tinha dado dezenas de declarações agressivas contra as mulheres, homofóbicas e autoritárias, com enaltecimento dos excessos do regime militar, incluindo a homenagem feita, durante a votação do impeachment da Presidente Dilma Rousseff, ao coronel Brilhante Ustra, acusado de torturar adversários políticos do regime. Admito que participar de governo cujo presidente era responsável por declarações desse tipo era controverso. Mas, durante a campanha eleitoral, minha avaliação era de que ele havia moderado o tom.

Ao assumir a Presidência da República, minha expectativa era de que Bolsonaro também adotasse uma postura mais ponderada, de estadista, deixando um pouco de lado o seu nicho ideológico. Além disso, não imaginei, nem por um minuto, que aquelas declarações, muitas delas completamente absurdas, reverberassem em políticas públicas concretas. Havia uma distância entre discurso e gesto que me dava algum conforto.

Não foram poucas as pessoas que me disseram que viam com certo alívio minha ida ao governo. Como Ministro da Justiça e Segurança Pública, acreditavam que eu poderia atuar como uma voz de moderação e de anteparo a arroubos autoritários por parte de Bolsonaro. A minha presença no governo seria uma garantia de que o império da lei e o Estado de Direito se manteriam inalterados. O Ministro Luiz Fux, do STF, externou essa opinião publicamente em mensagem enviada a jornalistas: "Excelente nome. Imprimirá no Ministério da Justiça a sua marca indelével no combate à corrupção e na manutenção da higidez das nossas instituições democráticas, prestigiando a independência da PF, do MP e do Judiciário. A sua escolha foi a que a sociedade brasileira faria se consultada, é um juiz símbolo da probidade e da competência. Escolha por genuína meritocracia."[33]

Tempos depois, ao deixar o governo, relembrei aqueles dias e refleti se, de fato, eu tomara a decisão correta ao aceitar o convite para o ministério. Claro que, agora que se tem ciência do que ocorreria no futuro – a falta do apoio do presidente à agenda anticorrupção, o surgimento do caso de Fabrício Queiroz ainda em dezembro de 2018, a falta de cumprimento da palavra do presidente quanto à "carta branca" para nomeação de cargos, a aliança com políticos fisiológicos e acusados por corrupção na Lava Jato –, é fácil concluir que eu errei. Naquela época, no entanto, o conhecimento do futuro não estava à disposição. Sabedoria retrospectiva não vale.

O que eu tinha, naquele contexto de esperanças que antecedia a posse de Bolsonaro, era a oportunidade de servir ao meu país como ministro e implementar as reformas necessárias para que avançássemos no combate à corrupção e a outros crimes. Era a chance de, pelo menos, tentar evitar os retrocessos que ocorreram na Itália após a Operação Mãos Limpas, como já expliquei.

Muitos apreciam uma teoria da conspiração. Não faltaram argumentos de que eu havia condenado o ex-Presidente Lula em julho de 2017 para retirá-lo do páreo eleitoral e eleger Jair Bolsonaro em outubro de 2018, ganhando como recompensa um ministério. Pura balela. Eu nem sequer conhecia Jair Bolsonaro em 2017, e praticamente ninguém, naquela época, acreditava que ele teria chances reais de ser eleito presidente no ano seguinte. A opinião generalizada era de que ele, como candidato, fazia muito barulho, mas ao final não tinha chances de ser eleito.

A verdade, como narrei aqui, é muito mais simples: aceitei o cargo porque sabia que a reação aos avanços anticorrupção da Lava Jato era iminente e, como ministro, acreditava que poderia atuar de maneira mais eficaz para impedi-la, além de construir políticas públicas consistentes contra a corrupção, o crime organizado e a criminalidade violenta.

---

[33] Trecho extraído de RECONDO, Felipe; WEBER, Luiz. *Os Onze – O STF, seus bastidores e suas crises*. São Paulo: Companhia das Letras, 2019.

Admito que faltou da minha parte um salutar ceticismo quanto às promessas efetuadas pelo presidente eleito e quanto à própria boa vontade de Brasília para avançar no combate à corrupção. Mas eu não era um político treinado, e sim um juiz. Não estava acostumado à quebra de palavra.

Dormi com a consciência tranquila naquela noite de 1º de novembro de 2018, após retornar a Curitiba. Acabava ali um trabalho exaustivo como juiz da Lava Jato, mas começava outro desafio, que seria igualmente desgastante.

CAPÍTULO 9
Contra o crime organizado

Quando aceitei o cargo de ministro, eu já sabia que tinha divergências importantes com o Presidente Jair Bolsonaro, embora também convergisse em alguns temas, como a necessidade de um combate mais firme ao crime organizado. Certamente, no meu caso – e aqui posso conflitar com os pensamentos do presidente – sempre dentro da lei, com o devido processo legal e com inteligência e preparação. Combate ao crime não é bangue-bangue, é estratégia.

Embora meu trabalho mais conhecido envolva grandes casos de corrupção, como o Banestado e a Lava Jato, eu também tinha experiência em processos contra grupos criminosos organizados. Por isso, sabia a dificuldade que enfrentaria no combate ao crime organizado. Não existe um ranking confiável das maiores organizações criminosas do mundo. Afinal, elas não têm existência formalizada ou associados registrados. Quando pensamos nesses grupos, vêm à mente os grandes cartéis de drogas colombianos, de Cali e de Medellín, ambos extintos; as cinco famílias mafiosas de Nova York – Gambino, Lucchese, Bonanno, Colombo e Genovese –, também hoje uma sombra do que já foram; os cartéis mexicanos, como o de Juárez, já mencionado; e os grupos mafiosos italianos, como a Cosa Nostra siciliana. Mas as organizações criminosas brasileiras, embora não sejam tão famosas em nível mundial, são poderosas e extremamente perigosas. A maior delas é o Primeiro Comando da Capital (PCC), seguida pelo Comando Vermelho, sem contar as milícias, organizações paramilitares normalmente integradas por policiais da ativa ou da reserva que expandem seu controle territorial em cidades do Rio de Janeiro e do Pará.

Quando juiz, trabalhei como corregedor de presídios federais de segurança máxima e também em vários casos envolvendo grupos criminosos organizados e violentos. Destaco aqui, como exemplo, os processos criminais que resultaram na condenação de dois grandes narcotraficantes: Luciano Geraldo Daniel, o Tio Patinhas, que mantinha um sofisticado esquema de transporte de cocaína por helicóptero do Paraguai para o Paraná e o interior paulista; e Luiz Fernando da Costa, o Fernandinho Beira-Mar. A história de Luciano Geraldo Daniel e de sua condenação está bem contada em um livro do jornalista Allan de Abreu.[34] Vou me deter aqui no processo do Beira-Mar.

Em 2006, Beira-Mar estava na carceragem da Superintendência da Polícia Federal em Brasília quando a PF descobriu que ele havia obtido um aparelho celular e, por meio dele, retomara seus esquemas criminosos de venda de drogas e de armas. A Polícia Federal optou por não confiscar o aparelho imediatamente, e sim monitorá-lo para colher provas dos crimes dele e identificar seus cúmplices fora da prisão.

Semanas mais tarde, Beira-Mar foi transferido para a Penitenciária Federal de Catanduvas, no oeste do Paraná. Lá não havia como deixar o celular com o traficante, mas, àquela altura, a Polícia Federal já tinha identificado a rede de contatos dele e, com autorização judicial, passou a monitorar os telefones da organização criminosa. A interceptação, que durou de maio de 2006 a novembro do ano seguinte, levou à identificação de 12 carregamentos de drogas, como cocaína, crack e maconha, além de armas vindas do Paraguai para o Brasil, com passagem pelo Paraná rumo ao Rio de Janeiro.

Em 6 de novembro de 2007, a pedido da PF e do Ministério Público Federal, decretei a prisão preventiva de 24 investigados. Dois meses mais tarde, o MPF denunciou o grupo, incluindo Beira-Mar, por tráfico internacional de drogas e de armas e lavagem de dinheiro. Foram sete meses até a sentença, assinada por mim. Beira-Mar foi condenado a 29

---

[34] ABREU, Allan de. *Cocaína: A rota caipira*. Rio de Janeiro: Record, 2017.

anos e oito meses de prisão em regime fechado. Poucos dias depois da prisão, fui procurado por uma equipe da Polícia Federal. A inteligência da corporação havia identificado um possível ataque por conta do processo e ofereceu proteção a mim e à minha família.

Acho engraçado quando ouço críticas a autoridades que utilizam escolta, como se fosse algum tipo de privilégio. Pelo menos para autoridades que sofrem ameaças reais, nunca é. Durante minha carreira profissional, como juiz e como ministro, recebi escolta por diversas vezes. Não tenho do que me queixar dos policiais que me acompanharam nesses períodos, sempre muito competentes e educados. Mas andar com escolta nunca é algo positivo. Primeiro, a causa é sempre desagradável: só se lança mão disso quando existe uma situação de risco a ser prevenida. Segundo, há sempre um impacto na privacidade. É uma alegria poder ir até a padaria da esquina sem um aparato de segurança armado a sua volta. Além disso, toda a sua rotina precisa ser programada: para sair de casa ou do trabalho, por exemplo, é necessário avisar a escolta com antecedência.

No episódio de Beira-Mar, conversei com a minha esposa sobre a necessidade da escolta. Ela compreendeu. Explicar a situação real para os filhos era um pouco mais complicado, sobretudo por causa da idade deles. Meu filho tinha nessa época 2 anos e minha filha, 7. Poderiam ficar assustados. Para preservá-los, preferi inventar uma pequena história. Disse a ambos que estava sendo premiado pelo bom trabalho como magistrado com a disponibilização de motoristas pela Polícia Federal. Algo como: "O pai ganhou um prêmio por estar trabalhando bem como juiz, por isso resolveram nos dar alguns meses de acompanhamento por motoristas da Polícia Federal com carros blindados." Não era a melhor história-cobertura, mas consegui convencê-los. Afinal, não há motivo para estragar prematuramente as alegrias da infância com as agruras da vida adulta.

Mas voltemos ao processo. Como Beira-Mar era um criminoso temido e poderoso, com muitas conexões no submundo do crime, não se poderia correr o risco de um resgate – daí a transferência dele para o presídio federal de segurança máxima. A necessidade de evitar uma fuga também era válida para as audiências do processo judicial. Não havia possibilidade de eu ir até a penitenciária fazer as audiências. Eram 20 acusados, com seus muitos e diversos advogados. Vários deles estavam presos preventivamente em estabelecimentos carcerários distintos, em cidades diferentes. Impossível reunir todos em um mesmo presídio. A videoconferência, na época, não era uma solução tão óbvia e disponível como é hoje – além disso, eu tinha receio de que o uso dessa ferramenta tecnológica gerasse algum questionamento nos tribunais.

Optei por concentrar ao máximo as audiências do processo. Faríamos uma semana só de interrogatório dos acusados. Entre os dias 26 de março e 4 de abril de 2008, o prédio da Justiça Federal em Curitiba foi transformado em uma fortaleza, com muitos homens armados, para que pudéssemos receber Beira-Mar e seus cúmplices. Na sala de audiência, preparamos um sistema de som para que, durante as oitivas, pudéssemos reproduzir parte dos áudios da interceptação telefônica feita pela Polícia Federal, que serviriam de subsídio para os interrogatórios.

Por sorte, as audiências ocorreram sem qualquer incidente – certamente o forte aparato de segurança no fórum contribuiu para isso. Mesmo o interrogatório de Beira-Mar foi tranquilo. Ele preferiu ficar em silêncio e não responder a qualquer pergunta. Essa é uma estratégia de muitos acusados: deixe o seu advogado falar por você no processo, já que o juiz não pode presumir que o seu silêncio equivale a uma confissão. Isso é bastante comum quando o acusado não tem um bom álibi, por exemplo.

No último dia das audiências concentradas, a defesa de Beira-Mar me procurou e disse que seu cliente gostaria de falar comigo a sós, sem a presença do seu advogado, e queria que o conteúdo daquele encontro não fosse para os autos. Aquilo não era muito apropriado, mas concordei em atendê-lo, já que o pedido vinha do próprio advogado de defesa e eu também queria deixar claro ao acusado que apenas fazia o meu trabalho, sem qualquer animosidade pessoal. De todo modo, por cautela, conversaria com ele acompanhado de alguns policiais.

Beira-Mar disse que gostaria de me escrever uma carta contando sua versão dos fatos – inclusive esboçou o que iria dizer no documento. Já de cara foi possível constatar que as declarações que pretendia colocar por escrito seriam autoincriminatórias, ainda que não fosse essa a intenção dele. Eu poderia estimulá-lo a enviar a carta com aquelas declarações, o que tornaria mais fácil julgar o processo. Mas era evidente que escrever esse documento só iria prejudicá-lo e que um estímulo meu para que ele fizesse isso seria uma orientação inadequada.

Tratar o acusado com consideração significa não enganá-lo ou abusar de sua falta de conhecimento sobre questões jurídicas, muitas vezes complexas. O certo a fazer, naquela circunstância, era orientá-lo a consultar o seu advogado antes de produzir aquele documento. Eu disse, portanto, que ele tinha todo o direito de escrever uma carta relatando sua versão dos fatos, mas que o documento teria de ser anexado aos autos. Não haveria outra medida possível. Aconselhei-o a refletir bastante sobre o conteúdo da carta e, antes de escrevê-la e enviá-la, conversar com o advogado para que este avaliasse a conveniência ou não daquela atitude.

Foi uma conversa cordial e respeitosa. Sempre entendi que, como juiz, era meu dever tratar as partes, mesmo os acusados dos crimes mais graves, com todo o respeito e consideração. Se alguém cometeu um delito, deve ser punido na forma da lei e, após o julgamento, com as sanções cabíveis. Não há espaço para tratar o acusado com desrespeito. Para mim, na sala de audiência, o acusado sempre foi chamado de "senhor" ou, sendo mulher, de "senhora", pouco importando o teor da acusação. A abordagem respeitosa indica profissionalismo. É, aliás, o que faz a maior parte dos juízes, promotores e advogados. Sempre considerei lamentáveis ofensas ou mesmo o tratamento informal, com o pronome "você", em audiências judiciais, ainda que a utilização desse pronome, muitas vezes, seja decorrente mais de descuido do que de qualquer intenção de ofender.

Beira-Mar nunca enviou a carta. Tudo indica que tenha seguido minha sugestão para que falasse antes com o seu advogado. Não seria realmente uma boa ideia. Em agosto de 2008, consegui assinar e publicar a sentença. Levei quase um mês trabalhando apenas no texto. Catorze acusados, entre eles o próprio Beira-Mar, foram condenados por crimes de associação para o tráfico, tráfico internacional de drogas e de armas e lavagem de dinheiro. Dos 12 carregamentos de drogas e de armas apurados no inquérito policial, foi possível obter prova, acima de qualquer dúvida razoável, de que seis seriam da responsabilidade específica do grupo de Beira-Mar, com o total apreendido de 462kg de cocaína, 26,9kg de maconha, 21,8kg de crack e 5,8kg de haxixe, além de duas metralhadoras, dois fuzis, duas pistolas e 1.477 cartuchos.

As provas também permitiram identificar a logística do tráfico utilizada pela organização criminosa de Beira-Mar. A pasta base da cocaína vinha da Bolívia de avião e era descarregada em uma fazenda mantida pelo grupo no Paraguai. Havia ainda outras duas bases, uma na região de Foz do Iguaçu, outra na região de Guaíra, ambas no Paraná, fronteira com o Paraguai. Do país vizinho, a droga era transportada em caminhões para o Rio de Janeiro ou em pequenas aeronaves até pistas clandestinas no interior paranaense, de onde seguia em caminhões para o Rio de Janeiro. Julgar ações penais desse tipo fez com que eu compreendesse em detalhes o funcionamento de uma grande organização criminosa, compartimentada e com funções bem definidas. Isso seria muito útil anos depois, quando me tornei ministro.

* * *

Tão logo aceitei o convite para o ministério, mudei-me para Brasília – viajando a Curitiba apenas nos fins de semana – e comecei a preparar meus projetos e selecionar minha equipe para o novo desafio, tendo o cuidado de escolher as pessoas certas para cada cargo. Inicialmente, não houve qualquer interferência do presidente nas nomeações da pasta da Justiça. Tampouco houve interferência de grupos políticos. Eu considerava o Ministério da Justiça e Segurança Pública uma pasta eminentemente técnica e os cargos em comissão nele existentes deveriam ser preenchidos por pessoas qualificadas e preparadas para os desafios que seriam enfrentados.

Com os planos traçados e os nomes escolhidos para o Ministério da Justiça e Segurança Pública, tudo começou para valer no dia 1º de janeiro.

Marcar a posse presidencial para o primeiro dia do ano não é uma ideia muito genial. Afinal, nesse dia as pessoas do mundo inteiro descansam das festividades do Ano-Novo. Sem contar que costuma ser período de férias ou de folga do trabalho, o que torna difícil atrair grandes lideranças mundiais para a cerimônia. Minha família, aliás, tinha férias marcadas para essa época. Mas veio o convite para integrar o governo e eu não tinha como me ausentar nessa fase inicial. Insisti para que eles fossem sem mim, já que as despesas estavam todas pagas e, em Brasília, eu teria um ritmo alucinado nas primeiras semanas. Não fazia sentido que minha esposa e meus filhos cancelassem a viagem ao exterior apenas para me ver na posse de 1º de janeiro. Assim foi feito.

Esse, aliás, é mais um elemento que demonstra que nada do que foi feito na Lava Jato tinha por perspectiva um futuro cargo no governo. Nós havíamos marcado férias familiares em viagem para o exterior, e tive que cancelar a minha ida no último momento diante do surpreendente convite para tornar-me ministro. Claro que fatos não contam para teorias da conspiração, mas, como diz o adágio, "Fatos são coisas teimosas".

Depois da posse, começamos efetivamente o trabalho. A primeira dificuldade: apesar de os nomes do primeiro escalão do ministério já estarem definidos havia algum tempo, a burocracia era muito lenta e emperrava a publicação das nomeações. No dia 2 de janeiro, fizemos uma cerimônia apresentando os secretários e diretores mais importantes, mas eles não puderam tomar posse, pois tudo demorava a ser efetivado.

Houve, a meu ver, um erro estratégico na Casa Civil. A pretexto de "despetizar" a pasta, como declarado publicamente pelo Ministro Onyx Lorenzoni, vários servidores foram exonerados sem que houvesse uma substituição em tempo razoável. Na época, isso foi um primeiro indício de que a promessa de que teríamos um governo técnico, que não seria movido por fantasmas ideológicos ou motivado por perseguições, era vazia. Mas, naquele momento, esse sinal ainda não era conclusivo. O efeito prático foi ruim. Como as nomeações do Ministério da Justiça e Segurança Pública e das demais pastas passavam pela Casa Civil, eu teria de ter paciência.

Nada pior do que conduzir um governo motivado por ideologias ou revanchismos. Esse tipo de ação irá gerar reação equivalente na substituição do governo. Um jogo de perde-perde que só aumentará o rancor. O que é realmente necessário é profissionalismo para construir políticas públicas eficientes e atender à população. Recordo-me até hoje de um ministro do governo que me disse literalmente que era motivado pelo desejo de "vingança", pois tinha sido perseguido em administrações anteriores. Aquela afirmação me causou espanto. Aconselhei ao colega que apenas esquecesse o ocorrido e se dedicasse ao seu trabalho. Nenhum bem pode surgir de um sentimento mau.

Imaginei que, por ser janeiro, mês de férias, quando tudo é normalmente mais lento no Brasil, eu e minha equipe teríamos algum tempo para conhecer melhor a estrutura do ministério e finalizar nossos projetos para o governo. Mas faltou combinar com a realidade do país e os desafios da segurança pública brasileira.

Logo no segundo dia do ano, uma quarta-feira, começou no Ceará um movimento de facções criminosas, capitaneado pelo grupo Guardiões do Estado (GDE) e com participação do Comando Vermelho, contra o aumento do rigor carcerário imposto pelo novo secretário estadual de Administração Penitenciária. Integrantes desses grupos começaram a praticar atentados contra civis, normalmente ataques incendiários a carros ou estabelecimentos comerciais usando coquetéis molotov. Embora essas ações não fossem tão violentas a ponto de deixar mortos, a intensidade com que ocorriam levou pânico à população. Na escalada da radicalização, as facções chegaram a derrubar com explosivos uma torre de transmissão de energia e tentaram destruir uma pilastra de sustentação de um viaduto, o que, aí sim, poderia ter causado muitas mortes.

Já em 3 de janeiro os ataques começaram a aumentar em número e gravidade. No dia seguinte, o governador reeleito, Camilo Santana, telefonou para mim pedindo auxílio do governo federal, com o envio da Força Nacional de Segurança Pública, vinculada ao Ministério da Justiça, e a decretação de uma operação de Garantia da Lei e da Ordem (GLO) pelas Forças Armadas. Orientei-o a enviar um pedido formal, por escrito, como a lei exigia, o que ele fez. Decidi montar um gabinete de crise no Ministério da Justiça e Segurança Pública, formado por mim, pelo secretário-executivo, pela minha chefe de gabinete, pelos diretores da Polícia Federal, da Polícia Rodoviária Federal e do Departamento Penitenciário Nacional (Depen), pelos secretários da Secretaria Nacional de Segurança Pública (Senasp) e da Secretaria de Operações Integradas (Seopi).

Um dia antes do telefonema do governador do Ceará, havia muitas dúvidas sobre o caso. Os ataques cresceriam ou não em escala? Justificava-se o envio da Força Nacional de Segurança Pública, com todos os custos decorrentes, ou seria melhor aguardar a evolução dos acontecimentos? Seria conveniente já nos primeiros dias do governo colocar as Forças Armadas nas ruas de Fortaleza e das demais cidades do Ceará?

Difícil entender o comportamento dessas facções. Organizações criminosas normalmente preferem operar nas sombras, obtendo lucros sem se expor. No entanto, as do Ceará sentiam-se à vontade para promover atentados contra a população civil, impor terror e obrigar o governo do estado a negociar. Uma prática inaceitável, que refletia o grau de deterioração da segurança pública brasileira nos últimos dez anos. Convenhamos: não pode ser considerado normal grupos criminosos organizados promoverem atos terroristas.

Diante da gravidade do caso, a posição unânime do gabinete de crise foi pela intervenção, com o envio quanto antes da Força Nacional de Segurança Pública. Claramente o governo do Ceará estava com dificuldades para conter os ataques e não poderíamos correr o risco de um agravamento dos atentados. Como ministro, eu tinha poder para enviar a Força Nacional. Mas a rapidez da ação dependeria do apoio da Aeronáutica para levar as tropas em aviões da Força Aérea, logo era natural consultar o Presidente da República. Falei com ele na noite de 3 de janeiro. Disse a Bolsonaro que a evolução dos fatos era uma incógnita, mas havia uma escalada preocupante dos ataques e a decisão unânime do gabinete de crise fora pelo envio da Força Nacional. Também o informei sobre o pedido de GLO, que dependia de um decreto do presidente.

Jair Bolsonaro resistiu em decretar GLO para segurança pública. O presidente entendia que o soldado das Forças Armadas não era preparado para a função de segurança pública e que, portanto, era suscetível a cometer erros, como envolver-se em um tiroteio com vítimas colaterais. Nesse caso, disse ele, o soldado corria o risco de ser morto ou responsabilizado criminalmente. É, de fato, uma opinião razoável. Não houve decreto de GLO para aquele episódio do Ceará.

Já o envio da Força Nacional, formada por policiais estaduais e distritais convocados, além de reservistas, era diferente, já que foi criada justamente para essas situações de emergência. O presidente, porém, resistiu a convocar a Força Nacional, sugerindo que aguardássemos um pouco mais para avaliar melhor o cenário. Diante da escalada da violência, aquela relutância era um erro, mas era preciso respeitar as decisões de Bolsonaro.

Não acredito que tenha havido alguma relevância o fato de o governador do Ceará, Camilo Santana, ser do PT. Pelo menos para mim, isso não fazia qualquer diferença. Era o povo cearense que precisava de apoio, sendo indiferente o partido do governador. Acredito que as principais questões diziam mesmo respeito às incertezas quanto à evolução do quadro no Ceará e aos custos da intervenção prematura do governo federal. Se havia outras motivações, isso pelo menos para mim não foi externado.

Enquanto aguardava a decisão do presidente, reuni novamente o gabinete de crise no dia 4 e resolvi deixar tudo preparado para o envio da Força Nacional. Ela deveria ser mobilizada e se preparar para ir ao Ceará já no dia seguinte em aviões da Força Aérea Brasileira. Até lá, com a provável escalada da crise, eu acreditava que poderia fazer o presidente mudar de ideia.

Bolsonaro viajaria, naquele dia 5, para um compromisso oficial. Liguei cedo e pedi para conversar com ele na base aérea antes da viagem, ainda pela manhã. Durante a madrugada, os ataques no Ceará haviam sido mais intensos, o que agravava o quadro. Chegando à base, encontrei o presidente e os Ministros Fernando Azevedo, da Defesa, e Augusto Heleno, do Gabinete de Segurança Institucional. Em uma sala reservada, expus novamente a situação. Bolsonaro estava mais sensível à situação e à necessidade do envio da Força Nacional ao Ceará. Com a anuência dele, horas depois a Força Nacional desembarcava em Fortaleza.

Formulamos uma estratégia para debelar a crise. Primeiro, enviamos cerca de 300 policiais da Força Nacional – esse efetivo aumentaria um pouco depois – para fazer o policiamento ostensivo, o que sempre gera um efeito de intimidação nos criminosos. Ao mesmo tempo, mandamos uma força de intervenção penitenciária, formada por policiais penitenciários federais e estaduais de outras unidades da federação, para ajudar o governo do Ceará a assumir o controle dos presídios, já que as ordens para a prática dos atentados vinham de dentro das prisões. Essa força de intervenção ainda deu treinamento aos agentes penitenciários do Ceará para que eles pudessem manter o controle depois que ela saísse.

Em terceiro lugar, pedi à Polícia Rodoviária Federal no Nordeste que deslocasse parte de seu efetivo da região para o Ceará, a fim de saturar o patrulhamento das vias federais e impedir o fluxo de drogas e armas, mercadorias vitais para o crime organizado. A presença ostensiva da Polícia Rodoviária Federal nas rodovias, muitas delas passando por áreas urbanas, também serviria como elemento dissuasório. Também solicitei à Polícia Federal que instaurasse investigações próprias sobre as ações das organizações criminosas no estado, especialmente sobre os atentados, e agilizasse as investigações que já estavam em curso para viabilizar prisões de membros dos grupos criminosos. Por último, autorizei a transferência das lideranças criminosas do Ceará, parte delas suspeita de ser mandante dos atentados, para os presídios federais de segurança máxima.

Todas essas medidas foram executadas rapidamente e, somadas à ação das polícias estaduais, fizeram a crise arrefecer, com a diminuição paulatina dos atentados. Em cerca de 30 dias os ataques acabaram. No total, foram 283 ataques em 56 dos 184 municípios do Ceará. Por sorte, não houve mortes.

Um efeito colateral positivo dos atentados foi a redução drástica dos principais indicadores criminais no Ceará durante todo o ano de 2019. Se no ano anterior ocorreram 4.432 homicídios dolosos, em 2019 foram 2.189, com forte queda já a partir de janeiro, quando houve o envio da Força Nacional. Em dezembro de 2018, houve 311 assassinatos, em janeiro de 2019 o número caiu para 183 e, em fevereiro, foram 156.[35] Claro que a intervenção das forças federais por si só não explica essa queda e não tira o mérito das forças de segurança estaduais, mas é evidente que contribuiu para a melhoria dos índices.

Os atentados no Ceará justificavam, na minha opinião, a revisão da legislação brasileira sobre terrorismo.[36] A norma foi redigida para evitar que movimentos políticos ou sociais pudessem ser enquadrados como terroristas. O cuidado é compreensível, mas a redação ficou tão estreita que atos terroristas praticados por grupos criminosos organizados acabaram ficando de fora. Há uma contradição com nosso histórico recente, já que os atos de características terroristas ocorridos no Brasil nos últimos 15 anos foram todos praticados por grupos criminosos organizados, como foi o caso do Ceará. Infelizmente, tratar desse assunto é quase um tabu no Congresso Nacional, sobretudo em tempos de polarização política, e as propostas de alteração da lei não avançaram. Mas entendo que, com cuidado, é possível mudar a lei para abranger atos terroristas como os praticados no Ceará sem colocar em risco quaisquer movimentos políticos.

---

[35] Dados oficiais do Sistema Nacional de Informações de Segurança Pública (Sinesp), vinculado ao MJSP. Disponível em <https://www.justica.gov.br/sua-seguranca/seguranca-publica/sinesp-1/bi/dados-seguranca-publica>. Acesso em 14/09/2021. O Sinesp tornou-se operacional em março de 2019, durante a minha gestão. A partir dessa data, passamos finalmente a ter estatísticas oficiais e nacionais sobre os principais crimes. A inexistência de dados oficiais fazia com que tivéssemos de contar com levantamentos feitos por organizações não governamentais, o que tinha o seu mérito, mas era imperdoável em termos de gestão pública.
[36] Lei 13.260, de 2016.

CAPÍTULO 10

Um golpe no PCC

Apesar de graves, os atentados no Ceará não foram o principal desafio enfrentado naquele início de 2019. O golpe principal seria desferido contra o Primeiro Comando da Capital (PCC), a principal organização criminosa do país e uma das maiores do mundo. Ao longo deste século, a facção cresceu a tal ponto que se tornou uma ameaça em nível nacional, o que é inconcebível.

O primeiro alerta dos riscos que envolvem esse crescimento viria em 2006, quando o PCC patrocinou atentados terroristas no estado de São Paulo para intimidar as autoridades paulistas, em retaliação ao tratamento carcerário mais rigoroso imposto às lideranças do grupo. Houve rebeliões em presídios, incêndios de ônibus, ataques a policiais e a agentes penitenciários. A crise foi superada pela atuação das forças de segurança pública, mas, surpreendentemente, as lideranças do PCC conseguiram o que queriam, pois não foram transferidas para presídios federais de segurança máxima, como deveria ter ocorrido na ocasião. Essa situação perdurou por 13 anos, até 2019. Nesse período, o PCC só cresceu e se tornou mais perigoso. O que era basicamente um grupo criminoso paulista transformou-se em uma organização nacional, com ramificações em vários estados e conexões internacionais relevantes.

Na minha opinião, houve, com todo o respeito, uma certa acomodação do governo paulista no modo de lidar com a organização criminosa e suas lideranças. Isso enviou uma mensagem errada ao mundo do crime, permitindo o crescimento e fortalecimento desse grupo e levando criminosos comuns a pensar: "Se o Estado não tem coragem de enfrentar a facção, eu quero fazer parte dela para ter a mesma proteção." É certo que também contribuiu para isso a má relação entre o governo de São Paulo, comandado pelo PSDB desde a década de 1990, e o governo federal, chefiado pelo PT entre 2003 e 2016. Mas isso estava superado em 2019.

A situação precisava mudar. O combate ao crime demanda a adoção de políticas públicas consistentes, muito investimento, inteligência e planejamento. Mas há também atos simbólicos, que fazem os criminosos recuarem por entender que há uma nova ordem e que a vida não será fácil. Ações rigorosas, na forma da lei, têm um efeito preventivo que transcende as consequências imediatas.

Ainda no período de transição do governo federal, nos meses de novembro e dezembro de 2018, iniciei conversas com o governador eleito de São Paulo, João Doria, e sua equipe para transferir as lideranças do PCC a presídios federais. Havia um pedido nesse sentido do Ministério Público do Estado de São Paulo, diante da descoberta de planos para resgatar líderes da facção de presídios paulistas. Mas o governo de São Paulo em final de gestão temia que as transferências gerassem retaliações, repetindo os ataques de 2006. Alguns do governo de São Paulo também argumentavam que os líderes do PCC queriam ser transferidos para o presídio federal de Porto Velho, onde ficariam próximos da fronteira com a Bolívia, facilitando um possível resgate, o que me soava absolutamente improcedente, considerando a alta segurança dos presídios federais. As lideranças do PCC queriam mesmo era ficar nos presídios de São Paulo, onde, mesmo encarceradas, mantinham o controle da organização.

Faça-se aqui justiça: desde o primeiro momento o governador eleito João Doria apoiou o plano da transferência, sem vacilos. Sem a ação conjunta do Ministério da Justiça com o governo de São Paulo, a transferência não teria sido possível.

O planejamento deveria ser feito em absoluto sigilo, para evitar um plano de fuga ou de resgate durante a transferência dos presos. Ainda em janeiro de 2019, criei a Secretaria de Operações Integradas (Seopi) e escolhi para chefiá-la o excelente delegado da Polícia Federal Rosalvo Ferreira, que atuara como superintendente da Polícia Federal em Curitiba durante boa parte da Lava Jato. O objetivo da Seopi era integrar a atuação das polícias federais com as polícias estaduais e distrital, bem como com os demais órgãos de segurança pública, para obter melhores resultados no combate ao crime. Enquanto a Secretaria Nacional de Segurança Pública (Senasp), que já existia, faria um trabalho mais estruturante – repassar recursos para a segurança dos estados, uniformizar procedimentos, traçar normas e produzir pesquisas e estatísticas para a área –, a Seopi seria o novo braço operacional do Ministério da Justiça e Segurança Pública. Sempre houve a crítica de que as polícias não trabalhavam juntas e desconfiavam umas das outras. A Seopi teria por função coordenar as ações das diversas polícias em nível nacional, algo mais eficiente do que perder tempo discutindo a unificação de corporações policiais com longa tradição e histórias diferentes.

A Seopi tinha por alvo principal o crime organizado e por estratégia constituir um centro no qual a inteligência e as ações dos diversos órgãos policiais ou daqueles envolvidos de alguma forma com segurança pública pudessem interagir e gerar um ambiente de confiança. Havia experiências externas bem-sucedidas nesse sentido. Um exemplo: após o ataque terrorista em 11 de setembro de 2001 às Torres Gêmeas, houve ampla discussão e reclamações nos Estados Unidos sobre o fracasso em prevenir um atentado daquela magnitude em território norte-americano e com tão grande perda de vidas. Um dos diagnósticos foi o de que as diversas agências policiais, de segurança e de inteligência não cooperavam entre si, compartilhando informações. Uma agência tinha um fragmento de informação sobre o grupo terrorista, outra tinha um fragmento relativo a indivíduos suspeitos de terem ingressado nos Estados Unidos e outra ainda sobre esses indivíduos estarem realizando cursos de aviação. Se todas essas informações tivessem sido cruzadas, talvez o plano terrorista houvesse sido descoberto antecipadamente e os ataques, evitados. Para impedir novos atentados, as diversas agências passaram a compartilhar mais as informações, especialmente pela criação de centros unificados de inteligência e de coordenação. Era o que queríamos fazer por meio da Seopi e progressivamente pela criação de forças-tarefas conjuntas, abrangendo agentes de variados órgãos, em estruturas que se assemelhariam aos denominados *fusion centers* norte-americanos.

Coube à Seopi o planejamento e a execução da transferência das lideranças do PCC para os presídios federais. A operação, batizada de Imperium, envolveria ações coordenadas da Polícia Federal, Polícia Rodoviária Federal, Depen, Força Nacional de Segurança Pública, Exército, Aeronáutica, polícias Militar e Civil do estado de São Paulo, Secretaria de Administração Penitenciária de São Paulo e polícias estaduais de Rondônia e Rio Grande do Norte, onde se localizavam dois dos presídios federais para os quais os presos seriam levados. O Depen ficou encarregado de obter, em sigilo, as autorizações para as transferências dos presos por parte do Judiciário de São Paulo e o seu acolhimento em presídios federais pela Justiça Federal. Queríamos também reforçar as ações de investigação e de inteligência contra o PCC antes, durante e depois da operação, para podermos nos antecipar a uma eventual reação do grupo. O plano era colocar nas ruas paulistas um enorme contingente policial para dissuadir qualquer tentativa de atentados nos moldes daqueles de 2006.

As transferências deveriam ser feitas com urgência – quanto mais demorassem, maior seria a possibilidade de que a informação vazasse e colocasse em risco a operação. A ideia inicial era fazer isso ainda em janeiro de 2019. Mas os atentados no Ceará adiaram os planos. Precisávamos ter a Força Nacional de Segurança Pública à disposição para enviá-la a São Paulo ou a outros estados caso houvesse alguma reação da organização criminosa, mas boa parte do contingente estava comprometida com as ações no Ceará.

Surgiram ainda outros contratempos, como a viagem que eu e o presidente fizemos para o Fórum de Davos, no final de janeiro. Não seria conveniente realizar essa operação arriscada estando fora do país. Além disso, naquele mês Jair Bolsonaro precisou se submeter a outra cirurgia para retirar a bolsa de colostomia que colocara após o atentado sofrido durante a campanha eleitoral. Ele foi internado em 27 de janeiro no hospital Albert Einstein, em São Paulo, e submetido à cirurgia no dia seguinte. A partir daí, surgiu a dúvida: seria conveniente fazer as transferências com o presidente internado em um hospital de São Paulo?

Se o PCC quisesse retaliar o governo federal, não seria o hospital um alvo possível? A previsão era de que Bolsonaro ficaria internado uma semana após a cirurgia, então, por prudência, resolvemos fazer a Imperium em 13 de fevereiro de 2019, quando o presidente já teria tido alta e estaria em Brasília. Infelizmente, houve complicações na cirurgia e ele ficou 17 dias internado, deixando São Paulo justamente no dia 13. Mas aí não havia mais como postergar a operação, por questões de logística e riscos de vazamento.

Desde o início do planejamento da operação, ainda durante a transição de governo, eu havia comunicado Bolsonaro sobre a intenção de transferir as lideranças do PCC para os presídios federais. Como a medida poderia ter consequências significativas, como retaliações terroristas, havia a necessidade óbvia de informar o presidente sobre ela. Ele concordou com a ação, que seguia a política de ser firme com o crime organizado, conforme prometera durante a campanha. Mas, a poucos dias da deflagração da Operação Imperium, fui surpreendido com uma mensagem dele no meu celular sugerindo o cancelamento das transferências. Bolsonaro disse estar receoso de possíveis retaliações do crime organizado contra a população civil e temia que, se isso acontecesse, o governo federal fosse responsabilizado, inclusive com impeachment no Congresso.

Apesar de estarmos em fevereiro, a relação com os deputados e senadores já estava estremecida. Embora a apreensão do presidente fosse compreensível, pelo menos quanto ao risco à população civil, minha avaliação era a de que não seria mais possível recuar. Já havíamos solicitado as transferências ao Judiciário paulista e coordenado todas as ações com o governo de São Paulo. Tínhamos tomado todas as precauções possíveis para evitar uma ação retaliatória contra a população civil. Fiquei muito preocupado, pois um recuo naquele momento seria desmoralizante para o governo federal e novamente fortaleceria a organização criminosa.

Diante da dificuldade de tratar esses assuntos por telefone ou por aplicativos de mensagens, resolvi ir até São Paulo visitar o presidente no hospital. Por coincidência, o Ministro Fernando Azevedo, da Defesa, também queria se encontrar com Bolsonaro. Fomos no mesmo avião da Força Aérea Brasileira, no dia 11 de fevereiro. O Ministro Augusto Heleno, do Gabinete de Segurança Institucional, já estava na capital paulista. Os dois também tinham conhecimento da Imperium, já que a operação envolvia a atuação conjunta das Forças Armadas e era um assunto de segurança nacional. Conversamos os três com o presidente no Albert Einstein sobre a necessidade de manter a operação. Embora Jair Bolsonaro ainda estivesse apreensivo sobre possíveis consequências, a minha impressão é de que, mesmo antes da nossa conversa, ele já havia mudado de opinião e decidido que a operação deveria prosseguir. Ao que tudo indica, os receios dele foram superados antes da minha ida ao hospital, após receber a visita de autoridades do governo de São Paulo que também sabiam da operação.

No amanhecer do dia 13, fui ao Centro de Inteligência, Comando e Controle Nacional do Ministério da Justiça e Segurança Pública, em Brasília, de onde acompanharia a operação. Seriam transferidos 22 líderes do PCC. A intenção era transferir a liderança maior, Marcos Willians Herbas Camacho, o Marcola, e, considerando que a facção já contava com essa possibilidade, remover também outros criminosos que poderiam assumir seu lugar. Haveria uma quebra da cadeia de comando, e a organização ficaria sem uma liderança clara, ao menos em um primeiro momento. Naquela manhã, sem alarde, a Polícia Militar de São Paulo retirou os 22 detentos do presídio estadual de Presidente Venceslau, interior de São Paulo, e, com apoio da Polícia Rodoviária Federal, levou-os até o aeroporto da cidade vizinha de Presidente Prudente, onde foram entregues aos policiais penitenciários federais, à Polícia Federal e aos agentes da Seopi.

De Presidente Prudente, partiram dois aviões. Um, com 14 presos, rumou para o Distrito Federal. Três presos desembarcaram e seguiram sob escolta para a penitenciária federal de Brasília. Os outros 11 foram levados no mesmo avião para Porto Velho, em Rondônia, e transferidos para o presídio federal local. A segunda aeronave, com oito presos, voou para Natal, de onde foram escoltados até a Penitenciária Federal de Mossoró, no Rio Grande do Norte. Naquele dia, reforçamos o efetivo de policiais nesses três presídios federais utilizando a Força Nacional. Também foi decretada pela Presidência da República uma operação de Garantia da Lei e da Ordem autorizando as Forças Armadas a reforçarem a segurança no entorno desses presídios. Mantivemos ainda um efetivo reserva de 160 policiais da Força Nacional e de 50 policiais penitenciários federais em Brasília – se houvesse qualquer distúrbio decorrente da transferência daqueles líderes do PCC, esse contingente conseguiria se deslocar em até três horas para qualquer lugar do país.

Se de fato havia algum plano de resgate ou de ataques por parte da facção, foi completamente frustrado. A rede de inteligência dos governos federal e estadual paulista revelou que a transferência de toda a cúpula do PCC – e não só de alguns líderes – desestabilizou a cadeia de comando da facção. A organização criminosa ficou sem um líder que pudesse autorizar um eventual ataque.

Na mesma data das transferências, o Depen alterou o regime de visitas aos presos nas penitenciárias federais. Os visitantes passaram a se encontrar com o detento somente nos parlatórios, sem contato físico, separados por vidro e com monitoramento. Era uma medida absolutamente necessária para romper, em definitivo, a possibilidade de que os chefes de organizações criminosas continuassem a comandar crimes de dentro das prisões utilizando advogados e parentes como pombos-correio de suas ordens. A advocacia é uma profissão honrada e a grande maioria dos advogados não se presta a esse tipo de prática, mas infelizmente sempre existem exceções. A prisão e, principalmente, o isolamento dessas lideranças são fundamentais para o combate efetivo às organizações criminosas.

Apesar da bem-sucedida transferência, a tensão não acabou. Nos meses seguintes surgiram notícias de novos planos de resgate das lideranças do PCC de presídios federais. As informações não eram muito precisas, mas havia indícios de que Gilberto Aparecido dos Santos, o Fuminho, principal líder da facção em liberdade, estaria custeando e organizando a operação. Não se sabia se o plano era efetivamente colocá-la em prática ou se essas informações eram repassadas às lideranças presas apenas com o intuito de acalmá-las. Devíamos trabalhar, de todo modo, com o pior cenário possível em mente. Uma medida de precaução consistiu na transferência de Marcola do presídio federal em Porto Velho, mais próximo à fronteira, para Brasília, no centro do país. Qualquer tentativa de resgate ali seria mais difícil, não só pela localização geográfica, mas porque seria mais fácil reunir forças de segurança necessárias para coibir qualquer ataque ao presídio.

A transferência gerou reclamações do governo do Distrito Federal, com o argumento de que colocaria em risco a segurança da capital e da população. Ora, se há um presídio federal de segurança máxima em Brasília, é para ser usado. O argumento do governador Ibaneis Rocha poderia ser utilizado para todos os presídios federais de segurança máxima, inviabilizando o seu emprego e funcionamento. Se o governo do Distrito Federal não queria Marcola, o governo de Rondônia poderia igualmente se opor. É bom frisar que Marcola ficaria preso e isolado, sem capacidade para organizar atividade criminal nos arredores. Quanto à possibilidade de resgate, a localização estratégica de Brasília já servia como elemento de dissuasão. De todo modo, instamos o Exército que reforçasse a segurança do entorno do presídio, o que foi feito. Até o momento que escrevo estas linhas, não houve qualquer incidente que tenha dado razão às reclamações do governador.

Paralelamente, a Polícia Federal intensificou seus esforços para coibir eventual organização de resgate das demais lideranças, e isso passava pela prisão de Fuminho, foragido desde 1999, quando fugiu da antiga Casa de Detenção de São Paulo. Fuminho era apontado pela polícia como o principal fornecedor de cocaína para a facção criminosa e tinha plenas condições financeiras de organizar ataques aos presídios federais. Havia meses a Polícia Federal tentava localizá-lo e capturá-lo. Muitas vezes surgiam pistas falsas, o que gerava diligências infrutíferas dos agentes da PF.

Mas, no dia 13 de abril de 2020, a sorte dele acabou. Fuminho foi preso na capital moçambicana com o nome falso de Luiz Gomes de Jesus durante uma operação que contou com a cooperação entre a Polícia Federal, a antinarcóticos dos Estados Unidos, Drug Enforcement Administration, mais conhecida como DEA, e a polícia de Moçambique. A partir da prisão, no exterior, do perigoso foragido da Justiça brasileira, começou uma verdadeira corrida contra o tempo para que o narcotraficante fosse trazido ao Brasil. Como essas prisões têm prazo curto de duração, caso não se encaminhasse rapidamente a documentação necessária para manter a prisão ou trazer o preso, ele seria colocado em liberdade e desapareceria de novo.

Quanto a Fuminho, havia duas opções: solicitar a extradição, já que ele tinha mandados de prisão pendentes de cumprimento no Brasil, ou solicitar a expulsão ou a deportação dele. No caso da extradição, se for concedida, o governo estrangeiro entrega o preso para responder aos processos no Brasil. Já a expulsão normalmente ocorre quando o indivíduo comete um crime naquele país. Após intensas gestões do Ministério da Justiça e Segurança Pública, com o apoio do Itamaraty, as autoridades de Moçambique optaram por expulsar Fuminho, um procedimento mais rápido que o da extradição. A expulsão ocorreria em poucos dias, e o Brasil teria um prazo curto para retirá-lo do país africano – oito dias, no máximo.

O problema é que a pandemia do coronavírus comprometera quase todos os voos internacionais e não havia como enviar uma equipe da Polícia Federal até a África em avião comercial. A aeronave da PF também não tinha autonomia suficiente para a viagem. A alternativa foi solicitar apoio às Forças Armadas. No dia 16, foi assinado e publicado o decreto de expulsão de Fuminho. Imediatamente uma aeronave da FAB, com agentes da PF, decolou rumo ao continente africano. O plano era chegar a Moçambique, receber o preso e em seguida voltar. No dia 19 de abril, Fuminho retornou ao Brasil e foi transferido a um presídio federal de segurança máxima.

O Ministério da Justiça e Segurança Pública não costuma se envolver em operações da Polícia Federal, que precisa ter sua autonomia como polícia judiciária resguardada. Mas, pela importância de Fuminho, por envolver diversas áreas do governo e também um trabalho de cooperação internacional, aquela operação, assim como aconteceu com a Imperium, contou com uma atenção bem próxima da minha parte.

Capitaneadas pelo Ministério da Justiça e Segurança Pública, essas estratégias contra o crime organizado surtiram efeito e enviaram uma mensagem poderosa ao mundo do crime. Aquelas medidas de janeiro e fevereiro de 2019, que debelaram a crise de segurança no Ceará e isolaram as lideranças da maior organização criminosa brasileira nos presídios federais, marcaram uma nova postura no combate ao crime por parte do governo federal, em cooperação com os governos dos estados.

Uma consequência notável foi o fim de atentados realizados pelo crime organizado contra a população civil do país. O último significativo foi o de janeiro de 2019 no Ceará. Em setembro daquele ano, houve outros incidentes, também no Ceará, mas sem a mesma dimensão. Esses ataques eram comuns no passado.

Uma ação mais incisiva contra o crime organizado tem efeitos que transcendem aqueles mais diretos, como o abalo ou o desmantelamento das organizações criminosas, e pode, sim, propiciar uma redução substancial dos delitos. Em parte como resultado dessas ações do Ministério da Justiça, houve, em 2019, 39.627 homicídios dolosos, uma queda de cerca de 19% se comparados com os 48.965 ocorridos em 2018. De roubo a banco, foram 481 ocorrências em 2019 contra 791 em 2018. De roubo de cargas, 21.636 em 2018 e 17.613 em 2019.[37] Todos os principais indicadores criminais caíram em 2019.[38] Não se negligenciam aqui outros fatores, como a ação das forças de segurança estaduais e distrital, mas não se pode ignorar a nova política de segurança integrada adotada pelo Ministério da Justiça e Segurança Pública.

Para mim, parte substancial da queda dos principais indicadores cri-

---

[37] Sinesp. Disponível em <https://www.justica.gov.br/sua-seguranca/seguranca-publica/sinesp-1/bi/dados-seguranca-publica>. Acesso em 14/09/2021.

[38] Em 2020, os indicadores de homicídios dolosos voltaram a subir, embora não aos níveis de 2018. Deixei o Ministério da Justiça em abril de 2020 e, por causa da pandemia do coronavírus, esse foi um ano atípico e haverá dificuldades de analisar os números ao inseri-los na série histórica dos indicadores criminais. Talvez o mesmo ocorra com 2021.

minais em 2019 pode ser atribuída a esse enfrentamento mais rigoroso ao crime organizado. Boa parte dos crimes patrimoniais e violentos está relacionada à atuação de grupos organizados. Roubos a banco e de cargas, por exemplo, não constituem em geral ações isoladas de indivíduos, mas sim de quadrilhas, normalmente vinculadas a organizações maiores. Assassinatos, em especial nas regiões metropolitanas das grandes cidades, estão com frequência ligados a disputas entre traficantes pelo mercado de drogas ou entre fornecedores e consumidores de entorpecentes, que resolvem suas desavenças com pólvora e sangue. Combater o tráfico reduz a violência urbana.

Sou absolutamente contra o uso de drogas. Não vejo nada positivo no vício. Sou também cético em relação à descriminalização do tráfico de drogas como uma estratégia eficaz para privar o crime organizado de uma fonte de renda. Descriminalizar a maconha é uma coisa, mas deve-se estender o mesmo tratamento a todas as outras drogas, como o crack ou a heroína, com seu potencial devastador para o ser humano? Se não, adianta na prática descriminalizar somente o tráfico de maconha? Além disso, o traficante sempre terá vantagens sobre o Estado, porque não paga imposto e vende o seu produto muito mais barato – é o que ocorre com o contrabando de cigarros no Brasil. Metade do mercado é dominada pelo produto contrabandeado, mesmo sendo lícita a comercialização de cigarros.

A descriminalização pode ser benéfica apenas às classes mais privilegiadas. No Uruguai, que regulamentou a venda e o consumo da maconha, as classes mais baixas continuam recorrendo ao mercado ilegal porque não conseguem adquirir a droga no mercado regulamentado devido aos preços mais altos. Agora, cabe reconhecer que alguns países, como os Estados Unidos, têm descriminalizado o tráfico de maconha sem que isso tenha gerado graves consequências, embora não aparente ter também afetado significativamente o crime organizado.

Cabe reconhecer que esse é um problema de difícil solução. De todo modo, sempre entendi que ele demanda ações globais. Não há como descriminalizar somente em um país, tornando-o um paraíso para traficantes e consumidores de drogas e atraindo um turismo indesejável.

* * *

Revendo retrospectivamente os fatos, faltou, em 2019, uma ação mais contundente contra o crime organizado no Rio de Janeiro. Minha intenção era criar uma grande força-tarefa no âmbito da Polícia Federal para investigar organizações criminosas fluminenses: não só as facções, como o Comando Vermelho, mas também as milícias. Em relação a essas, aliás, a atuação da Polícia Federal é imprescindível, tendo em vista a conexão entre elas e grupos da polícia local, o que gera dificuldades no trabalho de investigação e repressão.

Entretanto, no início de 2019 a PF sofria com escassez de efetivo, devido à falta de realização de concursos públicos pelos governos anteriores. Entendi que era mais apropriado aguardar o concurso em andamento e a convocação dos aprovados para formar essa força-tarefa, o que só ocorreu no fim daquele ano. Mas o plano foi atropelado pelas urgências da pandemia de Covid-19 e pela crise na própria Polícia Federal que resultou na minha saída do governo.

Um dos propósitos do projeto "Em Frente Brasil", desenvolvido na minha gestão, era servir de laboratório para, futuramente, ser empregado no Rio de Janeiro. Escolhemos cinco cidades, uma para cada região do país, com base nos seus elevados índices de violência: Ananindeua (PA), Goiânia (GO), Paulista (PE), Cariacica (ES) e São José dos Pinhais (PR). A ideia era integrar as forças de segurança das três esferas da federação – União, estados e municípios – para, por meio de atuação conjunta, saturar ações de policiamento ostensivo, inclusive com o uso da Força Nacional de Segurança Pública e da Polícia Rodoviária Federal. À Polícia Federal caberia auxiliar na investigação das gangues locais com o objetivo de desmantelá-las.

Ao mesmo tempo, solicitei o apoio dos demais ministérios, especialmente aqueles envolvidos em ações sociais, para intensificar o trabalho nas cidades escolhidas. Prevenção e repressão qualificadas e ações sociais fariam a diferença na diminuição da violência. Claro que o ideal seria universalizar essa fórmula para todas as cidades do país. Mas, como os recursos eram escassos, fazia sentido focalizar as cidades mais violentas. Com ações planejadas e unificadas, o Estado tem condições de vencer os desafios impostos pela violência urbana e também aqueles decorrentes do crime organizado. As forças de segurança eliminam, com prisões e policiamento ostensivo, os grupos criminosos locais, e o poder público investe em serviços sociais para amparar os cidadãos.

Não há desculpa para a ausência do Estado. Se os recursos são poucos, é preciso ter foco. Intensifica-se a presença policial ostensiva em um bairro violento, instauram-se investigações especiais para prender as gangues locais e, ao mesmo tempo, revitalizam-se escolas e unidades de saúde, asfaltam-se ruas, conserta-se e amplia-se a rede de iluminação pública. Se há dificuldade, por exemplo, para se ter ensino em tempo integral em todo o país, pode-se começar a adotá-lo nos bairros mais violentos, a fim de dar um futuro digno para crianças e adolescentes vulneráveis à criminalidade das ruas.

A grande dificuldade, em uma federação como a brasileira, é planejar e coordenar esses esforços. O programa "Em Frente Brasil" tinha por objetivo servir como um laboratório, para posteriormente ser ampliado para outros pontos do país – Rio de Janeiro, inclusive. Enquanto estive no ministério, o programa estava em andamento. A coordenação da parte da segurança, dependente, em nível federal, apenas do Ministério da Justiça e Segurança Pública, funcionou: foram criados os mecanismos para integrar as forças de segurança e coordenar as suas ações. Os resultados foram diferenciados: houve redução na criminalidade em algumas das cidades escolhidas e, em outras, houve uma queda seguida de crescimento.[39] Como programa experimental, a disparidade de resultados deveria ser estudada para avaliar os acertos e os erros. Um

---

[39] Assassinatos caíram expressivamente em: Ananindeua/PA, de 371 em 2018 para 151 em 2019 e 84 em 2020; em Goiânia/GO, de 409 em 2018 para 267 em 2019 e 235 em 2020; e em Paulista/PE, de 119 em 2018, para 85 em 2019 e 81 em 2020. Já em Cariacica/ES, os resultados não foram tão positivos, com 156 assassinatos em 2018, 148 em 2019, mas 174 em 2020, o mesmo ocorrendo em São José dos Pinhais/PR, com 69 assassinatos em 2018, 59 em 2019, mas 67 em 2020. Sinesp. Disponível em <https://www.justica.gov.br/sua-seguranca/seguranca-publica/sinesp-1/bi/dados-seguranca--publica>. Acesso em 15/09/2021.

deles foi que a parte dos demais serviços e ações sociais, que dependia de outros ministérios, avançou de maneira muito lenta, seja por falta de maior apoio ao projeto pela Presidência da República, seja pela inércia inerente à burocracia estatal.

Independentemente de minha saída do governo, o programa deveria continuar, pois a concepção do projeto é correta: integrar as forças de segurança federais, estaduais e locais para a prevenção e repressão qualificada da criminalidade nas cidades mais violentas, somando-se a isso ações de cunho econômico e social. Claro que haveria dificuldade de levar a Força Nacional a todas as cidades nas quais ela seria necessária, mas mesmo assim a coordenação entre as forças de segurança poderia ser promovida apenas com a Polícia Federal, a Polícia Rodoviária Federal e as forças locais, o que já seria um ganho. Seria imprescindível, porém, que os demais ramos do governo atuassem com maior intensidade para providenciar os serviços sociais de amparo à população local.

* * *

Como ministro, também busquei melhorias para o sistema prisional. Eu conhecia de perto os problemas das políticas carcerárias no Brasil. No início dos anos 2000, fui um dos juízes responsáveis pelos processos de execução penal da Penitenciária Federal de Catanduvas (PR), o primeiro presídio federal de segurança máxima inaugurado no Brasil, seguindo o modelo das *supermax prisons* norte-americanas. Nessas prisões, os detentos permanecem em celas individuais cerca de 22 horas por dia, com direito a apenas duas horas fora da cela, em convívio coletivo. Regime duro e cruel, mas necessário diante do histórico de periculosidade e violência dos criminosos transferidos para esses locais.

Logo após a inauguração do presídio, em 2006, houve uma decisão do Tribunal Regional Federal da 4ª Região para deslocar a responsabilidade jurisdicional sobre o presídio para a Justiça Federal de Curitiba, em vez de Cascavel, cidade vizinha a Catanduvas. A ideia era que, em Curitiba, os juízes ficariam mais protegidos. A primeira juíza corregedora, Anne Karina, ficou poucos meses na função, pois foi transferida para uma vara cível. Assumi depois dela. Para aliviar os riscos – pouco tempo antes dois juízes de execução penal estaduais haviam sido assassinados no país –, decidimos, junto com o TRF, criar uma espécie de colegiado responsável pelas decisões sobre o presídio e seus internos. Assim, seis juízes federais das três varas criminais federais de Curitiba resolviam essas questões em conjunto, diminuindo a identificação de um juiz como algoz de algum dos presos ali recolhidos. Apesar disso, ainda era necessário um juiz corregedor para supervisionar a parte administrativa do presídio, função que assumi depois da juíza Anne Karina.

Na minha gestão como corregedor, busquei consolidar as rigorosas normas de funcionamento da penitenciária, para impedir que os presos transmitissem, lá de dentro, ordens para a prática de crimes fora do presídio. Mas também me preocupei com a melhora das condições físicas do presídio, como a instalação de água quente para o banho dos presos, já que em Catanduvas o inverno costuma ser muito rigoroso.

Foi durante a minha gestão como juiz corregedor que conheci o delegado da Polícia Federal Fabiano Bordignon, nomeado diretor do presídio. Pelo seu bom desempenho na gestão de Catanduvas, logo que assumi o Ministério da Justiça nomeei-o diretor do Departamento Penitenciário Nacional (Depen). O sistema prisional brasileiro era um desafio. Precisava de alguém com experiência na área e que entendesse as dificuldades, sem ser guiado pelos diversos estereótipos que prejudicam a adoção de políticas públicas eficientes para a área. No Brasil, há presídios bem estruturados, como os federais e mesmo vários estaduais, e há estabelecimentos prisionais que parecem masmorras medievais ou são controlados por organizações criminosas.

A pena de prisão deve servir para neutralizar o risco oferecido pelo preso à sociedade e para recuperá-lo a fim de retornar, após a prisão, ao convívio social. Não adianta nada encarcerar um criminoso e imaginar que apenas isso resolve o problema. Se ele não for controlado, sempre terá uma maneira de reiterar a atividade criminosa, transformando a cela em um QG do crime. Além de controle e disciplina, é preciso conceder oportunidades de trabalho e estudo ao preso. A ressocialização, quer se efetive ou não, é sempre o objetivo a ser perseguido.

Enquanto estive à frente do ministério, buscamos identificar os gargalos no sistema prisional e constatamos que o principal deles não era tanto a falta de recursos, mas sim a ineficiência na utilização das verbas disponíveis. Nos anos anteriores à minha gestão, centenas de milhões de reais foram repassados do Fundo Penitenciário Nacional (Funpen) para os estados e o Distrito Federal, mas os entes da federação tinham dificuldades de desenvolver bons projetos para a área. O governo federal tampouco os auxiliava suficientemente nessa tarefa. Os recursos deveriam mesmo ser maiores, mas faltava capacidade até para utilizar os existentes.

Para eliminar esse gargalo, buscamos desenvolver no Depen projetos-modelo, como, por exemplo, o de penitenciárias, para que os estados e o Distrito Federal não precisassem partir do zero a cada novo plano de construção de um presídio. Ampliamos a capacidade do Depen, inclusive com corpo técnico, por meio de concursos e requisições de servidores, para que ele se tornasse um facilitador da execução de bons projetos e não mais um dificultador.

Para as situações de emergência penitenciária, especialmente os incidentes de grave violência que tinham ocorrido nos últimos anos e que voltariam a ocorrer, apostamos na criação e no fortalecimento de uma força de intervenção penitenciária, formada por agentes federais e estaduais. Essa força, composta por policiais penitenciários qualificados, estaria pronta para intervir em casos de urgência. Nosso plano era também direcioná-la, mesmo sem emergência, aos piores presídios do Brasil para retomar a organização e o controle.

Tivemos emergências, durante minha gestão, em presídios do Amazonas e do Pará. No Amazonas, ocorreu, em maio de 2019, um massacre de 55 presos em decorrência de conflitos entre facções criminosas, assim como falta de controle dos presídios pelo governo estadual. Enviamos emergencialmente a força de intervenção penitenciária, que controlou a situação, mas ficou ali pouco tempo, já que o governo do estado não teve maior interesse na continuidade do trabalho.

Já no Pará, a força de intervenção penitenciária atingiu resultados excelentes. A intervenção foi motivada pela ocorrência, em um presídio de Altamira, de um massacre em agosto de 2019, com 62 presos assassinados, novamente por conflitos entre facções. Enviamos a força-tarefa de intervenção penitenciária. Superada a crise imediata em Altamira, os policiais penitenciários da força focaram na reestruturação de todo o Complexo Penitenciário de Santa Izabel, na região metropolitana de Belém, que estava um caos. Isso reduziu a criminalidade local, uma vez que muitos dos crimes nessa área eram comandados de dentro da prisão. No Pará como um todo, a título de exemplo, os homicídios caíram de 3.766 em 2018 para 2.711 em 2019, e os roubos de veículos de 6.591 em 2018 para 3.896 em 2019.[40] Certamente, o mérito é também das forças de segurança estaduais, mas o apoio do Ministério da Justiça – com a força de intervenção penitenciária, o "Em Frente Brasil" em Ananindeua e o envio da Força Nacional de Segurança Pública ao estado naquele ano – não pode ser ignorado.

Cheguei a visitar o Complexo Penitenciário de Santa Izabel durante minha gestão. Antes da intervenção federal, a principal ala do presídio era completamente dominada pelo crime organizado. Os agentes penitenciários só entravam no local para entregar a comida, depois distribuída pelos próprios presos. As celas estavam com as portas quebradas e os detentos ficavam todo o tempo circulando livres, sem atividade, dentro do presídio. Os criminosos mais perigosos hostilizavam e dominavam o restante da população carcerária. Após a intervenção, o Estado retomou o controle da prisão. O complexo de Santa Izabel, antes da atuação do Ministério da Justiça, era a antítese de tudo que um presídio deve ser. O estabelecimento prisional, controlado pelo crime organizado, não permitia qualquer chance de recuperação do preso e sequer neutralizava a sua capacidade de continuar cometendo crimes.

Apesar de vários maus exemplos, não se pode generalizar e afirmar que todos os presídios no Brasil estão em más condições. Há exemplos positivos pelo país, e precisamos nos inspirar neles para melhorar aqueles onde o Estado perdeu o controle e impera o caos. Um deles, que tive

---

[40] Sinesp. Disponível em <https://www.justica.gov.br/sua-seguranca/seguranca-publica/sinesp-1/bi/dados-seguranca-publica>. Acesso em 15/09/2021.

oportunidade de visitar como ministro, é o Complexo Penitenciário de Chapecó (SC), em que empresas da região são incentivadas pelo Estado a levar parte de sua estrutura para dentro do presídio, oferecendo trabalho remunerado ao detento. O preso trabalha e parte de seus ganhos é direcionada a um fundo financeiro para investir na melhoria do próprio sistema carcerário. Progressivamente, o trabalho do preso passa a custear parte dos gastos e despesas do sistema prisional.

Durante a minha gestão, buscamos incentivar a criação de modelos parecidos país afora, o que é um grande desafio. Assim como a grande corrupção, é possível enfrentar os desafios de um sistema prisional desestruturado. Para tanto, é preciso vontade política, recursos financeiros e orientações eficientes para o bom uso desses recursos em ações estratégicas. Não houve tempo, infelizmente, para fazer tudo isso durante a minha gestão no ministério, mas alguns bons caminhos foram abertos também nessa área.

CAPÍTULO 11
Coaf, o pecado original

Ingressei no governo federal motivado por meus princípios e com a intenção de consolidar a agenda anticorrupção inaugurada pela Lava Jato; deixei o governo federal motivado por meus princípios e com a intenção de proteger o legado da Lava Jato e a agenda anticorrupção. Claro que o jogo de palavras acima apenas sintetiza um longo e torturante processo: não é tão simples entender como os fatos evoluíram de um extremo a outro. Só quero que o leitor compreenda que aquela pessoa que, em 1º de novembro de 2018, aceitou o convite para o cargo de Ministro da Justiça e Segurança Pública foi exatamente a mesma que pediu demissão em 24 de abril de 2020. Meus princípios não se alteraram. Não fui eu quem mudou.

É importante esclarecer que o poder do ministro depende do presidente. Como ministro, eu não tinha autonomia completa. Claro, não aceitaria o convite se entendesse que não tinha condições de desenvolver a agenda na qual acreditava – aliás, deixei o governo por entender que essa agenda estava comprometida. Mas, em relação a várias questões, eu tinha de acatar as decisões tomadas por Bolsonaro, ainda que internamente eu houvesse sugerido algo diferente ou me posicionado contra determinada medida. Como membro do primeiro escalão do governo, eu não tinha condições de censurar publicamente algumas decisões ou condutas do presidente. Mas também não as endossava. Pela minha lealdade decorrente da posição de ministro, quando surgia alguma crítica ou ofensa injusta pública a Jair Bolsonaro, eu me pronunciava, mas não o defendia publicamente quando ele estava errado – o melhor, nesses casos, era o silêncio.

Eu estava focado nos três itens prioritários da minha agenda: consolidar os avanços anticorrupção, intensificar o combate ao crime organizado e reduzir a criminalidade violenta. Claro que existiam muitos outros temas no Ministério da Justiça e Segurança Pública, mas eu havia elegido minhas prioridades e, honestamente, acreditava, pelo menos no começo, que eram compartilhadas pelo Presidente da República, ainda que houvesse alguma diferença significativa quanto aos meios para se chegar a elas.

Com o tempo, porém, o discurso e as intenções do presidente mudaram. Tudo começou, creio eu, em 6 de dezembro de 2018, quando o jornal *O Estado de S. Paulo*[41] publicou reportagem revelando a existência de um relatório do Conselho de Controle de Atividades Financeiras (Coaf) que retratava operações financeiras atípicas, suspeitas de lavagem de dinheiro, feitas por Fabrício Queiroz, ex-assessor do então deputado estadual Flávio Bolsonaro, filho do presidente, na Assembleia Legislativa do Rio de Janeiro. O documento trazia movimentações financeiras incompatíveis com os rendimentos do assessor, fracionamento de operações e saques em espécie, além de incluir um cheque sacado em favor de uma conta da esposa do presidente.

Já no dia seguinte, 7 de dezembro, Jair Bolsonaro se manifestou sobre o caso. Disse que o cheque recebido pela esposa era decorrente de um empréstimo a Queiroz e que o restante do problema não era dele. Dias depois, ainda declarou publicamente: "Se algo estiver errado, que seja comigo, com meu filho, com o Queiroz, que paguemos a conta desse erro, que nós não podemos comungar com o erro de ninguém." Aquelas palavras eram coerentes com o compromisso que ele havia assumido comigo e sinalizavam que o presidente não iria tentar obstruir as investigações. Àquela altura eu já havia deixado a magistratura e estava

---

[41] SERAPIÃO, Fábio. "Coaf relata conta de ex-assessor de Flávio Bolsonaro". *O Estado de S. Paulo*. Disponível em <https://politica.estadao.com.br/blogs/fausto-macedo/coaf-relata-conta-de-ex-assessor-de-flavio-bolsonaro/>. Acesso em 16/09/2021.

na equipe de transição do governo. Não havia como voltar atrás. Além do mais, pensei, embora fosse embaraçosa, a questão precedia meu ingresso no Executivo federal e não teria relação com as ações do novo governo. Os fatos deveriam ser investigados e deles extraídas as consequências, como o presidente havia declarado.

Era preciso aguardar os desdobramentos da investigação. Ainda naquele mês de dezembro, o Ministério Público Estadual do Rio de Janeiro instaurou inquérito para apurar o caso. A suspeita era de que Queiroz e Flávio Bolsonaro teriam se apropriado de parte dos vencimentos dos assessores legislativos por eles nomeados para o gabinete do deputado estadual, e que parte daqueles servidores nem sequer teria trabalhado de fato no gabinete dele na Assembleia Legislativa fluminense. Aquele relatório do Coaf assombraria o governo Bolsonaro desde o início, com consequências para a agenda anticorrupção e para minha permanência como ministro.

* * *

Como o presidente me prometera, foi editada no início do novo governo uma medida provisória[42] que reestruturava os ministérios. Entre as alterações propostas, houve a transferência do Coaf para o Ministério da Justiça. Indiquei para a presidência do órgão Roberto Leonel, um competente e conhecido auditor fiscal da Receita Federal, especialista em investigação financeira. Além da confiança absoluta na honestidade e na seriedade dele, queria que o Coaf tivesse uma conexão melhor com órgãos de investigação criminal.

Há uma tendência mundial de estruturar melhor o sistema de prevenção à lavagem de dinheiro para sua função primordial: identificar operações suspeitas de envolverem lavagem de dinheiro e transmitir a informação às autoridades de investigação. Por isso entendi que era hora para que alguém da ponta, que atuava em investigações financeiras, assumisse a presidência do Coaf, já que saberia como o órgão poderia

---

[42] MP 870/2019.

cumprir melhor a sua função na interação com as autoridades de investigação. Além disso, ampliei a estrutura do órgão, transferindo a ele diversas funções comissionadas que já estavam no Ministério da Justiça e Segurança Pública. Isso daria ao presidente do Coaf a capacidade de atrair novos e bons servidores, já que o órgão não tinha estrutura própria de cargos. Também foi criado um setor destinado a atender diretamente às requisições das polícias, do Ministério Público ou da Justiça em investigações sensíveis de corrupção ou de crime organizado.

O Coaf caminhava bem, mas comecei a ouvir rumores de que o Congresso, na apreciação daquela medida provisória de reestruturação dos ministérios, pretendia alterá-la para que o órgão voltasse ao Ministério da Economia. Publicamente, dizia-se que o Coaf funcionaria melhor na pasta da Economia, já que esse ministério era o responsável pela regulação do setor bancário e de outros setores sujeitos à adoção de políticas de prevenção à lavagem de dinheiro. Mas, em reservado, eu ouvia que algumas autoridades em Brasília estavam com receio de manter o Coaf no Ministério da Justiça e Segurança Pública porque isso me daria muito poder – além disso, haveria o risco de que fossem produzidos dossiês para investigar agentes públicos poderosos. Essa preocupação era fantasiosa, pois, como Ministro da Justiça, minha atuação era estrutural e eu não tinha poderes para requisitar ao Coaf relatórios de operações suspeitas de lavagem de dinheiro de quem quer que fosse – também jamais faria isso ilegalmente. Mas é comum em Brasília o receio de elaboração de dossiês contra agentes políticos. Talvez seja prática real. Particularmente, acho deplorável que alguém se ocupe com isso.

Conversei com dezenas de parlamentares e pedi que não retirassem o Coaf do Ministério da Justiça e Segurança Pública. Eu argumentava que aquela era uma medida do Poder Executivo e ninguém melhor do que o governo para decidir sobre a estruturação mais eficaz para o funcionamento da administração pública. Destacava ainda o trabalho de ampliação e reestruturação do Coaf que vinha sendo feito no ministério. Chamou a minha atenção e a de meus assessores que aquela foi uma luta solitária da pasta da Justiça e Segurança Pública. O Planalto e sua coordenação política não moveram um dedo para manter o Coaf na pasta da Justiça.

No fim, perdemos por pouco. A medida provisória com as alterações que retiravam o Coaf do Ministério da Justiça e Segurança Pública foi colocada em votação no dia 22 de maio de 2019 na Câmara dos Deputados, sendo aprovada por 228 votos contra 210. No Senado, acredito que tínhamos maioria para reverter a decisão dos deputados, mas só havia uma semana para aprovar a medida provisória e, se o Senado alterasse o texto, a MP teria de voltar à Câmara para nova votação. Havia, portanto, um alto risco de que a medida provisória caducasse e toda a reestruturação ministerial se perdesse, o que poderia gerar uma grande confusão na gestão ainda nos primeiros seis meses de governo.

Por isso, fui procurado pelo Planalto e pela Casa Civil com pedidos expressos para não insistir na mudança do texto da medida provisória no Senado – ou seja, para abrir mão do Coaf. Eu preferia insistir, mas também não queria ser injustamente responsabilizado por ter provocado a perda de toda a medida provisória. Portanto, deixei de trabalhar no Senado para a volta do Coaf ao Ministério da Justiça e, com a medida provisória convertida em lei, o órgão retornou ao Ministério da Economia.

Esse não foi o único golpe contra o Coaf.

Logo após a volta do órgão à Economia, soube de pressões para que fosse substituído o seu presidente – não bastava tirar o órgão do Ministério da Justiça, concluí; o chefe também não poderia ser uma indicação minha. Obviamente as duas ações estavam conectadas, e não apenas por uma vontade do Congresso. O Planalto também pressionou para que o presidente do Coaf fosse substituído, mas isso eu só soube tempos depois.

Em 15 de julho de 2019, o então Presidente do STF, Ministro Dias Toffoli, atendendo a um requerimento do advogado do senador Flávio Bolsonaro em um recurso extraordinário, suspendeu liminarmente todas as investigações criminais instauradas com base em relatórios de operações financeiras recebidos do Coaf sem que houvesse uma prévia decisão judicial de quebra de sigilo bancário. O argumento era de que o fornecimento desses dados, quando detalhados, configurava quebra de sigilo bancário e, portanto, dependeria de uma autorização prévia do Judiciário. Entre os processos suspensos estava o inquérito que apurava as transações financeiras atípicas de Fabrício Queiroz e Flávio Bolsonaro.

A decisão favorável a Queiroz e Flávio Bolsonaro, embora comemorada no Planalto, era temerária para o país. Em 1998, o Brasil havia não só criminalizado a lavagem de dinheiro,[43] mas também instituído um sistema de prevenção e combate a essa prática conforme um modelo internacional. O sistema prevê a adoção de políticas internas, por parte de bancos e outras entidades privadas, para evitar que sejam utilizados para lavar dinheiro de origem ilícita. Entre essas medidas está a obrigatoriedade de bancos e entidades privadas comunicarem operações suspeitas a uma unidade de inteligência financeira (UIF). Essa UIF, por sua vez, reúne as comunicações, agrega outras informações contextuais e as repassa aos órgãos competentes para investigação, principalmente para o Ministério Público e para as polícias. O repasse das informações para a UIF e desta para os órgãos de investigação não significa quebra ilegal de sigilo bancário.

O caminho inverso também é utilizado. O Ministério Público ou a autoridade policial, em uma investigação já instaurada, podem provocar a UIF para obter informações sobre a eventual existência no banco de dados do órgão de operações suspeitas de lavagem das quais os investigados tenham participado. No Brasil ou no mundo, não se exige ordem judicial para o repasse dessas informações. E é o Coaf que atua como UIF no Brasil.

A liminar do presidente do STF contrariava o modelo internacional adotado no Brasil e, na prática, acabava com o sistema de prevenção à lavagem de dinheiro no país. Se prevalecesse aquela decisão, o Brasil iria na contramão de todos os seus compromissos internacionais de prevenção e combate a crimes financeiros. Corria o risco de se transformar em um paraíso da lavagem de dinheiro e ser expulso do FATF (Financial Action Task Force), também conhecido como GAFI (Grupo de Ação Financeira contra a Lavagem de Dinheiro e o Financiamento do Terrorismo), e até mesmo do sistema de pagamentos de transações

---

[43] Lei 9.613, de 1998.

financeiras internacionais. E não se trata de um argumento vazio, apenas para causar terror. As autoridades brasileiras foram, de fato, provocadas pelo então presidente do FATF, Xiangmin Liu, que comunicou suas preocupações com a liminar.

Uma missão da Organização para a Cooperação e Desenvolvimento Econômico (OCDE), liderada pelo presidente do Grupo de Trabalho sobre Suborno, Drago Kos, esteve no Brasil em novembro para acompanhar a questão. Ambos disseram que a liminar ameaçava a permanência do país como membro do FATF e inviabilizava o ingresso na OCDE. Participei de uma reunião com Drago Kos e, na ocasião, para reduzir a pressão, declarei que o STF provavelmente revogaria a liminar, o que me parecia provável.

Enquanto o Supremo não resolvia a questão, havia o dilema de como, dentro do governo, seria possível questionar uma decisão judicial benéfica ao filho do presidente. Aquele era o momento em que o governante deveria adotar uma postura de estadista, colocando os interesses do país acima dos pessoais, ainda que o próprio filho fosse afetado. Vale dizer que essa postura não é punitivista: haveria um processo judicial em que os fatos ainda seriam investigados, o filho poderia ou não ser acusado, teria ampla defesa e, somente ao fim, poderia eventualmente ser condenado, ainda assim com direito a recurso. Em outras palavras, Flávio Bolsonaro teria todas as condições de se defender e demonstrar a sua inocência, e seu destino não poderia estar atrelado à destruição de todo o sistema de prevenção à lavagem de dinheiro no Brasil.

Optei por não falar publicamente sobre o caso, mas, dentro do governo, não havia como deixar o tema de lado. Precisava demonstrar, internamente, a preocupação de que, se aquela decisão inicial do Ministro Toffoli prevalecesse, seria um desastre para o país. Evidentemente, isso gerou desgaste com o Presidente da República, pois o governo teria de atuar para reverter a liminar do ministro. Mas não havia alternativa. Na conversa com Bolsonaro a respeito do tema, fui, porém, orientado a me manter distante da questão. "Se não vai ajudar, então não atrapalhe", ele me disse. Por uma questão pessoal, o presidente pedia a mim que ignorasse aquela séria ameaça ao sistema nacional de prevenção à lavagem de dinheiro.

Até aquele momento, Roberto Leonel, presidente do Coaf nomeado por mim, permanecia no cargo, mesmo com a transferência do órgão para o Ministério da Economia e as pressões para que fosse substituído. Mas Leonel cometeu um erro fatal – ao menos em um ambiente desonesto: falou publicamente a verdade. Em entrevista ao jornal *O Estado de S. Paulo* em 31 de julho,[44] o presidente do Coaf criticou, polidamente, a decisão do Ministro Toffoli dizendo que ela colocava em risco o sistema de prevenção à lavagem de dinheiro no Brasil e a inserção do país na comunidade financeira internacional. Aquele era o pretexto que os nossos adversários queriam para tirá-lo do cargo, sob o argumento de que Leonel "não deveria ter dado entrevista e criticado o Ministro Dias Toffoli", ainda que na entrevista não houvesse nada de crítica pessoal ao magistrado. Eram duas as razões reais para aquele ataque: não queriam uma pessoa ligada a mim na presidência do Coaf e Leonel não poderia ter criticado uma decisão judicial que beneficiava o filho do presidente. Era a desculpa de que o Planalto e outros precisavam para intensificar a pressão pela saída dele.

Após ler a entrevista, intuí o risco. Falei pessoalmente com Leonel e até o censurei – hoje me arrependo disso, pois, naquele momento, ele era um dos únicos a tomar a atitude correta dentro do governo. Mas, na época, eu não conseguia deixar de lamentar a entrevista, pois sabia que ela significava, na prática, a exoneração dele. Se o Coaf ainda estivesse no Ministério da Justiça e Segurança Pública, eu o manteria no cargo e não cederia jamais a pressões para substituí-lo. Mas, depois que o órgão foi transferido para o Ministério da Economia, não mais cabia a mim aquela decisão.

Ainda assim, fiz o que pude. Conversei com o Ministro Paulo Guedes e defendi a permanência de Leonel. Guedes ponderou que vinha sofrendo pressões de todos os lados, inclusive do Planalto, para trocar o presidente do Coaf. Desconfortável com aquela situação, ele passou

---

[44] PIRES, Breno. "Combate à lavagem ficaria prejudicado". *O Estado de S. Paulo*. Disponível em <https://politica.estadao.com.br/noticias/geral,combate-a-lavagem-ficaria-prejudicado,70002948368>. Acesso em 16/09/2021.

a defender que o órgão fosse transferido para o Banco Central, com o argumento de que a maior autonomia do BC refletiria em maior proteção do Coaf contra ingerências políticas. Ele se eximiria de tomar aquela dura decisão – Guedes também não queria ser o responsável por tirar Leonel do posto. Assim, foi editada uma medida provisória em 19 de agosto de 2019 transferindo o Coaf do Ministério da Economia para o Banco Central. Para mim, era indiferente o órgão de inteligência financeira ficar no Ministério da Economia ou no Banco Central. O importante, de fato, seria manter o seu presidente.

Roberto Campos Neto, presidente do Banco Central, já era um dos melhores quadros do governo. Ele retirou Roberto Leonel do comando do Coaf e nomeou para o posto um servidor de carreira do BC com experiência em inteligência financeira para que os trabalhos prosseguissem com independência. Não sem antes conversar comigo a respeito. Embora eu persistisse defendendo a manutenção de Leonel, tinha consciência das minhas limitações. Acabei por resignar-me com a mudança e endossei o nome indicado como substituto, já que era de um profissional respeitado.

Com a ajuda de Roberto Campos, finalmente foi possível convencer internamente a cúpula do governo da necessidade, para o bem do país, de que se revisasse a liminar do Ministro Dias Toffoli. Acompanhado do advogado-geral da União, o presidente do Banco Central visitou vários ministros do Supremo a fim de buscar uma solução para o caso – achei melhor não participar dessas conversas, já que o Coaf não estava mais vinculado ao Ministério da Justiça e Segurança Pública.

No entanto, não tinha como permanecer totalmente omisso em relação ao tema. Afinal, estavam em risco não só o sistema de prevenção à lavagem de dinheiro, mas também a higidez de nossa economia. Procurei alguns ministros do STF e, em conversas informais, alertei-os da relevância daquele julgamento e da necessidade de que se revisse aquela liminar. Em nenhum momento, é bom que se diga, tratei do mérito das investigações contra o senador Flávio Bolsonaro. Cada apuração tem suas nuances e uma eventual irregularidade naquele caso deveria ser enfrentada individualmente. O que não se poderia admitir era a destruição do sistema nacional de prevenção à lavagem de dinheiro com o propósito de salvar da lei o filho de alguém, mesmo sendo ele o filho do Presidente da República.

Para os seguidores mais radicais de Jair Bolsonaro, atos como os que pratiquei na época são logo tachados de traição. Mas sempre deixei claro, e aproveito para reforçar aqui, que eu não ingressara no governo para servir a interesses pessoais ou mesmo a um projeto de poder. Meu compromisso com Bolsonaro sempre foi o de avançar no combate à corrupção, ao crime organizado e à criminalidade violenta. Se, ao me convidarem para o posto, me alertassem que eu teria de me calar diante da destruição do sistema de prevenção à lavagem de dinheiro do país para proteger qualquer pessoa, mesmo o filho do presidente, eu não aceitaria. Não sinto que tenha traído alguém nesse episódio; pelo contrário – fui fiel ao país e aos compromissos que havia assumido ao aceitar o convite.

Se você começar a deixar de fazer o que é certo para manter ou alcançar o poder, logo se tornará um servo desse poder e ele se tornará um fim em si mesmo. Muitos agentes políticos perdem a cabeça e os princípios nessa ânsia pelo poder, esquecendo as finalidades pelas quais o perseguiam. Vejo atualmente o governo Bolsonaro muito parecido com o governo Lula, especialmente na parte ética. Algumas coisas diferem, sim, mas nem tanto. Vale a pena igualar-se ao adversário para alcançar e manter o poder?

Para minha surpresa, ouvi depois que, apesar das gestões do presidente do Banco Central, do ministro da Advocacia-Geral da União (AGU) e da minha para a revisão da liminar do Ministro Toffoli, outras pessoas atuavam no sentido contrário, ou seja, para que a liminar fosse mantida. Aquilo era profundamente desalentador.

Em 28 de novembro de 2019, o plenário do STF, inclusive com o voto do próprio Ministro Toffoli, que teve a sabedoria de voltar atrás, reviu a liminar e reconheceu a validade do envio, pelo Coaf, de relatórios sobre operações suspeitas de lavagem de dinheiro aos órgãos de investigação, mesmo sem autorização judicial. Por quatro meses, o sistema de prevenção à lavagem de dinheiro no Brasil ficara paralisado, com prejuízos para investigações e para a imagem do país, mas pelo menos o desastre final foi evitado.

Mais recentemente, li uma notícia sobre outra decisão judicial, dessa vez oriunda do Tribunal Regional Federal da 1ª Região, que afetou o funcionamento do Coaf e beneficiou outra pessoa ligada ao presidente Bolsonaro, o advogado Frederick Wassef. Pelo que se depreende da decisão, o Coaf teria abusado de seu poder ao encaminhar comunicações de operações suspeitas a autoridades de investigação. O TRF determinou ainda a instauração de inquérito para apurar condutas dos agentes do Coaf. A decisão parece envolver novamente certo desconhecimento sobre o funcionamento do órgão de inteligência e do sistema de prevenção à lavagem de dinheiro. Por ora, ela é apenas um precedente isolado, mas, novamente, o sistema de prevenção é colocado em risco em circunstâncias similares. Se isso prosperar, logo teremos novos problemas para demonstrar o cumprimento das normas internacionais de prevenção e combate à lavagem de dinheiro.

CAPÍTULO 12

"Nunca nos renderemos"

Certo dia, ouvi de um experiente senador de Minas Gerais uma frase que me marcou: "Ministro, concentre-se em fazer uns dois ou três projetos e, se conseguir implantá-los, está ótimo. Você vai passar mais tempo impedindo que os outros façam coisa errada do que realizando seus projetos." O tempo daria razão à sabedoria mineira: de fato, em Brasília perde-se mais tempo evitando o mal do que perseguindo o bem.

Brasília me ensinou muito sobre a política brasileira. Quando comecei no ministério, confesso que sabia pouco sobre esse universo. Como juiz, trabalhei sempre com princípios mais rígidos, algo às vezes difícil de manter na política – ainda assim, entendo que há um núcleo de princípios inegociáveis, sob pena de se recair na luta pelo mero poder. Também percebi que o governo federal não é um todo homogêneo, que trabalha com um mesmo objetivo: há diversos grupos com interesses específicos, muitos deles contraditórios. Às vezes há trabalho em conjunto; em outras, há ministros que trabalham contra a pauta dos titulares de outras pastas.

Enquanto fui ministro, sempre valorizei o diálogo, inclusive com aqueles que pensam diferentemente de mim. No primeiro semestre de 2019, fui o segundo ministro que mais recebeu parlamentares, só atrás do titular da Casa Civil na época, Onyx Lorenzoni. Busquei não me render a estereótipos na política. Há ótimos parlamentares no Congresso. Mas conversar, além de um pouco cansativo, não garante que você terá o voto daquele deputado ou senador. O poder é excessivamente concentrado nas lideranças partidárias e nas presidências da Câmara e do Senado. Se esses parlamentares rejeitam algum projeto, não há muito que fazer.

Além disso, nosso sistema político é disfuncional: se a Justiça não afasta da vida pública os envolvidos em atos ilícitos, sobretudo corrupção, a tendência é que esses representantes políticos se tornem mais e mais fortes. E é claro que eles farão de tudo para manter um sistema que lhes garanta impunidade e permanência no poder.

O fato de que muitos no Planalto e no Congresso me viam como um possível candidato nas eleições presidenciais de 2022 tornava tudo mais difícil: pensavam que, se a minha agenda anticorrupção e de luta contra o crime organizado fosse bem-sucedida, eu ganharia musculatura política.

Mesmo sem grande apoio, atuei intensamente para aperfeiçoar a legislação do país. Já no fim de 2018 eu e minha equipe começamos a preparar um projeto de lei para ser apresentado no início do ano seguinte, logo após a formação das presidências da Câmara e do Senado e das comissões legislativas no Congresso. O objetivo era alterar pontualmente as legislações criminal e processual penal, com medidas simples de serem compreendidas e postas em prática. O projeto ficou enxuto, com mudanças fundamentais para tornar a Justiça criminal mais eficiente, sem prejudicar os direitos dos investigados ou acusados.

A proposta modificava o Código de Processo Penal para inserir expressamente a execução da condenação criminal em segunda instância. No curso da Lava Jato, em fevereiro de 2016, o Supremo Tribunal Federal havia decidido que, após uma condenação criminal por órgão judicial colegiado, a pena poderia ser executada. Mas pairava no ar uma ameaça de que esse entendimento poderia ser alterado (o que de fato ocorreria, em novembro de 2019), com a volta da jurisprudência anterior, de que a execução da pena dependeria do trânsito em julgado, ou seja, de uma decisão definitiva não mais sujeita a recursos. Alterar a lei seria o melhor caminho para impedir esse retrocesso e, consequentemente, a volta da morosidade e da impunidade.

Nossa proposta também previa que, se a condenação fosse do Tribunal do Júri, que julga basicamente homicídios e feminicídios, a pena poderia ser executada já a partir da primeira instância. Como a Constituição considera soberanos os veredictos desses tribunais, compostos por um juiz e sete cidadãos comuns, havia margem para aquela mudança, o que diminuiria a impunidade nos crimes contra a vida. Delitos de corrupção e de colarinho-branco são graves, mas assassinatos são ainda piores.

Outra proposta era ampliar o Banco Nacional de Perfis Genéticos,[45] que funciona da seguinte maneira: no local onde ocorreu um crime, buscam-se vestígios corporais, como fios de cabelo, sangue ou esperma, e a partir desse material se extrai o perfil genético, ou seja, o DNA, e se insere no banco de dados. A lei também prevê a coleta do DNA de condenados por crimes praticados com violência grave ou por crimes hediondos. É um procedimento indolor – basta passar um cotonete na boca do preso, extraindo células da mucosa. O perfil genético pode elucidar diversos crimes. Nossa proposta ampliava a coleta para todos os condenados por crimes dolosos, ou seja, praticados com intenção, independentemente de terem sido violentos ou não.

Há muita reclamação no Brasil quanto à falta de melhores resultados nas investigações policiais. É preciso investir em meios científicos de investigação, por isso foi prioridade da minha gestão incrementar esse banco genético. Quando assumi, o sistema estava negligenciado, com apenas 18 mil perfis genéticos inseridos em sete anos de existência. Somente em 2019, com o auxílio dos estados, colhemos cerca de 67 mil perfis genéticos. Os resultados começaram a aparecer, com vários crimes não solucionados sendo resolvidos. Um deles, em particular, trouxe-me uma satisfação especial. Em novembro de 2008, Rachel Genofre, de apenas 9 anos, saiu da escola e, no caminho de casa, desapareceu. Dois dias depois, o corpo foi encontrado em uma mala abandonada na rodoviária de Curitiba. O crime horrorizou a cidade e dominou o no-

---

[45] O Banco Nacional de Perfis Genéticos foi criado pela Lei 12.654, de 28 de maio de 2012.

ticiário da época. A polícia não conseguia descobrir o assassino. Onze anos depois, em 2019, por conta da política do ministério de intensificar a coleta do perfil genético dos condenados, foi identificado um preso em São Paulo com o mesmo DNA do material biológico colhido na mala. Confrontado com essa informação, o preso confessou – ele já havia sido condenado por outro estupro de vulnerável e, graças à prova do DNA, responderá a nova condenação, permanecendo na prisão por muito mais tempo do que o inicialmente previsto.

O plano do ministério era chegar a 2022 com o banco nacional completo, zerando a fila do exame de material colhido no local do crime e extraindo o perfil genético de toda a população carcerária. Seria uma revolução no combate ao crime, e muitos outros casos como o de Rachel Genofre seriam solucionados, com os culpados identificados e punidos.

Também procurei melhorar a regulação por lei da figura do *whistleblower*, com proteção jurídica contra perseguições e possibilidade de recompensa financeira para colaboradores da Justiça. Na tradução literal, *whistleblower* é o "soprador de apito": um informante do bem, alguém dentro de uma estrutura corporativa, pública ou privada, que resolve denunciar os malfeitos da organização a bem do interesse público. O filme *O informante* (*The Insider*), de 1999, com Russell Crowe e Al Pacino, aborda esse tema de um modo bem interessante: Crowe faz o papel de um químico da indústria de cigarros que resolve revelar segredos corporativos, como a utilização de substâncias que aumentavam o vício, em um famoso programa jornalístico da TV norte-americana. O ato de coragem acaba em perseguição implacável pela empresa denunciada. Retaliações aos *whistleblowers* são comuns. Por isso, eles precisam ser protegidos e até mesmo recompensados pela sua iniciativa. No projeto de lei, consignamos medidas como a proibição de demissão ou de redução de vencimentos ou vantagens de qualquer espécie do agente público ou terceiro que revelasse, como informante do bem, crimes contra a administração pública. Determinamos inclusive que a retaliação contra o *whistleblower* seria causa para demissão do ofensor e também estabelecemos que o informante do bem teria direito a uma recompensa financeira.

Eu conheço bem o sistema de investigação criminal dos Estados Unidos. Além dos *whistleblowers*, lá é corriqueira a realização das *undercover operations*, as operações disfarçadas, em que o policial atua como um criminoso para se infiltrar e interagir com outros bandidos ou quadrilhas, tudo com o objetivo de colher provas da atividade criminosa. Um dos casos mais conhecidos, retratado em livro e filme, foi o do agente do FBI Joseph Pistone, o Donnie Brasco, que, por seis anos, infiltrou-se na família Bonanno e, em menor escala, na família Colombo, duas das cinco principais organizações mafiosas de Nova York na década de 1970.

No Brasil, operações disfarçadas ou de infiltração de agentes, apesar de previstas em lei,[46] eram raras por causa de defeitos na regulação do mecanismo. Por uma construção jurídica equivocada, o entendimento usual era de que, se um criminoso interagia com um agente policial, o crime não era consumado sob o pretexto de que era impossível. Na verdade, não há crime quando o meio utilizado pelo criminoso é absolutamente incapaz de levar à consumação do delito – por exemplo, tentar esfaquear alguém com uma faca de borracha ou tentar matar alguém com a força do pensamento. Mas esse entendimento foi estendido no Brasil para, por exemplo, venda de drogas e armas por um criminoso a um policial disfarçado. Enquanto no mundo em geral policiais sob disfarce interagiam com quadrilhas para desmantelá-las, no Brasil estávamos presos a uma doutrina e uma jurisprudência criadas para casos de facas de borracha... Então, no projeto de lei anticrime, propusemos alterações para deixar claro que vender drogas ou armas a um policial disfarçado ou lavar dinheiro com a participação de um policial disfarçado seria, sim, considerado crime.

Por fim, havia outras alterações legais importantes: ampliação do confisco dos bens de criminosos profissionais, o chamado confisco alargado; regime inicial fechado para cumprimento de pena por condenados por corrupção, peculato e roubo armado; ampliação do período de permanência de presos perigosos e lideranças criminosas

---

[46] Lei 12.850, de 2013.

em presídios federais de segurança máxima; proibição de progressão de regime de cumprimento a membros de organizações criminosas; instituição de mecanismos de acordo para resolução de casos criminais, como o *plea bargain*; aumento das penas para o uso de caixa dois em campanhas eleitorais.

* * *

Mas nenhum dos pontos propostos na lei anticrime causou tanta polêmica quanto a atenuante ou a excludente da punibilidade em casos de excesso na legítima defesa: "O juiz poderá reduzir a pena até a metade ou deixar de aplicá-la se o excesso decorrer de escusável medo, surpresa ou violenta emoção." Surgiu o receio de que essa mudança na lei pudesse aumentar a violência policial. Críticas um pouco injustas, entendo eu. A proposta reproduzia dispositivos idênticos dos códigos penais português e alemão (em ambos, o artigo 33). Não era e jamais foi uma "licença para matar" ou uma norma arbitrária.

Ouvi muitos absurdos de pessoas que simplesmente não sabiam o que estavam falando. Só caberia discutir o excesso se fosse caracterizada, previamente, uma situação de legítima defesa. Casos de balas perdidas ou mortes provocadas por pessoas comuns ou policiais sem que haja uma situação de legítima defesa não seriam, de forma alguma, contemplados pelo dispositivo, ainda que o agente agisse por conta do medo, da surpresa ou da emoção. Por exemplo: uma criança morta por bala perdida disparada por policial não é uma situação de legítima defesa, logo esse dispositivo não teria aplicação. O mesmo ocorre no caso de um policial que atira em uma pessoa acreditando que ela estaria portando uma arma para realizar um ataque – uma situação denominada tecnicamente legítima defesa putativa e que nada tem a ver com o que estava sendo proposto. De todo modo, a proposição seria submetida ao Congresso. Se os parlamentares não concordassem com aquele ponto, bastava não aprová-lo. Eu, particularmente, nunca tive esse item como essencial ao projeto de lei anticrime e não escondi isso dos deputados e senadores. Mas era um pedido do presidente eleito e, além do mais, a proposta apresentada por mim era muito mais limitada do que a que Bolsonaro de fato pretendia – o presidente desejava criar uma excludente de ilicitude genérica para todo caso de morte decorrente de confronto policial.

No Congresso, as propostas do ministério se transformaram em três projetos de lei, formalmente apresentados na Câmara dos Deputados em 19 de fevereiro de 2019, no período que foi apelidado pela imprensa de "lua de mel" do governo com o Congresso. Eu sabia que a prioridade absoluta do governo federal era a reforma da Previdência. Mas entendia que o Parlamento tinha plenas condições de discutir e deliberar sobre mais de um projeto legislativo ao mesmo tempo, até porque a melhora de nossa legislação penal era uma demanda da sociedade.

Mas o plano foi frustrado. Com o pretexto de não atrapalhar a tramitação da reforma da Previdência, os projetos foram colocados em segundo plano na Câmara. Além disso, as propostas sofriam muita resistência do presidente da Casa, Rodrigo Maia, na época filiado ao DEM fluminense, assim como de parlamentares do PT e do Centrão, como é conhecida a bancada de partidos mais fisiológicos – no caso desses dois grupos, a resistência poderia ser explicada pelo fato de parte de seus membros ser investigada ou acusada por crimes contra a administração pública em decorrência da Lava Jato. O presidente da Câmara anexou a proposta do Ministério da Justiça a um projeto de lei em tramitação na Casa que também alterava a legislação criminal e criou uma comissão para analisar tecnicamente aquelas propostas.

Busquei construir uma relação cordial com Rodrigo Maia. Desde o início, porém, ficou claro que ele era uma pessoa difícil. O fato é que ele fez de tudo para que o projeto de lei anticrime tramitasse vagarosamente, usando como subterfúgio a prioridade da reforma da Previdência. Certa vez, estive no Congresso para defender o trâmite acelerado do projeto, em evento da Frente Parlamentar de Segurança Pública para o qual fui convidado. A minha ida ao evento gerou uma dura reação de Maia, que reclamou publicamente da minha presença na Casa:

"Eu acho que ele conhece pouco a política. Eu sou o presidente da Câmara, e ele é funcionário do presidente Bolsonaro. Então, o presidente é que tem que conversar comigo. Ele está confundindo as bolas. Está ficando uma situação ruim para ele, porque ele está passando daquilo que é responsabilidade dele."[47]

Em resposta, divulguei nota repudiando as palavras agressivas de Maia, mas sem ser ofensivo. Sinceramente, não entendi a reclamação, já que sempre o havia tratado com cordialidade. Disseram-me na ocasião que ele estaria chateado com a enxurrada de ofensas recebidas nas redes sociais bolsonaristas. De fato, esses ataques são reprováveis – as redes se tornaram meios para ofensas e propagação do ódio –, mas eu não tinha qualquer relação com aqueles atos. Talvez ele se ressentisse pelo fato de na época ser investigado pela Lava Jato por supostamente ter recebido subornos de um grupo empresarial.[48] Entretanto, eu nem sequer havia atuado nesse caso e, de todo modo, uma coisa não tinha nada a ver com a outra.

Deveria ser revisto o excessivo poder dos presidentes das casas legislativas. Ainda que haja maioria parlamentar para votar algum projeto, o presidente tem o total controle da pauta, decidindo o que irá ou não ser votado. É um pouco demais, considerando que o poder do presidente não deveria ser maior do que a vontade da maioria dos parlamentares. Se o presidente da casa não quer, ele simplesmente não pauta, e é o que explica por que projetos relevantes no combate à corrupção e de fortalecimento das instituições, como os que preveem a execução da condenação em segunda instância e o fim do foro privilegiado, não são nunca votados.

Mas devo aqui reconhecer que a culpa pela demora não foi só do

---

[47] "Maia critica Moro e diz que pacote anticrime será votado após Previdência". Agência Câmara de Notícias. Disponível em <https://www.camara.leg.br/noticias/553931-maia-critica-moro-e-diz-que-pacote-anticrime-sera-votado-apos-previdencia/>. Acesso em 20/09/2021.

[48] Posteriormente, o inquérito no qual Rodrigo Maia era investigado foi arquivado a pedido da Procuradoria Geral da República. "Fachin arquiva inquérito que investigava Rodrigo Maia e César Maia". G1. Disponível em <https://g1.globo.com/politica/noticia/2021/04/06/fachin-arquiva-inquerito-que-investigava-rodrigo-maia-e-cesar--maia.ghtml>. Acesso em 20/09/2021.

deputado Rodrigo Maia. Além da resistência de outros parlamentares e partidos, o próprio Planalto jamais se interessou pelo projeto de lei anticrime e não se movimentou para que ele fosse votado. O Ministério da Justiça estava sozinho naquela luta.

Assim correu todo o ano de 2019. Em outubro, o Ministério da Justiça, com o apoio da Secretaria de Comunicação, vinculada ao Planalto, lançou campanha publicitária sobre o projeto a fim de que ele fosse mais bem explicado à população. "A lei tem que estar acima da impunidade" era o lema central.[49] Meses antes o governo havia feito campanha parecida com a reforma da Previdência. Para o projeto de lei anticrime, a campanha era bem mais modesta, mas ainda assim relevante. Ocorre que, poucos dias após o lançamento oficial, decisão do Tribunal de Contas da União (TCU) suspendeu a divulgação sob o argumento de que a campanha não tinha propósito educativo ou informativo, já que o projeto ainda estava em discussão no Congresso. Ora, esclarecer a população acerca do conteúdo de uma ação do governo é informativo e educativo. Além disso, a campanha não tinha nenhum propósito de promoção pessoal, essa sim vedada pela Constituição. Fiquei com a impressão de que havia insatisfação quanto ao conteúdo do projeto. Diante do inusitado, conversei com alguns ministros do TCU para esclarecer o propósito da campanha, mas eles permaneceram irredutíveis. Lembro que perguntei ao Presidente Bolsonaro se ele ou o governo poderiam me auxiliar no trabalho de convencer o tribunal, mas novamente não tive sucesso.

Mesmo sem a campanha publicitária, insistimos junto à Câmara na votação do projeto. Somente no dia 4 de dezembro, após a aprovação da reforma da Previdência, os deputados votaram o projeto. Partes importantes ficaram de lado, como a execução da condenação criminal em segunda instância e a instituição do *plea bargain*. Mas propostas importantes foram aprovadas, como a execução das condenações em primeira instância do Tribunal do Júri, o confisco ampliado de bens,

---

[49] "Governo federal lança campanha publicitária do pacote anticrime". Disponível em <https://www.justica.gov.br/news/collective-nitf-content-1570111509.73>. Acesso em 20/09/2021.

o *whistleblower*, a melhor regulação da atuação do agente policial disfarçado e a proibição da progressão de regime do preso que mantém vínculos com organizações criminosas.

Houve retrocessos introduzidos pela Câmara: a figura do juiz de garantias, restrições à prisão preventiva e alterações que dificultavam o uso da colaboração premiada como prova em processos penais, incluindo a proibição de divulgar o conteúdo de acordos de colaboração premiada antes da denúncia formal pelo Ministério Público. Se essa lei estivesse em vigor no início da Operação Lava Jato, por exemplo, não haveria a publicidade determinada pelo STF das revelações dos subornos pela Odebrecht nos acordos de colaboração. Longe dos holofotes da sociedade, haveria um caminho aberto para engavetar todas aquelas graves denúncias contra figuras políticas poderosas. Considerando ainda as restrições contra prisões preventivas e acordos de colaboração, as inovações feitas pela Câmara aparentavam ter como propósito inviabilizar novas grandes operações de investigação contra a corrupção.

A proposta do juiz de garantias – ter um juiz para atuar na fase de investigação e outro para o julgamento da ação penal – não é totalmente negativa. Há argumentos razoáveis a favor dessa prática. Mas a Câmara colocou essa proposta de maneira açodada e com erros técnicos. Grande parte das comarcas da Justiça no Brasil só conta com um magistrado. Outra parte possui apenas dois, um juiz criminal e um cível. Na prática, ambos teriam de atuar na parte criminal. Mesmo se um juiz atuasse a distância ou em comarcas menores da região, haveria dificuldade com deslocamentos de uma comarca a outra para audiências de custódia ou para as audiências presenciais na ação penal. A lei, após publicada, entraria em vigor em 30 dias e seria impossível nesse prazo curto fazê-la funcionar.

Para o brasileiro em geral, os problemas da Justiça criminal resumem-se à morosidade e à impunidade. Difícil imaginar que o cidadão comum elenque entre os problemas da Justiça a falta de dissociação entre o juiz na fase de investigação e o juiz da ação penal. Vale ainda ressalvar que essa figura do juiz de garantias vem do modelo de Justiça continental europeu, em que, por tradição histórica, existe um magistrado na fase de investigação, denominado juiz de instrução, e um na fase de julgamento. O juiz de instrução europeu tem poder de iniciativa, ou seja, pode agir de ofício e investigar por conta própria. Diante do poder de iniciativa do juiz de instrução, com seu envolvimento ativo na investigação, alguns países, como a França, criaram a figura de um terceiro juiz, o de garantias, com o poder de decidir sobre a prisão do investigado antes do julgamento.

Nunca tivemos essa figura jurídica do juiz de instrução no país, fazendo pouco sentido a criação de um juiz de garantias. Na fase de investigação, o magistrado brasileiro tem um papel notadamente passivo, decidindo sobre requerimentos da autoridade policial, do Ministério Público e, eventualmente, dos advogados de defesa. A proposta era criar, dissociado do modelo de origem, um tipo de juiz pouco conveniente no contexto de uma nação de tamanho continental e com séria carência de magistrados como o Brasil.

Nada mais revelador da ambiguidade do projeto da Câmara do que o que fizeram com as operações disfarçadas. Eu havia proposto três dispositivos que diziam que a atuação de um agente policial disfarçado na compra de drogas e armas e em operações de lavagem de dinheiro não tornava o crime impossível. A Câmara aprovou os dois primeiros dispositivos, que dizem respeito a drogas e armas, no que foi bem, mas não aprovou o terceiro, referente a lavagem de dinheiro, sem que se possa entender claramente o motivo. É certo que um agente policial disfarçado em operação de lavagem poderia ser um instrumento poderoso em investigações até mesmo contra a corrupção, um crime que normalmente antecede à lavagem, mas isso não poderia ser considerado um motivo para não aprovar a proposta legislativa.

Aprovado na Câmara com essas modificações, o projeto seguiu para o Senado.

Ali, com os parlamentares que compunham o grupo chamado Muda Senado, eu acreditava que conseguiríamos alterar o projeto, restabelecendo medidas que não haviam sido aprovadas e retirando aquelas que considerava inconvenientes. O problema é que, se o projeto fosse alterado, teria de voltar à Câmara, com o risco de ser engavetado ou de ser restabelecido o texto aprovado pelos deputados – se isso ocorresse, as mudanças efetuadas no Senado de nada valeriam.

Havia também receio de que, no Senado, o projeto padecesse do mesmo problema ocorrido na Câmara, com tramitação a passos de tartaruga ao longo de 2020. Conversando com alguns parlamentares, especialmente a senadora Simone Tebet, presidente da Comissão de Constituição e Justiça do Senado, chegamos à conclusão de que seria melhor aprovar o texto sem alterações. O projeto iria para o Planalto, e o presidente vetaria as mudanças inconvenientes feitas pela Câmara. Isso faria com que o projeto entrasse em vigor mais rapidamente. Costurei um acordo informal nesse sentido com o Muda Senado e com lideranças do MDB na Casa. De fato, o projeto acabou sendo rapidamente aprovado no Senado, em 12 de dezembro de 2019, e foi a sanção ou veto presidencial.

Jair Bolsonaro havia me informado de que, no veto, seguiria as sugestões do Ministério da Justiça e Segurança Pública, da Advocacia-Geral da União, do Ministério da Transparência e da Controladoria-Geral da União. Propusemos vários vetos, inclusive sobre as normas introduzidas na Câmara que limitavam a prisão preventiva e os acordos de colaboração e introduziam a figura do juiz de garantias.

Eu tinha a expectativa de que a sanção do projeto, com vetos parciais, saísse antes do Natal, para que a questão fosse totalmente resolvida e eu pudesse tirar curtas férias no fim do ano. Quatro meses antes, eu e minha esposa havíamos enviado nosso filho para fazer um intercâmbio em uma escola pública de Toronto, Canadá, durante seis meses. Seria bom para ele sair um pouco do Brasil por questões de segurança e também para poupá-lo do noticiário, que muitas vezes era agressivo a respeito do meu trabalho. Mas, no fim de 2019, em função do preço das passagens aéreas, decidimos que a família teria de se separar: eu iria ao Canadá encontrá-lo e passar o Natal com ele, enquanto minha esposa ficaria com nossa filha no Brasil.

Fazia muito frio em Toronto naqueles derradeiros dias de 2019. Entre um e outro passeio com meu filho, eu ficava de olho no celular, no noticiário do Brasil e nas mensagens que trocava com meus auxiliares diretos no ministério. Até que, em 23 de dezembro, antevéspera de Natal, o telefone tocou. Assessores do Planalto informaram que o presidente vetaria poucos dos dispositivos inseridos pela Câmara no projeto de lei. Percebi que os vetos mais importantes que eu havia proposto ficariam de fora – e, portanto, os dispositivos entrariam em vigor –, como a criação do juiz de garantias, as limitações a acordos de colaboração por parte de pessoas implicadas em ações criminosas e as restrições à prisão preventiva, como a fixação de prazos para a sua renovação – que em 2020 levaria à soltura de André do Rap, um dos maiores narcotraficantes da facção criminosa PCC.

Sei que não sou o dono da verdade. As pessoas podem divergir quanto às mudanças na legislação penal propostas por mim. Mas Bolsonaro fora eleito com o discurso de que seria duro com o crime, inclusive o de corrupção. Como ele poderia deixar passar medidas que dificultariam o combate ao crime? Como ele poderia deixar de vetar as medidas que buscavam dificultar investigações e ações judiciais contra crimes de corrupção, como a Operação Lava Jato?

Fui invadido por uma mistura de sentimentos. Lamentei não estar naquele momento em Brasília para tratar do assunto pessoalmente com o presidente. Ao mesmo tempo, tive compaixão pelo meu filho: eu havia viajado para passar um tempo com ele e agora precisava me ocupar daquele grave assunto em plenas férias. Telefonei para o Ministro-chefe da Secretaria-Geral da Presidência e Subchefe para Assuntos Jurídicos, Jorge Oliveira, e expliquei ponto a ponto as nossas propostas e por que os vetos seriam todos importantes. Ele foi solícito, mas me disse que a decisão de Bolsonaro já estava tomada. Enviei mensagens para o presidente, pedindo uma conversa com ele. Eu me lembro que estava em um restaurante almoçando com meu filho quando Jair Bolsonaro retornou a ligação.

Confesso que sou uma pessoa com certo orgulho próprio e não gosto de insistir em pedidos a outras pessoas. Aquele foi um dos poucos episódios na minha vida em que praticamente implorei algo a alguém – no caso, para que o presidente adotasse os vetos no projeto de lei que eu havia sugerido.

O contexto não me ajudava. Naquele mesmo mês de dezembro, no dia 18, foram feitas buscas e apreensões em endereços ligados a Fabrício Queiroz e ao senador Flávio Bolsonaro, em um desdobramento das investigações do suposto esquema das "rachadinhas". Não era, portanto, o melhor momento para pedir ao presidente vetos a dispositivos que restringiam prisões preventivas, limitavam acordos de colaboração e impediam que o juiz da investigação prosseguisse na atuação do processo durante a ação penal.

Minhas súplicas foram em vão. Jair Bolsonaro nunca me disse os motivos pelos quais não aceitou meus pedidos de veto – se foi apenas o entendimento dele ou se houve algum acordo político com outros personagens. No dia 24 de dezembro de 2019, foi publicada a lei derivada do projeto de lei anticrime.[50] Havia ali muitas medidas positivas contra o crime organizado e contra a criminalidade violenta, mas o resultado final poderia ter sido muito melhor se o presidente tivesse seguido as minhas recomendações de vetos, já que eu havia feito um acordo com boa parte dos senadores para que eles, pelo menos em parte, fossem mantidos pelo Parlamento.

Para um presidente eleito com o discurso de que seria "duro" no combate ao crime e à corrupção, era mais uma traição injustificável. Mais uma vez tinha-se a prova de que suas promessas de campanha não passavam de retórica política. Por isso, aquele foi um presente de Natal amargo. Fiquei desalentado, em meio ao intenso frio do Canadá, com os termômetros abaixo de 0°C. Mas procurei me concentrar no meu filho e aproveitar aqueles momentos com ele. Alguns dias depois, nós caminhávamos pelas ruas de Toronto quando, em uma praça, vimos uma estátua em homenagem ao Primeiro-ministro britânico Winston Churchill, que liderou seu país em um dos momentos mais críticos da história da humanidade, a Segunda Guerra Mundial. Ao pé da estátua, do lado esquerdo, estava gravado o trecho de um dos seus discursos mais célebres, na Câmara dos Comuns, em 4 de junho de 1940:

---

[50] Lei 13.964, de 2019.

"Não vamos enfraquecer ou fracassar. Iremos até o fim. Lutaremos na França. Lutaremos nos mares e nos oceanos. Lutaremos com confiança crescente e força crescente no ar, defenderemos nossa ilha a qualquer custo. Lutaremos nas praias, lutaremos nos locais de desembarque, lutaremos nos campos e nas ruas, lutaremos nas colinas; nunca nos renderemos."[51]

Pedi ao meu filho que tirasse uma foto minha ao lado da estátua. Naquele mesmo dia, publiquei a imagem no Twitter com a frase: "Tempo de renovar as energias com exemplos do passado e de sempre." Eu não iria me render. Levaria a luta até onde pudesse, mesmo sozinho, se necessário, ainda que contra a vontade do Planalto.

* * *

Com aquela recusa do presidente em realizar os vetos solicitados, minhas ilusões quanto ao real compromisso dele com o combate ao crime e à corrupção se desfizeram por completo. Eu era cobrado por muitos policiais, promotores e juízes sobre o motivo pelo qual Jair Bolsonaro deixara de vetar medidas que enfraqueciam o combate ao crime. Era muito difícil encontrar uma resposta. Simplesmente não havia o que dizer. De todo modo, eles já sabiam – como todos hoje sabem – que o compromisso do presidente com a agenda anticorrupção, ou mesmo com o combate ao crime em geral, não era dos mais firmes ou coerentes, para dizer o mínimo.

As encrencas do filho dele com a Justiça não eram justificativas para a falta dos vetos. Um estadista, um homem público, tem o compromisso de dirigir o país pensando no bem-estar geral e não em proteger o filho ou a família da ação da lei e da Justiça. A situação de

---

[51] No original, em inglês: "We shall not flag or fail. We shall go on to the end. We shall fight in France. We shall fight on the seas and oceans. We shall fight with growing confidence and growing strength in the air, we shall defend our Island, whatever the cost may be. We shall fight on the beaches, we shall fight on the landing grounds, we shall fight in the fields and in the streets, we shall fight in the hills; we shall never surrender."

Flávio Bolsonaro era um problema a ser resolvido pelos seus defensores perante a Justiça. Em nenhuma hipótese justificaria uma ação do presidente para enfraquecer o aparato institucional de combate ao crime ou à corrupção, especialmente se for considerado o discurso que o levou à vitória na eleição.

O risco de os vetos serem depois derrubados não era justificativa, pois eu mesmo havia costurado um acordo para mantê-los. Ainda que o acordo não fosse cumprido, não havia justificativa para não vetar, já que trabalharíamos no Congresso para manter os vetos. Havia, no mínimo, uma chance, e o presidente não vetou os dispositivos que prejudicavam o combate ao crime, em especial a corrupção, simplesmente porque não quis.

Faço aqui uma ressalva: não se trata de combater o crime e a corrupção a qualquer custo. O combate deve se dar na forma da lei, sem violência desnecessária, sem golpes ou trapaças, e respeitando os direitos do acusado. Nada do que se propôs no projeto de lei anticrime era contrário às garantias fundamentais do Estado de Direito. Propor maior eficiência do sistema de Justiça a fim de evitar a impunidade dos poderosos é algo consistente com nosso compromisso com o império da lei. Os vetos por mim propostos seguiam a mesma linha. Precisávamos limitar retrocessos com a introdução de regras, por exemplo, que buscavam impedir que um criminoso colaborador revelasse crimes de que havia tido conhecimento só porque eles não teriam relação direta com os fatos originariamente investigados, ou, em outro caso, criar regras que dificultavam a imposição de prisão preventiva contra criminosos do colarinho-branco, com tratamento desigual em relação aos crimes ditos comuns.

A falta de veto do presidente à criação do juiz de garantias gerou muita polêmica, como era de esperar. E não havia como eu me calar, pois sabia que, da forma como as coisas tinham sido feitas, a implementação desse tipo de magistrado era inviável. Ainda no Canadá, fui contatado por alguns partidos políticos e associações de magistrados, preocupados com a instituição do juiz de garantias, especialmente com a inviabilidade de se implantar aquela inovação em 30 dias em um país enorme e com tantas carências. Ainda em janeiro, a Associação dos Magistrados Brasileiros, a Associação dos Juízes Federais do Brasil, o Podemos, o Cidadania e o Partido Social Liberal (PSL) propuseram ações diretas de inconstitucionalidade no STF contra os artigos da nova lei que criavam o juiz de garantias no Brasil.

Os pedidos foram encaminhados ao Ministro Dias Toffoli, que, naquele mês de recesso do Judiciário, estava de plantão na Suprema Corte. Cheguei a falar com ele sobre minhas preocupações a respeito do assunto. O ministro era favorável ao juiz de garantias, mas entendia ser inviável a sua implementação no prazo de 30 dias, além de também ter observado vícios técnicos no texto aprovado pelo Congresso – sobre os quais eu já havia alertado os parlamentares e o Presidente Jair Bolsonaro. O ministro, no entanto, acreditava que, se a vigência da lei fosse suspensa por algum tempo, aqueles equívocos poderiam ser suprimidos pelo Congresso e haveria condições de organizar a implementação do juiz de garantias após regulamentação do Conselho Nacional de Justiça.

No dia 15 de janeiro de 2020, o Ministro Toffoli concedeu liminar suspendendo a entrada em vigor da lei por seis meses. E aproveitou para excluir a figura do juiz de garantias de processos do Tribunal do Júri, de crimes de violência doméstica, de delitos eleitorais e de crimes de competência originária dos tribunais superiores e de segunda instância, por considerar inadequado ou desnecessário nesses casos. Elogiei publicamente a decisão, embora não fosse, a meu ver, a ideal.

Dias depois, o Ministro Luiz Fux, relator daquele processo, assumiu o plantão do STF. Tive também oportunidade de encontrá-lo e de expor minhas preocupações sobre a lei. O Ministro Fux, que tinha uma posição mais crítica em relação ao juiz de garantias e aos vícios técnicos do projeto aprovado, concedeu uma liminar mais abrangente do que a anterior e suspendeu por prazo indeterminado a aplicação da lei no que se refere ao juiz de garantias, designando audiências públicas para a realização de uma discussão mais profunda sobre o instituto.

Eu também elogiei a decisão do Ministro Fux em rede social: "Não se trata simplesmente de ser contra ou a favor do juiz de garantias.

Uma mudança estrutural da Justiça brasileira demanda grande estudo e reflexão. Não pode ser feita de inopino. [...] Excelente ainda a ideia de realização de audiências públicas na ação perante o STF, o que na prática convida a todos para melhor debate."

Horas depois, um ministro me telefonou do Palácio do Planalto para informar que o presidente estava contrariado com minha oposição pública ao juiz de garantias, pois estava sendo questionado por seus apoiadores sobre os motivos pelos quais ele não teria vetado essa parte da lei. Mas eu não havia criticado o presidente diretamente, muito menos a omissão dele em não vetar essa parte do projeto de lei. Entendi que não cabia a mim, como ministro na época, criticar publicamente o presidente por sua incoerência. Mas daí a aceitar de bom grado o instituto do juiz de garantias, quando tinha defendido no Congresso que não fosse aprovado, era demais. O presidente deixa de vetar mudanças que contrariam o espírito do projeto anticrime e ainda vem reclamar comigo das críticas que estava recebendo? Respondi ao ministro que eu é que tinha o direito de me sentir chateado, e mais ninguém.

Tempos depois, eu conversava com um dos filhos parlamentares do presidente, Eduardo Bolsonaro, quando surgiu o assunto do juiz de garantias. Segundo ele, Jair Bolsonaro não teria vetado aquele ponto para não desagradar o Congresso, pois sabia que a lei era inviável e seria suspensa pelo Supremo Tribunal Federal. Por isso, disse ele, o pai era um "verdadeiro gênio político". Fiquei sem palavras. Confesso que, diante daquele discurso, fiquei em dúvida: era o presidente quem havia mentido para o filho ou era o filho que estava mentindo para mim? De uma forma ou de outra, era lamentável.

Pensando agora, talvez eu devesse ter renunciado ao cargo de ministro nesse episódio. O presidente foi eleito em 2018 com o discurso de apoio à Lava Jato e a favor de políticas anticorrupção. No ministério, elaborei um projeto de lei justamente para fortalecer o combate ao crime e à corrupção, consolidando os avanços da operação. Mas o projeto não teve apoio do Planalto na tramitação e, quando bastava ao presidente vetar trechos inseridos pela Câmara que limitavam instrumentos importantes para a Lava Jato, como a prisão preventiva e a colaboração premiada, além da mal introduzida figura do juiz de garantias, Bolsonaro omitiu-se completamente.

Apesar de estar desapontado, eu entendia que deveria continuar com o intuito de promover outras políticas anticorrupção, como o restabelecimento da prisão após a condenação em segunda instância, e também para proteger a Polícia Federal da interferência do presidente, o que passou a ser a principal razão para a minha permanência no governo a partir de então. Defini, em meu íntimo, que esse seria o meu limite. Se não conseguisse conter a interferência, não haveria mais razão para continuar.

CAPÍTULO 13
O avanço sobre a PF

É difícil entender o que pensa o Presidente Bolsonaro. Se ele não me queria mais no governo, poderia simplesmente me demitir. Em vez disso, preferia diminuir os seus subordinados aos olhos da opinião pública, como fez não só comigo mas também com outros ministros. O presidente não percebia que aquilo só enfraquecia o governo como um todo, ao tornar públicas as divergências internas. Aquele comportamento também demonstrava a falta de liderança dele. O bom líder extrai o melhor dos seus subordinados em vez de constrangê-los e humilhá-los.

O que eu não compreendia era essa falta de confiança dele em mim, pois eu jamais agi deliberadamente para prejudicá-lo. Ouvi de algumas pessoas que Bolsonaro receava que eu saísse do governo e me tornasse um adversário nas eleições de 2022. Francamente, eu não tinha esses planos enquanto era ministro, por isso expulsar-me do governo não seria a melhor estratégia para evitar que eu concorresse com ele. De todo modo, ainda que assim fosse, o estadista tem de pensar no bem maior. Se as ações do ministro são de interesse público, é importante apoiá-lo.

Na verdade, o presidente é muito suscetível a toda e qualquer teoria da conspiração, e em Brasília não falta quem goste de alimentar com intrigas ouvidos sensíveis e despreparados. O grande problema é que essa desconfiança de tudo e de todos ganhou contornos perigosos quando avançou sobre instituições de Estado, como a Polícia Federal.

A promessa pública, por parte de Bolsonaro, de que daria total autonomia à PF começaria a ruir já com oito meses de governo, em agosto de 2019. Apesar de a polícia judiciária, como é o caso da PF, ser parte integrante do Executivo, não há exatamente uma relação de estrita subordinação funcional entre os policiais e o chefe desse poder. Por exemplo, o presidente não pode determinar ao policial que faça uma busca e apreensão ou mesmo uma prisão. A polícia judiciária tem autonomia dentro do Poder Executivo para realizar as suas funções, até porque entre elas encontra-se investigar crimes de corrupção que, por vezes, podem envolver o próprio governante. A autonomia da polícia em relação aos interesses pessoais do governante é algo básico no Estado de Direito, um elemento fundamental de um governo de leis.

Quando fui convidado para o cargo de ministro, o presidente me prometeu "carta branca" nas nomeações da pasta. Busquei as melhores escolhas para os cargos e funções. Às vezes, erros podem ser cometidos nessas indicações, mas não subordinei a nomeação de ninguém a interesses político-partidários. Na Polícia Federal, escolhi para diretor-geral o delegado Maurício Valeixo. Na segunda metade da Lava Jato, ele assumira o cargo de superintendente da Polícia Federal no Paraná e fez um bom trabalho, demonstrando serenidade e independência em diversos episódios, como na prisão do ex-presidente Lula e na malograda tentativa de soltura dele por um desembargador do TRF da 4ª Região.

A mesma orientação eu dei aos subordinados em minha pasta: as escolhas deveriam ser técnicas e não guiadas por indicações de partidos políticos. Isso é fundamental em todos os setores, mas especialmente nos órgãos policiais, como na Polícia Federal e na Polícia Rodoviária Federal. Fui, aliás, além: disse a eles que, se eu soubesse que a indicação para um posto de chefia, como as superintendências dos estados, tinha sido motivada por critérios político-partidários, haveria consequências. As duas pessoas que escolhi – Valeixo para a direção-geral da Polícia Federal e Adriano Furtado para a direção da Polícia Rodoviária Federal – seguiram à risca a orientação e fizeram escolhas técnicas. Ambas as corporações tinham uma tradição de se manter alheias a indicações por influência político-partidária, mas pontualmente, em governos passados, houve alguns postos ocupados por critérios não exclusivamente técnicos.

Mas, ainda no primeiro semestre de 2019, o presidente começou a me pedir que substituísse o superintendente da Polícia Federal do Rio de Janeiro, com o argumento de que não confiava nele. Não foi apontado, porém, um motivo concreto para a alegada falta de confiança.

Aqui é importante uma observação. Minha posição era de que a autonomia da Polícia Federal deveria ser sempre resguardada. Eu indiquei apenas o diretor-geral, não interferi nas nomeações dos demais diretores ou dos superintendentes dos estados. Claro que, se houvesse uma nomeação ruim, eu poderia até questionar, mas isso nunca ocorreu – ao contrário, só ouvi elogios aos superintendentes indicados por Valeixo durante a minha gestão.

Em relação à Polícia Federal, também é oportuno destacar que o Ministro da Justiça e Segurança Pública não dirige as investigações nem tem acesso aos inquéritos sigilosos de investigações em curso. O papel do ministro é dar à PF melhor estrutura e traçar objetivos e políticas estratégicas. Como exemplo, busquei ampliar o número de convocados do concurso público para a corporação; incentivei o desenvolvimento de novas técnicas de investigação, como as operações disfarçadas; e solicitei que o foco do trabalho fosse na investigação dos crimes de corrupção e contra o crime organizado.

Eu também fui responsável por algumas decisões estratégicas, como solicitar a recomposição dos grupos de investigação da Polícia Federal encarregados da Operação Lava Jato, autorizar um número maior de operações de erradicação de plantações de maconha no Paraguai (em parceria com a polícia local) e, principalmente, priorizar a investigação dos esquemas de lavagem de dinheiro e confisco patrimonial de grandes organizações criminosas. Esse é o meio mais eficaz de combater o crime organizado, porque efetivamente desestrutura o poder daquele grupo. Prisões de criminosos e apreensões de carregamentos de drogas são relevantes, mas não são capazes de desmantelar uma quadrilha bem estruturada.

Voltando à Superintendência da PF do Rio, embora o pedido de substituição do presidente não se justificasse, entendi que era o caso de atendê-lo, até porque Valeixo me informara que já tinha planos para trocar o superintendente do estado até o fim de 2019, nomeando em seu lugar o superintendente de Pernambuco, Carlos Henrique de Souza. Além disso, eu estivera com o superintendente do Rio, Ricardo Saadi – aliás, um excelente policial –, e ele tinha me dito que gostaria de deixar o posto por questões pessoais e após o natural desgaste decorrente da ocupação por longo período de um posto de chefia em um estado complicado como o Rio de Janeiro, pelo menos do ponto de vista da intensidade da atividade criminal. Como Saadi tinha larga experiência com cooperação jurídica internacional, combinamos que ele assumiria o posto de adido da Polícia Federal na Europol – polícia europeia nos moldes da Interpol –, cargo estratégico recém-criado para o combate ao crime organizado e ao tráfico de drogas internacional. Portanto, era mesmo o caso de substituí-lo. Mas pedi ao presidente algum tempo, pois, por questões burocráticas, segundo me disse o diretor-geral, o melhor seria fazer a troca no fim daquele ano.

Mas, já em agosto de 2019, em uma reunião tensa com vários ministros no Palácio da Alvorada, Jair Bolsonaro ordenou de forma enfática que a mudança do superintendente da Polícia Federal e de um agente da Receita Federal, ambos do Rio de Janeiro, ocorresse com urgência e afirmou que não iria mais esperar (a última solicitação, envolvendo a Receita, não era dirigida a mim, mas ao Ministro da Economia). Então resolvi acelerar a troca e falei com Valeixo. Consultei alguns amigos do Rio, especialmente magistrados nos quais confiava, sobre o delegado Carlos Henrique de Souza, que já havia trabalhado lá, e as referências foram muito positivas. Informei ao presidente, pessoalmente e por aplicativo de mensagem, quem seria o substituto. Não houve qualquer objeção da parte dele.

Para minha surpresa, na manhã de 15 de agosto, na saída do Palácio da Alvorada, Bolsonaro declarou publicamente que havia decidido trocar o superintendente da Polícia Federal no Rio por problemas de "gestão e produtividade". As declarações, divulgadas por toda a imprensa, eram inapropriadas em vários aspectos. Primeiro, descortinaram a interferência direta do presidente em uma Superintendência da PF, algo inédito até então – tentativas parecidas ocorreram em gestões anteriores, mas nunca declaradas publicamente. E, depois, porque não havia nenhum problema de "gestão e produtividade" na Polícia Federal do Rio de Janeiro.

Aquelas declarações geraram uma crise na diretoria da Polícia Federal, que se viu obrigada a divulgar uma nota pública sobre a questão: "A troca da autoridade máxima do órgão no estado já estava sendo planejada há alguns meses, e o motivo da providência é o desejo manifestado pelo próprio policial [Ricardo Saadi] de vir trabalhar em Brasília, não guardando qualquer relação com o desempenho do atual ocupante do cargo." O texto terminava informando que o substituto de Saadi seria o delegado Carlos Henrique de Souza.

A nota foi produzida com todo o cuidado para não contrariar o presidente. Fui consultado previamente sobre ela e nada vi de errado, até porque Jair Bolsonaro já havia sido informado sobre quem seria o substituto e não apresentara objeção. Apesar disso, ele não gostou daquela manifestação e entendeu que estava sendo desautorizado. Bolsonaro não compreendeu que a nota foi divulgada também para protegê-lo de eventuais acusações de interferência na Polícia Federal do Rio.

No dia seguinte, novamente no Palácio da Alvorada, o presidente voltou à carga e deu novas declarações à imprensa sobre o caso. Disse, em síntese, que era ele quem mandava e que Alexandre Saraiva, superintendente da PF no Amazonas, seria o novo chefe da Polícia Federal no Rio.

"O que eu fiquei sabendo, se ele resolveu mudar, vai ter que falar comigo. Quem manda sou eu, [quero] deixar bem claro. Eu dou liberdade para os ministros todos, mas quem manda sou eu. Pelo que está pré-acertado, seria o lá de Manaus. Quando vão nomear alguém, falam comigo. Ué, eu tenho poder de veto? Ou vou ser um presidente banana agora? Cada um faz o que bem entende, e tudo bem?"

Nova crise desnecessária. A minha percepção na época era a de que Jair Bolsonaro não tinha qualquer respeito às instituições ou às pessoas.

Sim, o presidente tem muito poder, mas não lhe cabe, assim como não cabia ao Ministro da Justiça, a função de escolher superintendentes da Polícia Federal nos estados ou ocupantes de outros cargos subalternos na estrutura hierárquica da administração pública. Ainda que quisesse ter alguma participação, seria muito mais conveniente a ele e à instituição que fizesse uma sugestão nos bastidores, sem a necessidade de esbravejar publicamente que era ele quem mandava, enfraquecendo a autonomia e a imagem da Polícia Federal.

O presidente da Associação Nacional dos Delegados da PF reagiu:

"Não cabe ao Presidente da República indicar ou trocar cargos internos da Polícia Federal. Os cargos internos são preenchidos pelo diretor-geral. Acho que foi bastante estranha essa declaração dele. A Polícia Federal é um órgão de Estado, não do governo dele. Ele pode indicar o diretor-geral, não os demais cargos internos."

Também em reação às palavras do presidente, fui informado de que a direção da Polícia Federal estava revoltada e ameaçava se demitir coletivamente. Procurei o Ministro Augusto Heleno, do Gabinete da Segurança Institucional (GSI), e pedi que ele conversasse com Jair Bolsonaro. Destaquei ainda que o nome de Carlos Henrique de Souza havia sido informado previamente ao presidente e que ele não tinha manifestado qualquer objeção. Portanto, não havia motivo para as suas críticas públicas. Depois da conversa com Augusto Heleno, Bolsonaro voltou atrás e, no mesmo dia, contemporizou:

"Está há três meses programado. Se quer o de Pernambuco, não tem problema, não. Tanto faz para mim. Eu sugeri o de Manaus e, se vier o de Pernambuco, não tem problema, não."

Aquelas palavras amenizaram a revolta na direção da PF. Crise superada. Mas por pouco tempo.

Depois desse episódio, Bolsonaro começou a reclamar comigo do diretor-geral da Polícia Federal, Valeixo, e a insistir para que eu o substituísse. Sei que cabe ao presidente escolher o diretor da PF. No entanto, ele havia me prometido carta branca na nomeação dos cargos do Ministério da Justiça e Segurança Pública. Eu não teria qualquer dificuldade em trocar o diretor-geral se houvesse problemas de desempenho ou má conduta. Mas o motivo para aquela troca era o pior possível. Valeixo havia se insurgido, ainda que de forma respeitosa, contra as declarações desastrosas do presidente quanto à substituição do superintendente do Rio de Janeiro com o objetivo de proteger a autonomia da corporação e, de certa forma, o próprio Presidente da República de críticas de interferência na Polícia Federal. Jair Bolsonaro queria demiti-lo não por ele ter feito algo errado, mas por ter feito o que era certo.

Eu não poderia concordar com aquilo. Disse ao presidente que não havia qualquer razão para aquela substituição. Contrariado, Bolsonaro iniciou um processo público de fritura do diretor-geral. Passou a declarar por meio da imprensa, em *off* ou mesmo publicamente, que trocaria o comando da Polícia Federal. Como em 22 de agosto:

"Agora há uma onda terrível sobre superintendência. Onze [superintendentes] foram trocados e ninguém falou nada. Sugiro o cara de um estado para ir para lá: 'Está interferindo.' Espera aí. Se eu não posso trocar o superintendente, eu vou trocar o diretor-geral."

Em 3 de setembro, voltou à carga, como foi noticiado depois:

"O presidente Jair Bolsonaro afirmou à *Folha* que o comando da Polícia Federal precisa dar uma 'arejada' e chamou de 'babaquice' a reação de integrantes da corporação às declarações dele sobre trocas em superintendências e na diretoria-geral.
  Bolsonaro disse que já teve uma conversa com Sergio Moro sobre uma possível mudança na direção da PF, subordinada ao Ministro da Justiça. 'Está tudo acertado com o Moro, ele pode trocar [o diretor-geral, Maurício Valeixo] quando quiser.'

Na avaliação do presidente, é preciso uma renovação: 'Essa turma [que dirige a PF] está lá há muito tempo, tem que dar uma arejada.'[52]

Essas declarações públicas fragilizavam Valeixo. Na prática, o presidente estava anunciando para todos os brasileiros a demissão do diretor-geral antes de formalizá-la, o que esvaziava seu poder na instituição – os subordinados se preocupariam mais com quem seria o próximo diretor do que com o atual. O próprio Valeixo, em vez de se concentrar nos planos de sua gestão, tinha de se ocupar em manter-se no cargo.

Conversei pessoalmente com o presidente e com outros ministros para demovê-lo da intenção de demitir o diretor-geral. Fiz isso repetidas vezes. Ao mesmo tempo, preferi não me manifestar em público para não confrontar a autoridade presidencial. O que não evitou que eu também fosse alvo de fritura por parte dele. Sempre que podia, Bolsonaro dava alguma declaração para me causar constrangimento, como a de que eu seria preterido em eventual nomeação para a vaga de ministro do STF ou a de que o projeto de lei anticrime não era prioridade do governo. Isso sem contar o desgaste que as declarações sobre a troca do diretor-geral provocavam na minha autoridade sobre os órgãos vinculados ao Ministério da Justiça e Segurança Pública. Mas acabei contornando aquele imbróglio, ao menos até o fim de 2019, e Valeixo permanecia no posto.

Quanto à Superintendência da PF no Rio, resolvi aguardar alguns meses antes de efetivar o delegado Carlos Henrique de Souza no posto para evitar novas polêmicas com o presidente. O delegado tomou posse em dezembro de 2019.

* * *

---

[52] "Bolsonaro vê 'babaquice' da PF e quer arejada na direção da polícia". *Folha de S.Paulo*. Disponível em <https://www1.folha.uol.com.br/poder/2019/09/bolsonaro-ve-babaquice-da-pf-e-quer-arejada-na-direcao-da-policia.shtml>. Acesso em 21/09/2021.

Coincidência ou não, no início de janeiro de 2020, quando retornei das férias no Canadá, voltaram as pressões para que eu substituísse o diretor-geral da Polícia Federal. Mas dessa vez ocorreu um fato um pouco desagradável: o próprio presidente contatou diretamente Valeixo. Disse sem meias palavras que queria substituí-lo e lhe ofereceu, em troca, um cargo de adido no exterior. Embora tenha tido uma postura louvável em agosto de 2019, quando recusou a indicação de Bolsonaro para trocar o comando da PF no Rio, agora o delegado se dizia exausto com a pressão presidencial para que deixasse o cargo. Em um telefonema, ele me disse que era melhor sair.

Fui ao Planalto e, numa reunião com o presidente e outro ministro, eles me apresentaram três nomes para que eu escolhesse um deles como substituto do diretor-geral. Daqueles três, dois eram absolutamente inaceitáveis, por falta de histórico suficiente na Polícia Federal ou por outras questões específicas. Apenas um deles, o delegado da PF Alexandre Ramagem, diretor da Agência Brasileira de Inteligência (Abin), me parecia aceitável, apesar de sua pouca experiência. Naquele momento, concordei com a troca – o que mais tarde se revelaria um erro –, mas pedi mais tempo para preparar a Polícia Federal para aquela mudança. Eu também estava cansado do desgaste com esse caso e pensei que, com Ramagem, pelo menos se evitava o pior, que seria a nomeação dos outros dois, absolutamente desqualificados para o cargo.

Mas logo depois, quando refleti melhor, percebi que caíra em uma armadilha. Primeiro, porque não havia motivo para a saída do diretor-geral Valeixo. Segundo, embora Ramagem até aparentasse ser um bom profissional, seria visto como uma interferência do Planalto na Polícia Federal – o delegado era muito próximo da família Bolsonaro desde a campanha de 2018, quando comandou a segurança do então candidato a presidente. Na prática, eu aceitaria que o diretor-geral fosse punido por ter feito o correto ao resistir àquela substituição do superintendente do Rio de Janeiro em agosto de 2019. Isso sem falar que o presidente, sem uma causa aparente, rompia de vez o compromisso assumido comigo ao me convidar para o ministério: a aludida carta branca para as nomeações.

No fundo, o principal motivo para eu mudar de posição foi que comecei a desconfiar das razões do presidente para a mudança pretendida. Por que o presidente queria tirar Valeixo, um profissional respeitado pela categoria, sem qualquer motivo objetivo, e substituí-lo por alguém de sua relação pessoal? O tempo me daria razão.

Por isso, insisti com Bolsonaro para que Valeixo permanecesse como diretor-geral, advertindo-o dos problemas que viriam após uma substituição sem motivo na PF. Mas, para não ser intransigente, sugeri que, se fosse realizada a troca, melhor que fosse outro delegado, não tão ligado ao Planalto. Apresentei dois nomes: o do delegado Disney Rosseti, diretor-executivo da Polícia Federal, segundo na hierarquia da corporação, e o do delegado Fabiano Bordignon, diretor do Depen. A escolha de Rosseti tinha a vantagem de indicar continuidade no trabalho que vinha sendo feito na PF. Já a de Bordignon, relativamente novo na carreira, atenderia à maior renovação que o presidente dizia ser o motivo para a troca. Além disso, como era alguém que já trabalhava comigo, a indicação evitaria especulações sobre uma possível interferência do Planalto na Polícia Federal. Mas aquelas conversas eram sempre inconclusivas: o presidente não me dizia se aceitava aquela proposta e eu passei a evitar o tema. Seguíamos ambos a estratégia evasiva de "Eu não te pergunto e você não me responde".

* * *

Naquele mesmo mês de janeiro, Jair Bolsonaro ficou contrariado por eu ter dado uma entrevista ao *Roda Viva*, da TV Cultura. Eu aceitara o convite da jornalista Vera Magalhães ainda em dezembro de 2019 – seria a estreia dela como apresentadora do programa. Sempre considerei que agentes do governo deveriam aceitar convites para entrevistas em veículos de imprensa importantes, ainda que tivessem um viés mais crítico. Afinal, era uma oportunidade de esclarecer fatos controversos, responder a perguntas e ocupar espaço na agenda pública. Deixar esses espaços inteiramente entregues aos opositores ou críticos do governo não é a melhor estratégia.

Aceitei o convite e considero que a repercussão na audiência foi bastante positiva. Consegui até defender o presidente em algumas perguntas bastante complicadas – os jornalistas buscavam críticas minhas ao presidente para, de alguma forma, gerar um mal-estar no governo. A bem da verdade, deixo claro aqui que faziam isso comigo e com todos os outros ministros, assim como com o vice-presidente. E faziam isso em governos anteriores também. Faz parte da atividade da imprensa buscar polêmicas, algo que eu, embora ache questionável, compreendo. Embora eu tivesse razões para criticar o governo em vários aspectos, não seria apropriado, como ministro, que fizesse isso publicamente.

Mesmo tendo defendido Jair Bolsonaro no programa, ele ficou bastante irritado com a minha presença no *Roda Viva*. Não sei muito bem o motivo. O fato é que a família Bolsonaro mantinha uma relação conflituosa com Vera Magalhães e outras jornalistas mulheres, como Patrícia Campos Mello, Míriam Leitão, Constança Rezende e Marina Dias, com muitos ataques públicos, alguns misóginos e grosseiros. Um colega ministro recomendou-me submergir por um tempo. Paciência.

Outra crise no relacionamento com o presidente viria ainda naquele janeiro de 2020. No dia 22, o Ministro Jorge Oliveira organizou um encontro, no Palácio do Planalto, entre Bolsonaro e os secretários de Segurança Pública dos Estados e do Distrito Federal. Na reunião, ele prometeu estudar a solicitação de parte dos secretários para que fosse recriado o Ministério da Segurança Pública. Detalhe: não fui sequer avisado daquela reunião, transmitida via redes sociais pelo presidente.

No mesmo dia, várias pessoas me procuraram querendo saber o que eu faria diante daquela fritura pública. Apesar do desgaste, eu estava tranquilo quanto ao rumo que devia tomar. Tinha sido convidado para ficar à frente do Ministério da Justiça e Segurança Pública. Se a pasta fosse dividida, não continuaria no governo de jeito algum. Cumpria apenas esperar pela decisão final do presidente.

Minha intuição dizia que ele desejava que eu me pronunciasse publicamente para contrariá-lo, dando-lhe uma desculpa para que não tivesse como voltar atrás. Preferi apostar que ele recuaria diante da má repercussão daquela proposta entre os seus seguidores – o governo considera as redes sociais um termômetro da opinião pública, o que nem sempre é verdadeiro, já que as redes sempre favorecem extremismos e o pensamento social majoritário costuma ser mais tolerante.

Foi o que aconteceu. Já no dia 24 de janeiro, Jair Bolsonaro recuou:

"A chance [de separar os ministérios] no momento é zero. Tá bom ou não? Tá bom, né? Não sei amanhã, política tudo muda. Não há essa intenção de dividir. Não há essa intenção."

Diante daquele episódio e de todo o histórico do presidente, era possível extrair algumas conclusões. Eu não poderia confiar nele, já que, com frequência, Bolsonaro recorria gratuitamente a esses expedientes reprováveis de fritura pública. Também concluí que ele simplesmente não confiava em mim e não desejava a minha presença no governo. Daí o reiterado desejo de retirar poder de mim ou do Ministério da Justiça ou de me contrariar, como ocorreu nos episódios do Coaf, dos vetos ao projeto de lei anticrime, da separação do ministério, da substituição do diretor-geral da Polícia Federal ou do superintendente da PF no Rio de Janeiro.

Mas, pelo menos naquele momento, a ameaça de divisão do Ministério da Justiça e Segurança Pública estava superada. Não por muito tempo.

* * *

No início de março de 2020, viajei a Pittsburgh, nos Estados Unidos, para conhecer um centro integrado de pesquisa e combate ao crime cibernético, o National Cyber-Forensics and Training Alliance (NCFTA). O centro reúne agentes do FBI e do serviço secreto norte-americano com representantes do setor privado, da área de entretenimento, indústria e bancos, para pesquisa e troca de informações sobre prevenção e repressão aos crimes cibernéticos. Era o modelo dos *fusions centers*, forças-tarefas permanentes formadas por agentes ou representantes de agências ou empresas para combater um tipo de crime específico, sobre os quais já falei neste livro. Convidei para a viagem agentes e representantes dos setores público e privado que poderiam replicar um modelo parecido no Brasil. Cada agência ou empresa arcou com suas despesas.

Eu havia criado antes um *fusion center* em Foz do Iguaçu dedicado a crimes de fronteira: contrabando, tráfico de drogas e de armas e lavagem de dinheiro. O Centro Integrado de Operações de Fronteira (CIOF) reunia em um mesmo local agentes da Polícia Federal, Polícia Rodoviária Federal, Receita Federal, polícias estaduais, Coaf, Forças Armadas, para atuar como um centro de inteligência e de planejamento de operações contra crimes de fronteira. Foz foi escolhida por seu local estratégico, porta de entrada de drogas, armas e contrabando para o país inteiro.

A vantagem de criar uma força-tarefa permanente com membros de diferentes agências de aplicação da lei é promover a integração de bancos de dados e de inteligência. Por exemplo, quando a Polícia Federal necessita de uma informação da Polícia Militar, ela não precisa mandar um ofício ou procurar alguém com relação de confiança na outra corporação, já que, com o centro, há representantes de ambas as corporações no mesmo local. Se a informação estiver sujeita a sigilo legal, será preciso seguir o procedimento previsto, mas o processo se torna mais ágil. O centro de combate aos crimes cibernéticos seguiria a mesma lógica, mas também envolveria o setor privado.

No retorno ao Brasil, no dia 6 de março, passei em Washington para um encontro programado com William Barr, naquele período Procurador-Geral dos Estados Unidos, cargo que reúne funções que aqui são típicas tanto do Ministro da Justiça e Segurança Pública quanto do Procurador-Geral da República. Na época, a pandemia do coronavírus ainda não havia atingido o Brasil ou os Estados Unidos com toda a sua virulência. As ruas de Pittsburgh e mesmo de Washington pareciam normais.

Logo após a reunião, fui à embaixada brasileira aguardar até a noite, quando pegaria o voo de volta. O diretor-geral da Polícia Federal estava comigo nessa viagem e também foi para a embaixada. À tarde, recebi uma mensagem do presidente por WhatsApp com o seguinte teor: "Moro, vc tem 27 superintendências da PF, eu quero apenas uma, a do Rio de Janeiro."

A velha história da Superintendência da Polícia Federal do Rio de Janeiro. Eu me senti preso em um círculo infernal que nunca acabava. Além da troca do diretor-geral, voltava à cena a substituição do comando da PF no Rio. Carlos Henrique de Souza assumira o posto no fim de 2019 e Bolsonaro concordara com a nomeação. Portanto, ele estava no cargo havia apenas três meses e o presidente já queria trocá-lo...

Ainda na embaixada, conversei reservadamente com Maurício Valeixo para verificar se haveria alguma forma de atender ao novo pedido de Jair Bolsonaro. Eu não devia ter feito isso, mas resistir a cada nova investida do presidente me causava desgaste e fazia com que eu perdesse tempo que poderia estar mais bem direcionado. Valeixo voltou a discordar daquele pedido e reforçou que era melhor mesmo sair do comando da PF. Até podia ser para ele e para resolver o problema momentâneo, mas não mudava o fato de que o presidente estava interferindo na PF sem uma justa causa e sem apresentar qualquer motivo republicano.

Ao retornar ao Brasil, a pandemia tornou-se um problema cada vez mais presente, gerando nova fonte de desgaste.

CAPÍTULO 14
De olhos bem fechados

O Presidente Bolsonaro gosta de pessoas que concordem com ele. Discordar dele é certeza de colher muita irritação em troca. Divergir em público então é uma temeridade. Mas diante de uma pandemia como a de Covid-19, com número crescente de mortes, era muito difícil não dizer nada a respeito do tema. Em uma entrevista em 2 de abril à Rádio Gaúcha, defendi o distanciamento social para conter a pandemia e, naquele mesmo dia, publiquei o link da entrevista na minha página do Twitter. Nada muito diferente do que o Ministro Paulo Guedes dissera um pouco antes. Ainda assim, o presidente, desde o início um negacionista da gravidade do vírus (chegou a chamar a doença de "gripezinha"), reclamou da minha postagem.

Na mesma data, minha esposa publicou no Instagram uma mensagem em apoio ao Ministro da Saúde, Luiz Henrique Mandetta: "In Mandetta I trust." Ela estava, de fato, chateada com a postura de Bolsonaro, mas lhe pedi que apagasse a postagem, pois, embora estivesse certa, aquilo poderia soar como uma provocação, já que o presidente sinalizara naquele mesmo dia que demitiria o Ministro da Saúde.

A discordância quanto à política do governo federal no combate à pandemia desgastou ainda mais minha relação com o presidente. Eu não o confrontei publicamente – a postagem da minha esposa não tinha esse propósito –, embora fosse bem difícil esconder as profundas divergências entre nós dois. Claro que isolamento, quarentena ou distanciamento social têm consequências graves para a vida das pessoas. O remédio, porém, não era deixar de adotar essas medidas, mas combiná--las com políticas públicas de alívio econômico, para sustentar, até onde fosse possível, a renda, o emprego e as empresas. A equação é difícil, mas não se resolve o problema ignorando a gravidade da pandemia de Covid-19, muito menos menosprezando as vítimas do vírus.

Dentro do governo, os ministros se dividiam quanto à análise da crise. O titular da Saúde, Luiz Henrique Mandetta, desde o agravamento do quadro mundial, em março de 2020, passou a destacar a gravidade da doença e a necessidade de se adotar medidas drásticas para prevenir a disseminação do vírus, enquanto o sistema de saúde se preparava criando novos leitos e adquirindo respiradores e equipamentos de proteção individual (EPIs) para os profissionais da saúde. Outros alinhavam-se à visão do presidente e viam a pandemia com ceticismo. Enganam-se aqueles que atribuem exclusivamente ao presidente a responsabilidade pela minimização da gravidade da pandemia. Muitas pessoas no entorno dele tinham essa mesma opinião e o presidente tem a tendência de só considerar as opiniões convergentes com as dele.

Preocupava-me a escalada de mortes na Itália e na Espanha em fevereiro e março de 2019, mas tinha dúvidas se o Brasil, por suas características demográficas, com população mais jovem, sofreria impacto como aquele. Mas, quando o número de óbitos nos Estados Unidos, também com grande faixa etária jovem, cresceu significativamente, pareceu mais claro para mim que não ficaríamos imunes ao sofrimento mundial. Minha posição, desde o início, foi a de que, diante de tanta incerteza, tínhamos de trabalhar com o pior cenário possível, o que é a postura mais racional.

De fato, o quadro não era nada animador e contrariava o negacionismo do presidente. Os conflitos entre Bolsonaro e Mandetta se intensificaram nos meses de março e abril. Além das declarações que minimizavam a gravidade da pandemia, o presidente passou a adotar uma postura absolutamente inconsistente com as políticas de distanciamento social. Ele provocou aglomerações de apoiadores do governo em passeios públicos e na frente do Palácio do Planalto, sem máscara ou outros cuidados para prevenir a disseminação do vírus. Era desalentador.

O Ministério da Justiça e Segurança Pública também estava envolvido no combate à pandemia. Foi minha, por exemplo, a iniciativa de fechar as fronteiras para impedir a entrada de estrangeiros, já que poderiam trazer o vírus para o Brasil – a maioria dos países adotou medidas semelhantes. Como se tratava de medidas sanitárias, eu entendia que a iniciativa deveria partir do Ministério da Saúde, mas, como a pasta estava assoberbada pelas demandas médicas, resolvi tomar a decisão independentemente de provocação dos técnicos da Saúde. Em fevereiro de 2020 havia sido promulgada a lei[53] que atribuía aos ministérios da Saúde e da Justiça e Segurança Pública a tarefa de impor restrições à entrada e saída do país.

Logo ao retornar da viagem a Washington, em março, passei a defender dentro do governo o fechamento das fronteiras, a começar pela da Venezuela, devido à precariedade sanitária do país vizinho. Deveríamos ter reagido mais rapidamente, mas eu tinha dificuldades em convencer o governo em fechar a fronteira até com a Venezuela. Não adiantava, portanto, dar um salto. A estratégia de convencimento seria começar pela fronteira terrestre venezuelana, expandir para aquelas com os demais países da América do Sul e por último fechar os acessos aéreos e marítimos. Na semana de 10 a 14 de março, consegui convencer internamente a cúpula do governo, inclusive o presidente, da necessidade de fechar a fronteira com a Venezuela. A medida, porém, só foi efetivada no dia 17, quando os responsáveis pela Operação Acolhida, que recebia os imigrantes venezuelanos em Roraima, também se mostraram favoráveis. O fechamento das demais fronteiras foi, a partir daí, um desdobramento natural, sem grandes dificuldades.

O Ministério da Justiça e Segurança Pública também editou normas e recomendações para evitar a disseminação da Covid-19 nos presídios federais e estaduais, além de adquirir equipamentos de proteção para agentes de segurança pública federais, estaduais e distritais.

Infelizmente, por conta da pandemia, a agenda do Ministério da Justiça prevista para 2020 foi severamente comprometida. Preparamos

---

[53] Lei 13.979, de 2020.

um plano de ação integrada de segurança para conter eventual escalada da violência decorrente das restrições de mobilidade impostas no país e do risco de desabastecimento. Esse plano foi coordenado com os secretários de Segurança Pública e de Administração Penitenciária dos estados e do Distrito Federal e toda semana era atualizado em função da evolução da doença. A principal demanda dos secretários era por EPIs e testes rápidos de detecção da Covid-19 para policiais e agentes penitenciários.

Até a minha saída do governo, fizemos algumas aquisições desses equipamentos e insumos, mas era difícil comprá-los por causa da enorme procura e da alta nos preços. Diante disso, propus a centralização da compra desse material em um único ministério. A ideia era evitar que os vários órgãos federais concorressem entre si para realizar essas aquisições, o que inclusive poderia elevar ainda mais os preços. Mas a proposta não foi adiante, ao menos naquela época.

Enquanto isso, eu acompanhava os desdobramentos da pandemia. Os transportes aéreo e terrestre dentro do Brasil estavam caóticos. Cada estado e município começou a adotar as próprias regras, sem homogeneidade. Surgiam situações esdrúxulas. A Polícia Rodoviária Federal me comunicou que vários brasileiros vinham tendo dificuldades para retornar a seus lares e suas famílias. Em um dos casos, um ônibus partira de São Paulo com destino ao Maranhão levando trabalhadores que haviam perdido o emprego em solo paulista por causa da pandemia. Para chegar ao destino, o ônibus precisava passar pelo Pará, que não permitia a entrada de veículos de transporte coletivo, mas abria exceção para ônibus que se destinavam a outros estados, ou seja, que estavam somente de passagem. Então esse ônibus pôde entrar no Pará, mas, ao chegar à divisa com o Maranhão, foi barrado, porque esse estado não permitia a entrada. Ocorre que o Pará não permitia que o ônibus ficasse em seu território. A confusão só foi resolvida com muita negociação pela Polícia Rodoviária Federal. Argumentei dentro do governo que, para evitar situações como aquela, era necessária a edição de norma federal. O Ministério dos Transportes chegou a negociar uma resolução conjunta com os estados sobre o tema, mas, naquela época, nada foi adiante porque o Planalto foi contra a edição de qualquer regra.

Várias vezes, em março e abril, durante encontros pessoais com o presidente, sugeri a edição de uma lei federal com regras básicas sobre distanciamento social para que, a partir delas, os estados e municípios pudessem endurecer ou flexibilizar as próprias medidas. Claro que o distanciamento precisa ser coordenado com medidas de caráter econômico para preservar empregos, empresas e renda, o que vinha sendo feito pelo governo federal, mas as regras de distanciamento demandavam uma formulação mais homogênea no país. Somos uma federação e os estados têm autonomia, mas o que acontece em um reverbera em outro, o que torna inviável ter 27 regras distintas.

Evidentemente, não fui o único a sugerir ao presidente a adoção de regras federais sobre distanciamento social. O próprio Ministro da Saúde também o fez mais de uma vez. Entretanto, Bolsonaro manteve a postura negacionista. Sua única atitude era vociferar contra as medidas tomadas pelos estados e municípios, especialmente aqueles governados pela oposição, com o intuito de transferir a eles o ônus pelas dificuldades que a economia do país fatalmente sofreria em decorrência da pandemia. Sempre entendi que medidas de distanciamento ou de isolamento social deveriam ser impostas quando necessárias, desde que discutidas previamente com a sociedade e bem divulgadas por meio de campanhas publicitárias. Além disso, deveriam ser acompanhadas de medidas de mitigação da crise econômica.

Para esclarecer que as medidas de isolamento e de quarentena eram compulsórias, que seriam fiscalizadas pela polícia e que o eventual descumprimento poderia caracterizar crime previsto no Código Penal, os ministérios da Saúde e da Justiça e Segurança Pública editaram em conjunto uma portaria sobre o tema. O Código Penal já trata, no artigo 268, do crime de infração de medida sanitária preventiva, com pena de um mês a um ano de detenção e multa – mas a prisão costuma ser substituída pela assinatura de um termo de compromisso de comparecimento a todos os atos do processo. Nada extraordinário. Apesar disso, no contexto da escalada do conflito entre o presidente, de um lado, e o Ministro da Saúde e os governadores, do outro, Jair Bolsonaro passou a criticar publicamente episódios muito pontuais em que algumas pessoas foram detidas por infringirem medidas de quarentena. Assisti a alguns desses vídeos lamentáveis – certamente a prisão seria evitada se os guardas ou policiais tivessem usado melhor o diálogo e o bom senso. Cheguei a conversar com os secretários estaduais de Segurança Pública e lhes recomendar prudência nas medidas de prisão. Depois que Mandetta e eu saímos do governo, a portaria foi revogada – como se isso fizesse alguma diferença, pois continua lá, intocado, o artigo 268 do Código Penal...

Ninguém conseguia convencer Bolsonaro a adotar uma postura mais prudente ou autorizar a elaboração de um plano nacional para enfrentamento da pandemia. Lembro que, após mais uma crise com Mandetta, vários ministros – eu e ele, inclusive – nos reunimos com o presidente no Palácio da Alvorada no sábado, 28 de março de 2020, na tentativa de construir uma relação mais harmônica entre ele e o Ministro da Saúde. Na reunião, Mandetta foi firme quanto às perspectivas sombrias da evolução da pandemia e utilizou a metáfora de que poderíamos ter em breve vítimas em número equivalente a quatro quedas de Boeing em um único dia. A evolução da pandemia causaria, adiante, número de vítimas ainda maior. Ele também reclamou da postura de Bolsonaro em incentivar aglomerações e negligenciar o distanciamento social. Na minha vez de falar, concordei com o Ministro da Saúde. Apelei para o quadro de incertezas e disse que a prudência seria a melhor postura por parte do presidente e do governo federal. Naquele dia, Bolsonaro me pareceu convencido de que o conflito deveria ser evitado, mas ponderou sobre a recessão econômica que certamente aconteceria e rejeitou uma postura mais propositiva da parte do governo federal na coordenação nacional dos esforços contra a doença.

Eu me lembro que, nessa reunião do fim de março, houve uma surpresa. O Ministro Gilmar Mendes, do STF, que havia se tornado um crítico contumaz da Lava Jato após o impeachment da ex-Presidente Dilma Rousseff, estivera naquela manhã no Palácio da Alvorada, onde tomara café com o presidente. Depois, já na reunião ministerial, Bolsonaro recordou o encontro com o ministro do Supremo e, olhando para mim, disse algo mais ou menos assim: "O Moro que me perdoe, mas são ministros como o Gilmar Mendes que resolvem as coisas."

Era evidente a ironia daquelas palavras, vindas de um presidente que, na campanha eleitoral, defendera a Lava Jato. Segundo a imprensa, o presidente e o referido ministro se aproximariam, depois, ainda mais.[54] Mas aí eu já não estava mais no governo.

Já no dia seguinte à reunião, Bolsonaro visitou os arredores de Brasília e interagiu com pessoas na rua, sem máscara. Qualquer aparência de acordo entre Bolsonaro e Mandetta dissipou-se por completo. O Ministro da Saúde acabou demitido em 16 de abril. Seu substituto, Nelson Teich, uma escolha técnica, ficou menos de um mês no cargo e pediu exoneração em 15 de maio, após perceber que não obteria apoio do presidente para a adoção de medidas racionais contra o avanço do coronavírus.

* * *

Pensei que, com a pandemia, o presidente deixaria de lado por algum tempo a questão do comando da Polícia Federal. Ledo engano. A pandemia não parecia ser o foco de suas preocupações. Em abril, Bolsonaro voltou ao tema com toda a força, pedindo a substituição do diretor-geral e do superintendente da PF no Rio de Janeiro. Na manhã

---

[54] Certamente, nada há de ilícito nesses encontros, sendo o registro realizado para ilustrar a proximidade entre um e outro. Confira algumas notícias: "Gilmar e Bolsonaro se reúnem na véspera de julgamento sobre 2ª instância". *Exame*. Disponível em <https://exame.com/brasil/gilmar-e-bolsonaro-se-reunem-na-vespera-de-julgamento-sobre-2a-instancia/>. Acesso em 22/09/2021. "Encontro na casa de Gilmar Mendes selou indicação de Kassio Marques ao STF". *Correio do Povo*. Disponível em <https://www.correiodopovo.com.br/not%C3%ADcias/pol%C3%ADtica/encontro-na-casa-de-gilmar-mendes-selou-indica%C3%A7%C3%A3o-de-kassio-marques-ao-stf-1.489939>. Acesso em 22/09/2021. "Bolsonaro teve encontro fora da agenda com Gilmar Mendes no Palácio da Alvorada". *Folha de S.Paulo*. Disponível em <https://www1.folha.uol.com.br/colunas/painel/2021/03/bolsonaro-teve-encontro-fora-da-agenda-com-gilmar-mendes-no-palacio-da-alvorada.shtml>. Acesso em 22/09/2021.

de 9 de abril, tive uma reunião com ele e o Ministro Augusto Heleno para tratar do assunto. Irritado, o presidente insistia em trocar ambos e nomear pessoas por ele escolhidas. Mais uma vez, ponderei sobre a falta de motivos objetivos para a troca e reforcei que tanto o diretor, Valeixo, como o superintendente no Rio, Carlos Henrique de Souza, eram profissionais qualificados que vinham fazendo um bom trabalho. Também disse que as mudanças eram desnecessárias, porque poderiam desencadear uma nova crise em plena pandemia. Nessas conversas, eu sempre procurava deixar claro ao presidente que não se tratava de uma questão pessoal: meu objetivo era preservar o próprio Bolsonaro e o governo da acusação de interferência política na Polícia Federal, especialmente porque ele queria nomear pessoas próximas a ele e porque não havia motivos razoáveis para a troca. Diante dessas ponderações, o presidente era incapaz de apontar motivos republicanos para a troca do comando na PF.

No final daquele encontro do dia 9 de abril, Bolsonaro não foi categórico no sentido de ordenar as substituições. Interpretei que ele aceitara o adiamento daquela discussão. Segui do Palácio do Planalto para o Ministério da Justiça. No início da tarde, Augusto Heleno me contatou, dizendo que havia sido chamado de volta ao gabinete do presidente logo após a minha saída e que ele lhe pedira que me informasse que o diretor-geral seria substituído na semana seguinte. Eu disse ao ministro, mais uma vez, que o ato geraria uma crise desnecessária, mas que estaria disposto a tratar daquele assunto pessoalmente.

A irritação do presidente foi crescendo ao longo daqueles dias. Confesso que essas tensões com Bolsonaro atrapalhavam o meu desempenho no ministério. Contornar aquelas crises com o presidente para satisfazer os seus caprichos tirava a minha concentração no trabalho.

No dia 17 de abril, sexta-feira, viajei de Brasília a Curitiba para passar o fim de semana com a família. Como na terça era feriado de Tiradentes, estiquei minha permanência na segunda-feira, 20, trabalhando a distância, e retornei à capital federal no dia 21 pela manhã. A minha impressão era de que meu tempo no Ministério da Justiça e Segurança Pública chegara ao fim. O presidente insistia na troca do comando da

Polícia Federal e apresentava um comportamento cada vez mais estranho. Ele continuava promovendo aglomerações e vociferando contra o distanciamento social e contra os governadores.

Para agravar o seu ânimo, no dia 15 daquele mês, o STF determinara que os estados e municípios têm competência concorrente com a União para decidir sobre medidas de distanciamento social, de restrição de transporte e definição de serviços essenciais que não poderiam ser paralisados. No governo federal, aquela decisão foi vista como um esvaziamento do poder central. Para mim, ficou claro que o julgamento se baseou na postura negacionista de Bolsonaro em relação à gravidade da pandemia e no receio de que o governo federal se opusesse frontalmente às medidas de distanciamento social adotadas pelas unidades da federação. Não houvesse esse temor – justificado, aliás –, acredito que a Suprema Corte resolveria pela prevalência da competência federal para decidir medidas contra a pandemia, uma vez que o vírus se alastrava por todo o país. O STF, ao contrário do que diz Bolsonaro, nunca impediu o governo federal de combater a pandemia ou os seus efeitos. O tribunal, em verdade, apenas proibiu o presidente de atrapalhar as ações dos estados e dos municípios.

No dia 19 de abril, domingo, o presidente participou de uma manifestação de seus apoiadores em frente à sede do Comando do Exército em Brasília. Além de o local não ser apropriado para uma manifestação, parte dos apoiadores estava com cartazes e faixas com dizeres antidemocráticos, clamando, por exemplo, pelo fechamento do Congresso e do STF e por uma intervenção militar com Bolsonaro no poder. Criticar instituições ou agentes públicos faz parte do regime democrático. Mas bradar pelo fechamento das instituições e pela instauração de um regime autoritário são coisas bem diferentes, pois contrariam cláusulas pétreas da Constituição Federal.

A ida do presidente àquele tipo de evento foi péssima do ponto de vista político, ainda que ele não tenha feito declarações diretamente a favor de uma solução autoritária para o país. Além disso, a presença de Bolsonaro era um estímulo à aglomeração, em violação clara às medidas de distanciamento social durante a pandemia. A crise foi imediata. Naquela noite, o jornalista Guilherme Caetano, do jornal *O Globo*, divulgou a seguinte mensagem no Twitter: "Rodrigo Maia está reunido, neste momento, em sua casa com o presidente do Senado, Davi Alcolumbre, o líder da maioria, Aguinaldo Ribeiro, e o Ministro do STF Gilmar Mendes. Participam por telefone Dias Toffoli, Luiz Fux, Luís Roberto Barroso e Cármen Lúcia. Pauta: Bolsonaro." Alguns interpretaram que aquela reunião serviu para se discutir o impeachment do presidente. Mas o próprio jornalista, em nova postagem na rede social, recuou: "Tanto Maia quanto Gilmar Mendes negaram a reunião. Peço desculpas por ter publicado sem ter buscado antes a confirmação junto aos envolvidos." Não sei se aquela reunião efetivamente ocorreu nem qual teria sido a pauta do suposto encontro. Conversei com algumas das autoridades citadas pelo jornalista e elas negaram o episódio.

As Forças Armadas divulgaram, no dia seguinte, uma nota reafirmando seu compromisso com a Constituição. É desanimadora a necessidade de emitir notas para dizer o óbvio. Fui cobrado a me posicionar. A imprensa queria que eu criticasse a manifestação e a presença do presidente nela. Já Bolsonaro queria que eu me manifestasse a favor dele. Fiquei em situação difícil. Era impossível que eu, como ministro, criticasse publicamente o presidente pela ida ao comício do dia 19. Por outro lado, não havia como defendê-lo, não só pelo conteúdo do ato, mas também pelo estímulo à aglomeração em plena pandemia. Optei pelo silêncio, até porque meu foco principal era o de preservar a autonomia da Polícia Federal, também desejável para preservação do Estado de Direito.

Em 22 de abril, um dia após o meu retorno, haveria reunião do Conselho de Ministros com o presidente no Palácio da Alvorada. Logo pela manhã, antes do encontro, Bolsonaro me enviou mensagens por WhatsApp informando que decidira pela exoneração do diretor-geral da Polícia Federal, Maurício Valeixo, e que ele sairia naquela semana, a pedido ou de ofício. Respondi a ele que deveríamos conversar pessoalmente sobre o assunto.

Inicialmente, a pauta daquela reunião, que foi gravada e depois tornada pública por decisão do Ministro Celso de Mello, do STF, era a apresentação de um programa de recuperação da economia, formatado pela Casa Civil, denominado Pró-Brasil. Mas o que foi conversado ali passou longe de qualquer proposição para o país. A presença dos ministros foi a oportunidade para que Bolsonaro desfiasse uma série de insatisfações com o próprio governo, com o Congresso e com o Supremo Tribunal Federal, além de governadores e prefeitos.

No que se refere ao Ministério da Justiça e Segurança Pública, ficou claro que o presidente estava insatisfeito comigo – foram diversas cobranças direcionadas a mim e à Polícia Federal. Bolsonaro reclamou da má qualidade das informações de inteligência que recebia da Abin, das Forças Armadas e da Polícia Federal. Em relação a essa última corporação, disse que não recebia inteligência nenhuma, o que não era verdade: o presidente obtinha informações da Polícia Federal via Sistema Brasileiro de Inteligência (Sisbin). Eu também informava ao presidente sobre questões estratégicas, como no episódio já relatado da transferência dos líderes do PCC aos presídios federais. Além do mais, o presidente nunca pedira diretamente para mim algum relatório de inteligência específico. Nunca havia reclamado da Polícia Federal por não receber relatórios de inteligência. No contexto, a reclamação aparentava dizer respeito à falta de recebimento de informações de inteligência acerca dos eventuais movimentos políticos para a sua deposição, como o suposto encontro no dia 19 de abril. Em outro trecho do encontro, Bolsonaro fez referência a um sistema de informações particular que ele teria e que funcionaria melhor do que os oficiais. Mencionou também sua contrariedade em não ser informado sobre reuniões "de madrugada", uma provável referência ao suposto encontro do dia 19 na casa de Rodrigo Maia. Ocorre que não cabe à Polícia Federal colher informações e realizar relatórios de inteligência sobre movimentações políticas dessa espécie. A Polícia Federal não é polícia política.

Bastante irritado, Bolsonaro disse ainda que iria intervir nos ministérios e que trocaria a "sua segurança" do Rio de Janeiro, e que, se não pudesse, trocaria o chefe dele, e que, se não pudesse, trocaria o ministro. Disse mais: que já havia tentado trocar antes a segurança no Rio de Janeiro e não conseguira. Na reunião, utilizou o termo "segurança", mas o contexto indicava que se referia à Polícia Federal, já que o presidente nunca havia tido dificuldade para trocar pessoas do seu aparato de segurança, subordinado ao Gabinete de Segurança Institucional. As suas palavras, aliás, se confirmariam nos dias seguintes, com a exoneração do diretor-geral da Polícia Federal, Valeixo, a minha exoneração e a substituição do superintendente no Rio:

"[...] É putaria o tempo todo pra me atingir, mexendo com a minha família. Já tentei trocar gente da segurança nossa no Rio de Janeiro, oficialmente, e não consegui! E isso acabou. Eu não vou esperar foder a minha família toda, de sacanagem, ou amigos meus, porque eu não posso trocar alguém da segurança na ponta da linha que pertence a estrutura nossa. Vai trocar! Se não puder trocar, troca o chefe dele! Não pode trocar o chefe dele? Troca o ministro! E ponto final! Não estamos aqui pra brincadeira."

Foram finalmente expostos na reunião de governo os verdadeiros motivos para a troca de comando da Polícia Federal. Como eu poderia aceitar a troca do comando da corporação após ouvir essas demandas?

A reunião teve outros momentos constrangedores, como já foi amplamente divulgado pela imprensa. Destaco uma passagem que parece pequena, mas que me deixou uma impressão muito ruim: a reclamação feita por Bolsonaro contra uma nota de pesar publicada pela Polícia Rodoviária Federal em relação ao falecimento de um de seus agentes por Covid-19. O presidente queria que a nota também informasse que a morte fora provocada por alguma comorbidade (ainda que a informação não fosse verdadeira) para minimizar a gravidade do coronavírus. Inacreditável.

Saí da reunião antes do fim, não porque estivesse aborrecido – e estava –, mas porque tinha outras agendas naquele dia. Quando a reunião se tornou pública, fui criticado por não ter reagido às falas do presidente e de alguns outros ministros. Concluí que aquele ambiente nada sensato não era propício à discussão ou mesmo a qualquer argumentação razoável. Além do mais, eu tinha reunião marcada com Bolsonaro na manhã do dia seguinte.

Minutos antes desse encontro de 23 de abril, recebi mensagem do presidente com o link de uma notícia que o site O Antagonista acabara de publicar. O texto dizia que os inquéritos conduzidos pelo Ministro do STF Alexandre de Moraes para investigar as *fake news* e os atos anticonstitucionais já haviam "quebrado o sigilo" de "uma relação de 10 a 12 deputados bolsonaristas" e que a PF estava prestes a fazer buscas e apreensões em seus endereços quando veio a pandemia. E que a investigação havia identificado o "gabinete do ódio", no Palácio do Planalto, como a fábrica de *fake news*. Junto com o link veio uma mensagem do presidente, "Mais um motivo para a troca", uma referência à substituição do diretor-geral da Polícia Federal. Respondi: "Este inquérito eh[é] conduzido pelo Ministro Alexandre no STF, diligências por ele determinadas, quebras por ele determinadas, buscas por ele determinadas. Conversamos em seguida as [às] 0900."

Aquela mensagem deixava ainda mais clara a motivação de Bolsonaro para a mudança do comando da PF. Ele queria alguém que pudesse controlar. Pode-se concordar ou não com o denominado inquérito das *fake news*, mas a autoridade policial, nesse caso, simplesmente cumpria as diligências determinadas pelo ministro do STF e não havia como justificar a troca da direção-geral da Polícia Federal com base nesse argumento. A reunião daquela manhã era a minha última tentativa de demovê-lo. Mais uma vez, argumentei que não haveria qualquer problema em trocar o diretor ou o superintendente do Rio se houvesse alguma questão de performance ou alguma suspeita de ilícito, mas que, sem causa, aquela alteração soaria como uma intervenção política da presidência na Polícia Federal. Poderia haver resistência na corporação, o que geraria abalo na credibilidade da instituição e do governo, sem contar que ressuscitaria as polêmicas públicas entre mim e ele. Acima de tudo, era necessário preservar a autonomia da Polícia Federal como instituição de Estado e não a serviço do governante do momento. Mas Bolsonaro estava irredutível, embora fosse incapaz de me informar um motivo aceitável para a troca na PF.

Eu estava cansado de ter meus propósitos minados ao longo de um ano e quatro meses. Primeiro a saída do Coaf do Ministério da Justiça;

depois a mudança do presidente do órgão; a falta de apoio ao projeto de lei anticrime e o endosso a sua posterior desfiguração pela Câmara; a falta de qualquer apoio para restabelecer a execução da condenação criminal após julgamento em segunda instância; o ensaio para dividir em dois o Ministério da Justiça e Segurança Pública. Isso sem esquecer as várias frituras públicas a que fui submetido durante 2019 e 2020. Eu não confiava mais no presidente.

Além do mais, aquela certamente não seria a última interferência de Bolsonaro no meu trabalho. Eu poderia aceitar passivamente aquela mudança na PF, o que geraria um impacto na minha credibilidade e na da corporação, na expectativa de que terminasse o conflito, para logo em seguida ver a mesma Polícia Federal e o Ministério da Justiça serem submetidos a nova interferência do Planalto. Tinha um exemplo recente na memória: as mudanças na Superintendência do Rio. A pedido de Bolsonaro, eu concordara em trocar o superintendente em agosto de 2019, com a ressalva de que o substituto era um nome técnico indicado pela própria corporação, para que, sete meses depois, o presidente voltasse à carga querendo nova substituição.

Desde que Bolsonaro deixara de vetar as partes que dificultavam o combate à corrupção introduzidas pela Câmara no projeto de lei anticrime, eu havia estabelecido que o meu limite seria a autonomia da Polícia Federal. Continuaria no governo para protegê-la. Superada essa questão, demonstrado que o presidente não a respeitaria, minha permanência não fazia mais sentido. Se o principal propósito de meu ingresso no governo tinha sido o fortalecimento do combate à corrupção, não existia mais razão para ficar, pois eu já havia constatado que não seria possível contar com o apoio do presidente nos projetos executivos ou legislativos do Ministério da Justiça. Ao contrário: eu poderia esperar sabotagens, como ocorreu com o projeto de lei anticrime. Eu ainda não tinha como admitir a troca do comando da Polícia Federal com base nos motivos não republicanos externados pelo presidente. Não havia por que permanecer, salvo se fosse para sacrificar os meus princípios e objetivos em prol da mera manutenção do cargo e da conservação de um poder sem finalidade.

Naquela reunião de 23 de abril, bati de frente com o presidente mais uma vez. Se o diretor da Polícia Federal fosse mesmo sair, disse a ele que gostaria de indicar um substituto específico, relembrando da carta branca que ele me prometera para montar minha equipe. Voltei a mencionar os dois nomes que já havia indicado. Mas o presidente manteve-se irredutível na ideia de nomear Alexandre Ramagem, diretor da Abin. Não havia como confiar mais no presidente em relação aos seus reais propósitos com aquela mudança. Como se não bastasse, a proximidade do delegado com o presidente e sua família reforçaria a percepção, na opinião pública, de uma interferência política na Polícia Federal para propósitos indevidos.

Disse ao presidente que não concordava com aquela mudança e que, se ela ocorresse, deixaria o governo. Afirmei também que, se saísse, eu diria publicamente as razões do meu pedido de demissão. Jair Bolsonaro lamentou, mas não tentou me demover. A minha impressão foi a de que ele já me queria fora do governo havia algum tempo.

Depois da reunião, fui até o andar de cima do gabinete presidencial e encontrei os três ministros generais do Palácio do Planalto: Augusto Heleno, Luiz Eduardo Ramos e Braga Netto. Relatei minha conversa com Bolsonaro, inclusive as razões de minha preocupação com a troca do comando da PF, em vista das demandas externadas pelo presidente. Na ocasião, o Ministro Heleno concordou que não poderíamos atender o presidente no que ele queria. Pedi a eles, encarecidamente, que intercedessem para demover o presidente da ideia de mudar novamente o comando da PF no Rio de Janeiro. Prometeram falar com ele e me dar um retorno.

Voltei ao Ministério da Justiça e Segurança Pública e aguardei uma posição definitiva do Planalto. Nada veio, mas ainda naquela manhã vazou para a imprensa a informação de que o diretor-geral da Polícia Federal seria demitido e que, por consequência, eu pediria exoneração. Certamente havia o dedo de alguém do Palácio do Planalto naquele vazamento, com o objetivo de tornar insustentável a minha permanência no governo.

Falei com algumas pessoas da minha confiança sobre o episódio. Outras me telefonaram. A maioria delas entendia que, se o diretor-geral fosse demitido, eu deveria sair do governo. À tarde, o Ministro Luiz Eduardo Ramos me telefonou perguntando se eu concordava com a troca de Valeixo por um nome indicado por mim. Eu respondi que já havia apresentado essa opção ao presidente. Voltei a sugerir os mesmos dois nomes: os delegados Disney Rosseti e Fabiano Bordignon. O Ministro Ramos insistiu que eu apresentasse apenas um nome. Disse a ele que consultaria a opinião do diretor-geral. Eu e Valeixo concordamos em sugerir apenas o nome de Rosseti, já que ele, mais do que Bordignon, representaria a continuidade da gestão e dessa forma melhor preservaria a autonomia da corporação. Liguei para o Ministro Ramos e passei o nome. Ele ficou de retornar a ligação, mas não o fez.

Saí do Ministério da Justiça e Segurança Pública no fim da tarde sem uma resposta do Palácio do Planalto. Mais tarde, recebi um telefonema da minha chefe de gabinete, Flávia Blanco, dizendo ter sido informada de que um ato de exoneração a pedido do diretor-geral havia sido enviado pelo Palácio à Imprensa Oficial. Liguei para o Ministro Ramos em busca de confirmação. Ele me disse que não sabia, mas que iria verificar e retornaria. Mais uma vez, não retornou. Claramente eu estava isolado no governo.

Liguei para o diretor-geral. Valeixo disse que não assinara nenhum pedido para deixar o governo. Mas afirmou que Bolsonaro lhe telefonara para informar que o ato de exoneração sairia naquela data e para perguntar se ele concordaria que a exoneração fosse "a pedido". Valeixo me disse que respondeu ao presidente que não teria como se opor à exoneração.

Imediatamente me lembrei de um episódio que ocorrera semanas antes, quando eu estava com Jair Bolsonaro e com um assessor dele no gabinete presidencial. Na ocasião, o presidente determinou ao assessor que exonerasse uma pessoa nomeada pela Secretária da Cultura, Regina Duarte, que, anteriormente, também tinha recebido carta branca do presidente para a escolha de auxiliares e subordinados na pasta. O que mais me chocou foi que Bolsonaro orientou o assessor a não avisar Regina Duarte da exoneração do subordinado para que ela soubesse do ato apenas pelo Diário Oficial. Agora eu provava daquela mesma grosseria.

Fui dormir sem saber se haveria ou não a exoneração de Valeixo.

Acordei de madrugada com a notícia da publicação no Diário Oficial. Óbvio que fiquei bem chateado por não ter sido sequer comunicado previamente daquela decisão. A partir daquele momento, não havia como permanecer no governo. Pedi à minha assessoria que convocasse uma coletiva de imprensa para o final da manhã do dia 24, uma sexta-feira, em que comunicaria minha renúncia ao cargo de Ministro da Justiça e Segurança Pública. Na coletiva, fiz uma retrospectiva muito resumida da minha gestão no ministério e relatei os motivos de minha saída do cargo. Entendi que devia a verdade aos brasileiros, embora eu não tenha dito, naquela oportunidade, tudo que poderia.

Para minha surpresa, à tarde o Procurador-Geral da República, Augusto Aras, nomeado por Bolsonaro, pediu a instauração de um inquérito para apurar se o presidente cometera algum crime ao interferir na Polícia Federal e também se eu teria cometido crimes de prevaricação, denunciação caluniosa e calúnia. Eu havia acabado de relatar fatos verdadeiros e relevantes sobre o motivo de minha saída, que incluíam a necessidade de preservar a autonomia da Polícia Federal e o desvio de finalidade na troca do diretor-geral. Não disse exatamente que o presidente havia cometido crimes, apenas relatei fatos que justificavam a proteção da Polícia Federal como instituição e, por via indireta, do país. Penso que esse deveria ser o foco da ação do Procurador-Geral.

Logo após a coletiva, despedi-me dos funcionários do ministério e fui para o meu gabinete. Enquanto guardava as minhas coisas – documentos, livros, objetos pessoais e presentes –, tinha consciência de que uma etapa da minha vida havia se encerrado abruptamente e que outra, turbulenta, iria se iniciar.

CAPÍTULO 15

O dia seguinte

Mesmo com a sabotagem do Presidente Bolsonaro à agenda anticorrupção, estendi minha permanência no governo até onde pude para preservar a Polícia Federal de uma interferência indevida e, dessa forma, proteger indiretamente o país. Mas, com a intervenção do presidente, não havia mais qualquer motivo para permanecer. Foi como a queda da última trincheira, o meu Álamo.[55]

No mesmo dia da minha renúncia, o presidente fez um pronunciamento público me criticando. Embora parte do discurso não fizesse muito sentido (como estranhas alusões ao aquecimento da piscina presidencial), Bolsonaro sugeriu que eu teria condicionado a saída de Valeixo à minha indicação para o Supremo Tribunal Federal. Isso nunca ocorreu. Aliás, se o meu objetivo fosse uma cadeira no STF, bastava ter concordado com a troca e permanecer no governo, dizendo "amém" a todas as iniciativas do presidente. Eu havia deixado o governo por perceber a real falta de comprometimento de Bolsonaro com a agenda anticorrupção e, mais do que isso, pela constante sabotagem às iniciativas do Ministério da Justiça. Já havia entendido que o presidente precisava

---

[55] Após um cerco de treze dias, entre 23 de fevereiro e 6 de março de 1836, o exército mexicano conseguiu tomar o Álamo, um antigo posto de missão religiosa no Texas, no qual encontravam-se as tropas rebeldes do Texas que buscavam independência em relação ao México. A maioria dos rebeldes foi morta no cerco e na invasão subsequente. Em 21 de abril de 1836, os rebeldes derrotaram o exército mexicano, o que levou à formação da República do Texas, depois incorporada aos Estados Unidos.

de um ministro leal a ele em um sentido que eu não estava disposto a ser. Não ingressei no governo para proteger quem quer que fosse. Seria uma contradição não só com meus princípios, mas com o que eu havia feito na Operação Lava Jato.

Havia outras divergências crescentes entre nós. Cito aqui algumas a título de exemplo: a política de armas, a falta de enfrentamento da pandemia, o tratamento dado à questão indígena, a relação com a imprensa, a política de alianças com o Congresso e a política econômica.

Quando assumi o Ministério da Justiça e Segurança Pública, estava ciente de que o presidente havia prometido alguma flexibilização da política de posse e porte de armas e algo assim teria que ser entregue. Editamos ainda em janeiro um decreto para facilitar a posse de armas em residência,[56] buscando eliminar a discricionariedade do agente público encarregado de avaliar se o requerente da posse teria ou não "efetiva necessidade" da arma. Sempre entendi que esse elemento era inapropriado e sujeitava o requerente aos caprichos do agente público, fonte potencial de exigências impróprias. O decreto foi criticado tanto pelos movimentos contrários à flexibilização quanto pelos favoráveis, o que, a meu ver, era um bom termômetro da moderação da medida.

Mas, a partir desse decreto, o Planalto assumiu diretamente a política de flexibilização de armas e passei a ser voto vencido em várias propostas. Para ser absolutamente sincero, ainda concordei com a extensão da posse de arma de fogo para o morador da área rural em toda a extensão de sua propriedade e não somente entre as quatro paredes da residência. Acho a providência razoável, até pela dificuldade de ações de segurança policial no meio rural. Essa medida acabou sendo implementada por lei pelo próprio Congresso.[57] Já quanto aos demais decretos presidenciais, fui contra. Houve uma flexibilização a meu ver exagerada tanto na quantidade de armas e munições franqueadas para compra quanto na potência do armamento liberado. Entendo aqueles que desejam ter uma arma em casa para ter mais segurança, mas uma

---

[56] Decreto 9.685, de 15 de janeiro de 2019.
[57] Lei 13.870, de 17 de setembro de 2019.

flexibilização exagerada gera riscos de incremento da violência e ainda há o perigo de que parte do armamento seja direcionada ao crime organizado, deixando o país mais vulnerável.

Diante da minha posição mais conservadora quanto à flexibilização da posse de armas, fui atacado publicamente pelo presidente.[58] Não me arrependo. Alguma flexibilização é até cabível, mas sempre com responsabilidade, sem excesso e com possibilidade de rastreamento de armas e munições. Não é essa a visão de Bolsonaro e não tenho nenhum problema em divergir dela pessoal e publicamente.

No que se refere às discordâncias quanto à pandemia, já tratei do tema aqui. Depois que saí do governo, os desdobramentos da crise sanitária deram-me ainda maior razão. O negacionismo do presidente resultou na falta de uma política nacional consistente de combate à pandemia, inclusive com reflexos no atraso da vacinação. O governo não atuou com diligência para adquirir rapidamente as vacinas necessárias para toda a população brasileira. No início, investiu em uma única vacina, desenvolvida pela Oxford-AstraZeneca (e que sofreu atrasos na fase de testes), ignorando farmacêuticas reconhecidas, como a Pfizer. Promoveu ainda um conflito desnecessário com o governo de São Paulo em relação à vacina Coronavac apenas por vislumbrar o governador João Doria como um potencial concorrente à Presidência da República. Como resultado, houve um atraso significativo na vacinação dos brasileiros, o que, lamentavelmente, resultou em mais mortes, além de ter retardado a recuperação econômica.

Felizmente, ainda que de modo tardio, o governo despertou para a necessidade de vacinação de todos os brasileiros e buscou remediar a situação durante o ano de 2021, mas somente após intensa pressão da

---

[58] "Para Bolsonaro, Moro atuou para dificultar posse de armas para 'cidadão de bem'". *A Crítica*. Disponível em <https://www.acritica.net/editorias/politica/para-bolsonaro-moro-atuou-para-dificultar-posse-de-armas-para-cidadao/455980/>. Acesso em 24/09/2021. Na reportagem, o presidente declara o seguinte: "Para vocês entenderem um pouquinho quem estava do meu lado. Essa Instrução Normativa 131 é da Polícia Federal, mas por determinação do Moro. Essa IN ignorou decretos meus e ignorou lei para dificultar a posse e porte da arma de fogo para as pessoas de bem."

sociedade. Não falo aqui sobre as demais irregularidades em apuração pela Comissão Parlamentar de Inquérito da Covid instalada no Senado Federal, já que, enquanto escrevo estas linhas, os trabalhos continuam em andamento.

A questão indígena no Brasil era igualmente fonte de divergências minhas com o presidente. O tema é complexo. O indígena não pode ser tratado como um incapaz ou como alguém fadado a ser eternamente dependente de ações de assistência do governo. É importante dar a ele a oportunidade de desenvolvimento independente, sem prejuízo da preservação de sua cultura. Não cabem aqui generalizações, pois há povos indígenas em situações muito diferentes, desde aqueles em tribos isoladas a grupos bem mais integrados à vida moderna. Minha divergência principal com o presidente nesse caso era em relação à recusa absoluta dele em demarcar mais áreas indígenas. Eu entendia que cada caso deveria ser examinado com cuidado, considerando não só as reivindicações indígenas, mas também as de todos os moradores da região reivindicada. Todos são brasileiros e têm direitos a serem considerados. Não é uma equação fácil. No entanto, como a demarcação dependia de decreto presidencial, não havia muito que fazer para contornar a posição de Bolsonaro.

Por fim, eu também discordava do tratamento concedido à imprensa pelo presidente. Sempre que podia ele atacava a mídia, por vezes de forma grosseira. A imprensa cumpre um papel relevante. Não lhe cabe agradar o governo. Por vezes, exagera nas críticas, mas nada justifica a beligerância governamental, que invariavelmente leva a uma escalada de ódio, potencializada pelas redes sociais. O mais apropriado é buscar o diálogo e a aproximação. Se isso não for possível, que se tolere a divergência, ainda que seja ferina. Durante a Lava Jato e mesmo no exercício do cargo de ministro, fui muitas vezes tratado de maneira injusta pela imprensa. Mesmo assim, nunca agredi jornalistas e veículos de comunicação.

Quanto às alianças com o Congresso, há aqui uma complexidade. O governo precisa do Parlamento para aprovar leis e implementar suas políticas. Alianças são, portanto, necessárias. Mas é preciso traçar limites de como elas podem ser feitas. Se o governo tiver um projeto para o país, é mais fácil buscar o convencimento dos parlamentares em torno de ideias e princípios. Alianças devem ser feitas para empoderar aqueles que apoiam o Executivo por compartilharem os mesmos pensamentos. Já pactos fundados tão somente na concessão de cargos e de verbas levam à progressiva degradação da prática política, como se viu no mensalão e nos esquemas revelados pela Lava Jato. Esse é o reflexo do patrimonialismo que ainda domina a esfera pública brasileira e impede os avanços institucionais e a aprovação das reformas de que precisamos, ao tornar as políticas públicas reféns de interesses especiais.

Não cabe, evidentemente, generalização negativa em relação à honestidade ou qualidade dos parlamentares. Há aqueles, a minoria, com desvios éticos e que foram surpreendidos em escândalos criminais. Alguns, apesar da ineficiência do sistema de Justiça criminal, foram até responsabilizados. Mas conheci, como ministro, excelentes deputados e senadores. Penso ser possível fazer alianças com base em projetos. Ao se pregar a virtude, há chances de se gerar um círculo virtuoso. Por outro lado, ao se apostar no vício, nada haverá além de um círculo deletério e uma progressiva deterioração da coisa pública. Colhe-se o que se planta, e as pessoas respondem a incentivos. Tenho convicção de que a maioria dos parlamentares reagiria positivamente a bons incentivos consistentes com bons projetos.

Vi, no início do governo Bolsonaro, algumas medidas positivas, nomeações técnicas para os ministérios e para os principais cargos na administração pública. Mas a atitude belicosa do presidente dificultou desde o princípio a relação com o Congresso e, com o tempo, foi gerando vulnerabilidades na relação com os parlamentares. Por isso, antes mesmo de minha saída do ministério, o governo aproximou-se dos grupos mais fisiológicos, vulgarmente denominados de Centrão. Retomou-se, assim, o círculo vicioso que, possivelmente, nos levará a novos escândalos criminais e à progressiva perda de governabilidade.

O presidencialismo de cooptação ressurgiu, e com toda a sua força. O resultado pode ser visto na lei que autorizou a privatização da estatal Eletrobras. Apesar da salutar venda da empresa, foram inseridos na lei diversos dispositivos estranhos ao propósito inicial, os chamados "jabutis", criando reservas de mercado, restrições à livre concorrência e, por consequência, prejuízos ao consumidor. O governo, vendido ao patrimonialismo, não teve como conter a aprovação de medidas contrárias ao propósito inicial da lei, que era a abertura do mercado.

Em relação à economia, quero deixar bem claro que não sou um especialista na área. Ainda assim, acredito, acima de tudo, na vitalidade do setor privado, que deve ser o motor do crescimento econômico e multiplicador do bem-estar geral. Isso não significa que o Estado não tenha um papel relevante. A dinâmica do mercado leva à concentração de riqueza e poder econômico, e o poder público precisa agir como um agente regulador e fiscalizador para evitar excessos. Há, por outro lado, serviços fundamentais que devem ser providos exclusivamente pelo Estado ou em conjunto com o setor privado. Refiro-me sobretudo a educação, saúde e segurança. Se o Estado focasse nesses três serviços, garantindo-os em quantidade e qualidade suficientes, já faria uma grande diferença. Mas discordo da presença excessiva do poder público na economia, quer exagerando na regulação, quer como produtor de bens e serviços que podem ser oferecidos de forma mais eficiente e sem exclusões discriminatórias pelo setor privado. Percebe-se, porém, que o governo Bolsonaro também deixou de lado a agenda liberal, pelo menos na forma que era inicialmente defendida, refugiando-se no populismo econômico e no patrimonialismo.

* * *

Apesar das crescentes divergências com o presidente, preferi centrar meu discurso de renúncia na causa imediata de minha saída: a interferência na Polícia Federal. Se fosse elencar todas as razões, o motivo principal ficaria obscurecido.

Os dias que se seguiram à renúncia foram difíceis. Começaram a circular *fake news* sobre os motivos da minha saída, as falsidades mais absurdas possíveis. E apoiadores do Presidente Bolsonaro, pessoas reais e robôs, iniciaram intenso ataque contra mim nas redes sociais. A eles somaram-se os apoiadores do ex-Presidente Lula, que já me atacavam antes. Aliás, curiosamente, o atual presidente e o anterior têm em comum esse sentimento de desapreço pela Lava Jato e pelo combate à corrupção.

Um dos problemas da política brasileira nos tempos recentes é a tendência ao culto à personalidade. A crença em um líder infalível, um salvador ou um mito que redimirá os nossos pecados e resolverá os problemas do país. Não importa que a realidade seja muito diferente, não importa que fatos teimosos a respeito da má conduta das lideranças sejam escancarados publicamente, nada abala a crença de alguns dos seguidores mais fanáticos. Entendo que não se pode demonizar a política ou os políticos. Mas um vício equivalente é endeusá-los, negando a evidência de seus defeitos ou encontrando desculpas pouco convincentes para contorná-los.

Eu, sinceramente, nunca entendi esse culto à personalidade. Como disse antes, há bons políticos, mas é sempre recomendável algum ceticismo, justamente para prevenir a adoração de qualquer pessoa. Deixemos o culto e a adoração reservados ao campo da religião. Políticos devem ser apoiados e cobrados, jamais adorados.

Não raro, o culto à personalidade vem acompanhado de políticas populistas, um sendo a causa das outras. O desapreço às regras do jogo ou ao império da lei vai se acentuando, assim como a prática política de se criar inimigos imaginários e alegar que são eles que impedem o sucesso do governo e, portanto, devem ser aniquilados (esse mesmo argumento é usado para justificar a continuidade do governo, apesar do seu insucesso). No populismo, políticas econômicas que geram ganhos eleitorais imediatos têm preferência em relação àquelas que seriam mais eficientes a médio e longo prazos. O resultado é uma armadilha de baixo crescimento econômico e reduzida produtividade. O país anda de lado, refém das ambições eleitorais de suas lideranças.

No caso do ex-Presidente Lula, durante o seu governo ocorreu o maior escândalo de corrupção de que se tem notícia na história do país. A Petrobras foi literalmente saqueada por gerentes, diretores, agentes políticos e partidos políticos inescrupulosos. Isso sem falar nos crimes revelados no julgamento do mensalão pelo STF, segundo o qual parlamentares teriam sido subornados com pagamentos periódicos em troca de apoio a projetos do governo.

Já o Presidente Bolsonaro descumpriu todas as promessas da campanha eleitoral, inclusive aquelas feitas diretamente a mim. Em vez de fortalecer o combate à corrupção, agiu para enfraquecê-lo. Sem contar as investigações de um membro de sua família por atividades criminosas.

Por tudo isso, ambos parecem seguir uma cartilha populista de sinal trocado: um de esquerda, outro de direita. Talvez, por estimularem o culto à própria personalidade, tenham tantos seguidores que fecham os olhos para sua verdadeira natureza.

A polarização política no país, alimentada pelos extremos políticos, é uma força negativa que nos impede de prosseguir com as reformas necessárias para o país. Eu mesmo, ao sair do governo, virei, temporariamente, inimigo número um, o que não tem lógica e, sinceramente, não esperava que ocorresse. A política sadia é muito diferente desse pensamento binário e primitivo de amigo/inimigo. Não seria melhor pensar em termos de aliados e adversários? Por que não divergir com respeito?

Agravando o quadro político, parte significativa dos agentes políticos rende-se facilmente ao fisiologismo, ou seja, à troca de apoio por cargos ou verbas oficiais, os mesmos vícios patrimonialistas que se encontram na origem de vários escândalos criminais como os revelados pelo mensalão e pela Operação Lava Jato ou o das famosas rachadinhas. Não por acaso esse centro político patrimonialista compõe facilmente com quem ocupa o cargo de presidente, qualquer que seja o perfil ideológico ou o programa político.

A minha expectativa, após a saída do governo, era recolher-me por algum período para uma vida privada e mais discreta. Porém, diante da abertura de inquérito contra mim pelo Procurador-Geral da República e dos incessantes ataques nas redes sociais, tive de me reposicionar. Diferentemente dos detratores, eu não conto com uma rede organizada de comunicação ou robôs em redes sociais para me defender. Tinha apenas a verdade ao meu lado. Dei algumas entrevistas, participei de seminários virtuais e proferi palestras, todos com o objetivo de esclarecer a minha saída do governo e defender-me das mentiras e ofensas externadas pelos apoiadores da extrema-esquerda, da extrema-direita e do centro político fisiológico.

Ao mesmo tempo, acompanhava o desdobramento dos fatos no cenário nacional. A pandemia mantinha-se sem controle, enquanto o presidente persistia com sua postura negacionista e em constante conflito com o STF e o Congresso. Essa foi a tônica de 2020 e de 2021, com a alternância entre radicalismo e comedimento.

Tendo deixado o cargo de juiz para tornar-me ministro, não havia como retornar à magistratura. Para preservar a independência dos juízes, não é possível se licenciar da carreira e depois regressar. Sair da magistratura é um caminho sem volta. Portanto, após renunciar ao cargo de Ministro da Justiça, precisei reinventar-me buscando nova ocupação.

CAPÍTULO 16
Presunção de inocência à brasileira

Até a Lava Jato, grassava a impunidade para a grande corrupção no Brasil. Quase ninguém era condenado ou preso por esse delito ou por outros relacionados a práticas corruptas. O Brasil possui uma legislação relativamente moderna contra a corrupção e a lavagem de dinheiro. A corrupção é considerada crime desde sempre, já nos tempos do Brasil Colônia, e a lavagem de dinheiro, desde 1998. O país conta com um Ministério Público e um Judiciário bem estruturados e com garantias institucionais fortes para atuar, independentemente do poder político. Quase tudo parece no seu devido lugar, mas o sistema, na prática, não funciona ou funciona mal. É, em boa parte, apenas uma fachada.

A corrupção e a lavagem de dinheiro são crimes praticados às ocultas, normalmente sem testemunhas. Deixam rastros financeiros, mas identificá-los e segui-los não é uma tarefa fácil. Por isso, são crimes difíceis de serem descobertos e, mesmo quando o são, complicados de serem provados – lembrando que a prova para uma condenação criminal tem que ser acima de qualquer dúvida razoável. Mas o principal gargalo para punir esses crimes não está na complexidade da prática delituosa, mas no sistema processual brasileiro e em sua extrema lentidão. Mesmo que um crime de corrupção ou de lavagem seja descoberto e provado, a ação na Justiça leva muito tempo, perdendo qualquer efetividade. O processo, às vezes, é lento já na primeira instância. Mesmo quando supera essa etapa, há infindáveis recursos previstos na nossa legislação penal que impedem que o processo chegue ao fim, fazendo com que se perca nos escaninhos do Judiciário. Criminosos de colarinho-branco têm condições financeiras de contratar hábeis advogados para sustentar e apresentar recursos perante os tribunais, em uma espiral sem fim.

Claro que um sistema judicial que funciona dessa maneira é profundamente desigual. Nem todos os acusados têm condições de recorrer indefinidamente no Judiciário. Pessoas acusadas de crimes comuns não têm, em geral, as mesmas condições econômicas para buscar a impunidade por meio da manipulação do sistema, e, por vezes, a lei recai sobre elas de uma forma excessivamente rigorosa. Já os acusados de crimes de colarinho-branco ou de grande corrupção quase sempre escapam pelas brechas deixadas pelo sistema judicial.

Certamente, a solução não passa por deixar o Judiciário ineficiente para todos, mas sim pela construção de um arcabouço efetivo para todos. O processo judicial não é, como alguns maliciosamente buscam argumentar, uma mera disputa entre o Ministério Público e os defensores do acusado. Um crime envolve um agente e uma vítima. Ambos têm direitos. A todos deve ser garantida Justiça na forma da lei. O Ministério Público foi, aliás, criado originariamente na Europa, com os procuradores do rei, para que vítimas de crimes não ficassem à mercê dos poderosos do local. Em relação às pessoas de poucos recursos, é preciso estruturar melhor as defensorias públicas para corrigir injustiças e alterar a legislação no que for possível para melhorar a condição de defesa. Já em relação àqueles de amplos recursos, o ideal é reduzir as possibilidades de manipulação do sistema, com a eliminação das brechas processuais que favorecem a impunidade.

Alguns defensores desse sistema apelam para o princípio da presunção de inocência para justificá-lo. Os infindáveis recursos serviriam para prevenir a condenação de um inocente. Surpreendo-me até hoje quando ouço arraigados defensores dessa fórmula tão peculiar de presunção de inocência. Fecham os olhos para a realidade brasileira, uns por ingenuidade, outros por hipocrisia, e ainda se autodenominam "progressistas". Progresso, para mim, é algo diferente. Uma Justiça com duplo padrão e que impede a punição de criminosos de colarinho-branco não tem nada de progressista. Progresso e privilégio de casta são incompatíveis.

Sem dúvida, nenhum dos defensores da presunção de inocência à brasileira defende abertamente a impunidade do crime de grande corrupção, mas o efeito prático dos recursos sem fim é exatamente esse. Realidade dura e crua. Guardadas as devidas proporções, lembram os defensores da manutenção da escravidão no século XIX, que, apesar de reconhecerem que ela era imoral, argumentavam que devia ser mantida para preservar os direitos adquiridos e a economia nela baseada.

No fundo, a presunção de inocência está vinculada à questão da prova. Cabe à acusação provar a culpa do acusado acima de qualquer dúvida razoável. A exigência, que previne a condenação criminal de inocentes, é um princípio fundamental que não pode ser restringido ou relativizado. Presunção de inocência, porém, em nenhum lugar do mundo significa justiça censitária, cujos resultados dependem das possibilidades financeiras do acusado de contratar bons advogados e entrar com infindáveis recursos até encontrar uma brecha jurídica para pôr fim ao processo nos tribunais, independentemente da culpa. O princípio nada tem a ver com a construção de um sistema judicial que gera, como regra quase absoluta, a impunidade de pessoas ricas e poderosas, como ocorre no Brasil.

Não há que se falar em presunção de inocência após alguém ser julgado e considerado culpado por uma Corte de Justiça. Há aqui uma contradição. No mundo inteiro, permite-se a prisão para execução da pena após um julgamento criminal – às vezes, a partir da condenação em segunda instância; outras, já a partir da condenação na primeira instância. Isso é a realidade, por exemplo, na França e nos Estados Unidos, e ninguém afirma que nesses países inexiste presunção de inocência. É certo que, em alguns países, exige-se, para execução de uma pena, que a condenação seja definitiva, ou seja, transitada em julgado, sem possibilidade de recurso. Mas, mesmo nessas outras nações, a legislação não é tão pródiga em recursos quanto a brasileira, onde os processos nunca terminam para aqueles que contam com recursos financeiros.

A grande verdade é que a "presunção de inocência à brasileira" é apenas uma construção interpretativa que visa garantir a impunidade de crimes cometidos pela classe dirigente, mais um reflexo da nossa brutal desigualdade social. Esse sistema falho aniquila o princípio de que todos devem ser tratados como iguais perante a lei – o que significa que, se você cometeu um crime, deve responder por ele, independentemente de sua condição social. A impunidade da grande corrupção gerada por esse sistema está na raiz de nossa tradição patrimonialista e da cultura extrativista. O patrimonialismo representa uma confusão entre a coisa pública e o domínio privado. O governante comporta-se como dono do aparato público, subordinando-o ao seu interesse particular. Por extrativismo, entenda-se a conduta daqueles que veem a administração pública como fonte de extração de renda para fins privados. Trata-se da extensão de um conceito representativo de certa atividade econômica, o extrativismo, para o âmbito político, a ilustrar um modo de proceder em relação à coisa pública. A corrupção disseminada e impune permite que estruturas estatais sejam colocadas à disposição de grupos de interesse específicos, que delas drenam recursos a fim de ampliar sua riqueza e seu poder, em detrimento do bem comum. A presunção de inocência à brasileira é um sinal de nosso atraso, e não de progresso. Repetindo uma frase utilizada comumente pelo Ministro Luís Roberto Barroso, do Supremo Tribunal Federal, não somos atrasados por acaso, pois o atraso tem muitos defensores entre nós.

Em fevereiro de 2016, como narrei no capítulo 7, o Supremo Tribunal Federal, por sete votos a quatro, havia alterado as regras da execução penal no Brasil, passando a admitir a prisão para o cumprimento da pena após a condenação em segunda instância. Isso foi revolucionário para um país acostumado com a impunidade decorrente dos recursos sem fim. O mesmo STF foi responsável por outras decisões favoráveis ao combate à corrupção durante a Lava Jato, não só em casos individuais, mas também em decisões com efeitos abrangentes, como, por exemplo, a proibição de doações eleitorais por empresas.[59] As leis até então vigentes[60] eram muito permissivas e davam ensejo a relações es-

---

[59] A decisão do STF que invalidou as doações eleitorais feitas por empresas, por falta dos limites próprios, foi tomada no julgamento da ADI nº 4.650, em 17/09/2015.
[60] Leis 9.096, de 1995, e 9.504, de 1997.

púrias entre empresas e agentes políticos. Não se proibia, por exemplo, que empresas contratadas pela administração pública ou que recebessem empréstimos vultosos do BNDES doassem recursos a campanhas eleitorais dos governantes que assinavam os contratos ou empréstimos. Isso favorecia doações eleitorais como contrapartida à obtenção de contratos públicos – corrupção, portanto. Na Operação Lava Jato, foram identificados muitos casos assim. Até havia o discurso de que desviar dinheiro público para campanha eleitoral não seria tão grave quanto embolsá-lo para proveito próprio, mas a corrupção está configurada do mesmo jeito, independentemente da destinação do dinheiro.

Em qualquer país, doações eleitorais por parte de empresas ou corporações geram controvérsias. Caso sejam permitidas, é absolutamente necessário impor regras estritas, como limites de valor e proibições específicas dirigidas a contratantes da administração pública. A alternativa a esse sistema, com o financiamento de campanhas pelo orçamento público, também tem os seus problemas. Mesmo o fundo eleitoral, adotado pelo Brasil após o veto às empresas, não é imune a defeitos, porque concentra o dinheiro nas mãos de poucos caciques partidários, restringindo a necessária renovação dos quadros políticos.

Mas, sem dúvida, a decisão mais importante do STF durante a Lava Jato foi a que permitiu o início da execução da pena após a condenação em segunda instância. Aquilo mudou o jogo da impunidade. Antes, pessoas poderosas acusadas de crimes de corrupção contavam com a morosidade do sistema processual brasileiro e, com raríssimas exceções, acabavam impunes independentemente de serem culpadas ou não. Bastava não parar de apelar das decisões judiciais em um sistema processual extremamente generoso quanto às possibilidades de recurso. Havia ainda a chance real de prescrição da ação penal nesse tortuoso caminho, uma vez que a lei brasileira prevê que, durante o trâmite do processo, continuam contando os prazos prescricionais. Superado esse prazo, mesmo sendo o acusado culpado, o Estado perde a possibilidade de punir o criminoso.

Quando o Supremo fechou essa janela para a impunidade dos poderosos, isso fez uma grande diferença no combate à corrupção. Corruptores e corrompidos poderiam ser presos logo após uma condenação criminal por órgão colegiado. Não seria mais necessário esperar o fim do interminável processo criminal. Obviamente essa mudança foi muito atacada desde que entrou em vigor. Apesar disso, o STF reafirmaria esse novo entendimento em três oportunidades, uma delas no já mencionado habeas corpus impetrado em favor do ex-Presidente Lula. Já nesse julgamento de 2018, a maioria de sete a quatro transformou-se em uma maioria de seis a cinco. Crescia a percepção de que o precedente seria revogado. Dois ministros da Suprema Corte que estavam no julgamento em 2016 mudaram de posição, sem maiores explicações: Dias Toffoli e Gilmar Mendes. O único fato novo que ocorrera naquele período foi que a Lava Jato havia se ampliado significativamente, com a expansão das investigações e do número de condenados por corrupção. Isso, todavia, jamais poderia – como não foi – ser invocado como motivo para a alteração daquele precedente.

Quando ingressei no governo Bolsonaro, eu já trabalhava com a perspectiva sombria de que o STF poderia alterar essa determinação pela prisão após condenação em segunda instância. Um pouco antes, durante os anos de 2016 a 2018, a Ministra Cármen Lúcia, Presidente do Supremo, recusou-se a pautar novo julgamento de processos que poderiam reverter esse dispositivo. Agiu acertadamente, na minha opinião, pois era muito cedo para rever aquele entendimento, e uma reviravolta só traria constrangimento e descrédito à Corte.

Mas o cenário mudou quando o Ministro Dias Toffoli assumiu a presidência do STF. O Ministro Toffoli nunca teve discurso favorável à Lava Jato. Embora tenha votado pela prisão após condenação por órgão colegiado em 2016, ele era um dos magistrados que havia mudado de posição. Durante sua gestão à frente do Supremo, houve várias decisões que dificultaram as investigações e os processos por crimes de corrupção. Em uma das primeiras, de 14 de março de 2019, o Supremo decidiu, por maioria de seis votos a cinco, pela competência da Justiça Eleitoral para processar e julgar crimes de corrupção que tivessem conexão com crimes eleitorais. Por exemplo: se um agente político recebeu suborno de uma empreiteira e utilizou os recursos na campanha eleitoral, sem contabilizá-los, haveria crime de corrupção e de caixa dois eleitoral. Parte dos ministros do STF, os que ficaram vencidos, defendia que caberia à Justiça Eleitoral julgar os crimes eleitorais e à Justiça Comum, Federal ou Estadual, o crime de corrupção, cindindo o processo em dois. Mas a tese vencedora foi a de que tudo deveria ser julgado em conjunto na Justiça Eleitoral.

Pela interpretação fria da lei, as duas teses eram defensáveis. Na prática, a melhor solução, do ponto de vista da eficiência judicial, seria a cisão das investigações e dos processos. A Justiça Eleitoral é normalmente assoberbada pela necessidade de organizar as eleições e resolver as mais diversas disputas eleitorais. Em regra, não tem a mesma estrutura para processar casos mais complexos, como os de crimes de grande corrupção, que a Justiça Federal ou a Estadual. Além disso, a Justiça Eleitoral não possui um quadro permanente de juízes – eles se revezam no cargo a cada dois anos. Esses processos dificilmente são encerrados por um único magistrado e se tornam mais vulneráveis a ingerências políticas.

Vários dos crimes descobertos pela Operação Lava Jato, incluindo os revelados nos acordos de leniência das grandes empreiteiras, envolviam o direcionamento de subornos para campanhas políticas. Pelo novo entendimento adotado pelo STF, todos esses casos, quando configurado crime de caixa dois em campanha eleitoral, deveriam ser remetidos para a Justiça Eleitoral. Não era, evidentemente, o fim da Lava Jato, mas houve um impacto muito negativo sobre as investigações e os processos.[61]

---

[61] Em vista do novo entendimento, vários processos por crimes de corrupção foram encaminhados à Justiça Eleitoral e até mesmo condenações criminais pretéritas foram anuladas. Para ilustrar, enquanto escrevia estas linhas, foi anulada a condenação por corrupção do ex-governador de Minas Gerais Eduardo Azeredo. "Mensalão tucano: 2ª Turma do STF decide enviar à Justiça Eleitoral recurso do ex-governador Azeredo". G1. Disponível em <https://g1.globo.com/politica/noticia/2021/06/29/mensalao-tucano-2a-turma-do-stf-decide-enviar-a-justica-eleitoral-recurso-do-ex-governador-azeredo.ghtml>. Acesso em 27/09/2021. Já citei anteriormente a anulação também da condenação do ex-Presidente da Câmara dos Deputados Eduardo Cunha (PMDB-RJ). A impunidade da grande corrupção não encontra limites nas cores partidárias.

Na época, já como Ministro da Justiça e Segurança Pública, apresentei ao Congresso, junto ao pacote anticrime, um projeto de lei que estabelecia a separação das investigações e dos processos por crimes de corrupção das investigações e dos processos por crimes eleitorais, destinando os primeiros à Justiça Comum, Federal ou Estadual, a depender do caso, e os últimos à Justiça Eleitoral. Até a publicação deste livro, o projeto não havia sido votado na Câmara devido à grande resistência de parcela expressiva dos parlamentares. Descontadas essas questões paralelas, a fundamental, sobre a execução da condenação em segunda instância, permaneceu sem decisão durante boa parte de 2019. Inconformados com aquela mudança de 2016, o Conselho Federal da Ordem dos Advogados do Brasil (OAB), o Partido Ecológico Nacional (PEN), atual Patriota, e o Partido Comunista do Brasil (PCdoB) ingressaram com duas ações[62] no STF em que pediam a declaração da constitucionalidade do artigo 283 do Código de Processo Penal, que estabelece as causas para a prisão de um indivíduo, entre elas a condenação transitada em julgado. Argumentavam que, se aquele dispositivo era constitucional, a execução da condenação em segunda instância, na pendência de recursos, seria ilegal.

No projeto de lei anticrime, ainda no início de 2019, eu havia sugerido alterar esse artigo do Código de Processo Penal, além de propor regras que consolidavam a execução da condenação em segunda instância. Se o projeto fosse aprovado, esvaziaria o objeto daquelas ações declaratórias de constitucionalidade.

Havia ainda uma proposta de emenda à Constituição[63] do deputado Alex Manente, do Cidadania, para introduzir expressamente a execução da condenação em segunda instância no texto constitucional. Recebi o parlamentar no Ministério da Justiça para conversar sobre a emenda. Em princípio, eu preferia alterar o Código de Processo Penal, pois, como lei ordinária, não haveria a necessidade de obter o voto de dois terços da Câmara em duas votações e depois o mesmo no Senado, como seria necessário para a emenda de Manente.

---

[62] Ações Declaratórias de Constitucionalidade 43 e 44.
[63] PEC 199/2019.

Eu receava que não teríamos o número de votos suficiente e que a eventual rejeição da proposta de emenda constitucional comprometeria as chances de mudança por meio de lei ordinária e, além disso, influenciaria negativamente o STF no julgamento das ações da OAB e do PEN. Portanto, eu apostava minhas fichas no projeto de lei anticrime e tinha esperança de que o Supremo mantivesse o precedente que admitiu a execução da condenação em segunda instância.

Entretanto, a resistência do Presidente da Câmara, Rodrigo Maia, ao projeto anticrime impediu que houvesse uma tramitação rápida. Quando o projeto foi finalmente a votação em plenário, o Supremo já havia julgado as ações declaratórias, e a parte relativa à execução da condenação em segunda instância foi retirada do texto. O resultado no STF foi o pior possível.

Fiz o que estava ao meu alcance para evitar um retrocesso nessa questão. Além do projeto de lei anticrime, manifestei-me publicamente, como Ministro da Justiça, em favor da prisão após condenação em segunda instância. Internamente, defendi que o governo, por meio da Advocacia-Geral da União, deveria se posicionar no Supremo pela manutenção daquele precedente, e isso foi feito. Também conversei com alguns ministros do STF na tentativa de convencê-los a manter o dispositivo. Aqui cabe um breve parêntese. No Brasil, o Ministro da Justiça e Segurança Pública ocupa uma posição *sui generis*. Ele não é a voz do governo junto ao STF, papel que cabe à AGU; também não representa o Ministério Público ou a acusação no STF, função reservada ao Procurador-Geral da República. Mas, considerando as várias atribuições do ministro, cabe a ele, sim, tratar de assuntos pertinentes à Justiça e à Segurança Pública com o Poder Judiciário, inclusive no STF.

Em todos os meus contatos com os ministros do Supremo, sempre deixei claro que não estava ali na condição de advogado do Presidente da República ou para defender algum interesse pessoal de quem quer que fosse. Institucionalmente, fui conversar com alguns ministros e sustentar a manutenção da prisão em segunda instância por entender que essa era uma questão fundamental para a redução da impunidade no Brasil. Não importava quem seria beneficiado ou prejudicado pela decisão a ser tomada. Era uma questão de princípio, acima de qualquer interesse individual. Eu não via qualquer problema em procurar alguns ministros do STF e conversar pessoalmente com eles sobre o caso. Não adiantava falar com os que já considerava convencidos, a favor ou contra. Procurei alguns poucos ministros que, no meu entendimento, poderiam ser convencidos a manter o precedente. Infelizmente, esses esforços não foram bem-sucedidos.

Em 7 de novembro de 2019, por maioria de seis votos a cinco, o STF reverteu o precedente estabelecido três anos antes e decidiu que a prisão só poderia ser executada após o trânsito em julgado, ou seja, quando não mais coubessem quaisquer recursos no processo. Em seguida, muitos daqueles que haviam sido condenados por crimes de corrupção e lavagem de dinheiro na Lava Jato foram colocados em liberdade, a fim de aguardar um trânsito em julgado que provavelmente nunca ocorrerá. Entre eles, o ex-Presidente Lula. Ficaram presos somente aqueles que tinham contra si alguma ordem de prisão preventiva – caso, por exemplo, do ex-governador do Rio Sérgio Cabral.

O STF foi muito criticado pela decisão. Como Ministro da Justiça, não me cabia fazer críticas severas, até por uma questão de respeito institucional. Além disso, nunca foi do meu feitio ter reação agressiva ou ofensiva às instituições ou a qualquer pessoa. Ainda assim, não havia como não lamentar publicamente a decisão. A partir daquele momento, passei a defender que fossem resgatados os projetos de lei e de emenda constitucional no Congresso para que se restabelecesse a execução da condenação em segunda instância.

Algo que me chamou a atenção foi o completo silêncio do Planalto em relação à decisão. O Presidente Bolsonaro costuma fazer críticas contundentes ao Supremo, muitas delas além do que a institucionalidade e a urbanidade recomendariam. Dessa vez, porém, ele manteve completo silêncio sobre o assunto. Pouco antes da decisão do STF, houve, para ilustrar, até mesmo um episódio burlesco. Em 17 de outubro de 2019, foi publicada na página de Bolsonaro no Twitter uma mensagem de apoio à prisão após condenação em segunda instância. Logo em seguida, contudo, o tuíte foi apagado, com pedido de desculpas e com a revelação de que o texto teria sido escrito por um filho do presidente, Carlos Bolsonaro. Ou seja, a mensagem de apoio à prisão em segunda instância não era do presidente e ele ainda desautorizou o filho a escrevê-la.

Ouvi alguns rumores de que o Planalto teria sido previamente consultado sobre a revisão da condenação em segunda instância pelo STF e que não teria apresentado objeções à mudança. O fato é que, na leitura política do Planalto – e isso eu ouvi lá dentro –, a soltura do ex-presidente Lula favorecia Bolsonaro na medida em que alimentava a polarização para as eleições de 2022. Talvez se trate de um daqueles casos de "Cuidado com o que você deseja". De todo modo, a falta de apoio à causa por parte do presidente era mais um sinal do quão distante ele estava de suas promessas de apoio à Lava Jato e às políticas anticorrupção.

Apesar da omissão do presidente, alguns caminhos se abriram no Congresso. O grupo de senadores autodenominado Muda Senado, que defende políticas públicas marcadas pela ética, passou a se manifestar pela aprovação do projeto de lei do senador Lasier Martins, do Podemos, que alterava o Código de Processo Penal, restabelecendo a execução da condenação em segunda instância. Ao mesmo tempo, a proposta de emenda constitucional do deputado Alex Manente ganhou novo impulso na Câmara. Embora as iniciativas fossem dos parlamentares, conversei com deputados e senadores, apresentei sugestões aos textos e incentivei publicamente a votação e aprovação das propostas. No Senado, o projeto de lei de Lasier Martins foi aprovado em 11 de dezembro de 2019 na Comissão de Constituição e Justiça, presidida pela senadora Simone Tebet, e depois enviado ao plenário. Na Câmara, a proposta foi aprovada na Comissão de Constituição e Justiça e depois encaminhada a uma comissão especial criada para a análise do mérito.

Começou uma intensa discussão entre os deputados e senadores a favor de uma proposta ou outra. O Presidente da Câmara, Rodrigo Maia, prometeu acelerar a tramitação da proposta de emenda constitucional na tentativa de contornar a posição daqueles que defendiam o projeto de lei no Senado. Embora uma alternativa não impedisse a outra, havia um impasse que só poderia ser resolvido pelos presidentes das duas casas. Para buscar um consenso, em almoço com deputados e senadores na residência de Rodrigo Maia, mantive o argumento de que ambas as alternativas eram válidas, e não excludentes, mas que cabia aos parlamentares definir qual das duas seria prioritária.

Antes de ir a essa reunião, recebi um recado direto de Bolsonaro, por meio de um ministro, de que o presidente não queria se envolver naquele assunto. Isso não mais me surpreendeu, pois, àquela altura, já estava bem consciente da omissão do Planalto em relação às políticas anticorrupção. Respondi ao ministro que restabelecer a execução em segunda instância era uma pauta institucional que transcendia os interesses de ocasião do governo e que eu continuaria a defender a minha posição. Semanas mais tarde, em uma derradeira tentativa, em reunião no Planalto, pedi a Bolsonaro que apoiasse publicamente a pauta, mas a resposta não foi positiva.

Em 2020, as promessas dos presidentes das duas casas não foram cumpridas, embora a pandemia tenha sido utilizada como álibi – fraco, por sinal. Outras medidas legislativas foram aprovadas no período e o restabelecimento da prisão em segunda instância tinha urgência suficiente para justificar a sua inclusão em pauta e votação. Enquanto escrevo estas linhas, o restabelecimento da prisão após a condenação em segunda instância, essencial para o combate efetivo não só à corrupção, mas ao crime em geral, permanece no mero campo das intenções dos parlamentares, apesar do amplo apoio popular.

Em certo sentido, o fim da prisão após condenação em segunda instância antecipou o fim da Lava Jato – o que só ocorreria, formalmente, em fevereiro de 2021. Claro que ainda irão ocorrer operações policiais contra a corrupção e a lavagem de dinheiro, algumas com grande impacto, mas a questão é saber se os criminosos serão efetivamente responsabilizados em tempo razoável – ou a qualquer tempo. Sem a execução da condenação em segunda instância, a resposta não é muito promissora. Não creio que garantir, na prática, a impunidade para graves crimes de corrupção seja medida válida em um Estado de Direito, ou mesmo que isso contribua para o nosso desenvolvimento econômico ou social. Por isso é que jamais podemos desistir de restabelecer a prisão após condenação em segunda instância, quer pela via judicial, quer pela legislativa.

* * *

No segundo semestre de 2019, o STF tomou outra decisão que também não favoreceu a Lava Jato. Por votação apertada, o Supremo entendeu que, em ações penais com mais de um acusado, se um deles tivesse feito colaboração premiada com o Ministério Público, os demais teriam direito de apresentar suas alegações finais de defesa por último. A decisão anulou a condenação criminal do ex-presidente da Petrobras Aldemir Bendine, que teria, segundo condenações em primeira e segunda instâncias, recebido suborno da Odebrecht em sua gestão na estatal já durante as investigações da Operação Lava Jato.

Era mais uma decisão controvertida do Supremo, ilustrada pela estreita maioria de votos pela anulação do processo. Com todo o respeito ao STF, um acusado que colabora com a acusação não deixa de ser ele mesmo acusado no processo. Ele não é assistente da acusação. Pode-se até argumentar que a defesa do delatado tem o interesse de rebater o conteúdo da colaboração nas alegações finais, mas a defesa do colaborador também tem o interesse de defender a correção da colaboração nas alegações finais, já que os benefícios do acordo dependem dessa correção. Não há como estabelecer um desses interesses como prevalente, fazendo distinção entre acusados no mesmo processo. Além do mais, nem se pode falar que o acusado delatado seja surpreendido pelos fatos trazidos pelo colaborador. Os fatos que compõem a colaboração são descritos na denúncia e, se a colaboração é posterior a ela, têm que ser revelados em audiência, com o depoimento do colaborador. As alegações finais são somente uma peça de defesa feita pelo advogado, sem qualquer inovação quanto aos fatos e provas no processo. O principal problema, porém, foi a criação de uma nova regra processual, que não tinha qualquer base legal, e a sua aplicação retroativa aos processos, gerando anulações e insegurança jurídica. Se o STF entendeu que essa mudança era necessária, deveria impô-la dali em diante, condicionando a anulação de casos pretéritos à demonstração da existência concreta de prejuízo à defesa do acusado, mas essas ressalvas não foram feitas.

Nos processos julgados por mim na Lava Jato, descobri apenas três em que a defesa dos acusados delatados havia reclamado expressamente por apresentar as alegações finais antes da defesa dos colaboradores. O número reduzido dessas reclamações é ilustrativo de que a regra da apresentação simultânea das alegações finais não prejudica a defesa. Se prejudicasse, vários outros defensores teriam reclamado o mesmo benefício. Não fizeram porque não há qualquer razão para a regra criada pelo STF. Na época, interpretei aquela decisão do Supremo como um erro desnecessário e que sinalizava, principalmente pela anulação retroativa, outro retrocesso no combate à corrupção.

CAPÍTULO 17
Os hackers

Alguns meses antes da decisão do Supremo que acabou com a execução da pena após condenação em segunda instância, em maio de 2019, a Lava Jato sofreria outro golpe, dessa vez criminoso. Tive a informação de que hackers, naquele momento desconhecidos, haviam atacado e violado aparelhos e aplicativos utilizados por procuradores da República que atuavam nas forças-tarefas da operação, especialmente em Curitiba. As vítimas haviam comunicado o fato à Polícia Federal, que começou as investigações. Ainda durante aquele mês de maio, surgiram notícias de outras autoridades que estavam sofrendo ataques cibernéticos. Políticos e jornalistas, além de celebridades, também se tornaram alvos.

Posteriormente, a investigação revelaria a identidade de parte dos responsáveis e concluiria que eles se valeram de uma vulnerabilidade no sistema de telefonia brasileiro que permitia clonar o número de qualquer aparelho telefônico. Com essa clonagem, fingindo ser o usuário da linha, eles resgatavam o código de acesso a aplicativos de troca de mensagens, especificamente o Telegram, e resgatavam as mensagens armazenadas em nuvem. Quando o esquema criminoso foi totalmente compreendido pela Polícia Federal, as empresas de telefonia foram comunicadas e corrigiram a vulnerabilidade.

No dia 4 de junho, por volta das 18h, meu número de telefone foi clonado. Não havia o que fazer para impedir o ataque, pois a vulnerabilidade era do sistema de telefonia. Para viabilizar o resgate do código do Telegram sem que a vítima pudesse reagir, os hackers faziam ligações ao terminal de telefone da vítima utilizando o próprio número clonado. Recebi naquele horário dois telefonemas para o meu número. Pouco depois fui contatado por uma conhecida perguntando se eu havia ingressado no Telegram, pois ela havia sido comunicada no celular dela do meu ingresso no aplicativo. Esse aviso ocorre sempre que um usuário novo ingressa no Telegram, pelo menos para a rede de contatos desse usuário. Eram os hackers fazendo uso de meu número. Mas eu tinha deixado de utilizar o Telegram em 2017 e não havia qualquer mensagem minha a ser recuperada, pois, pelo que me informei posteriormente, depois de seis meses de inatividade o conteúdo é apagado do sistema.

Comuniquei imediatamente à Polícia Federal o que havia ocorrido, entreguei meu aparelho para perícia, a fim de facilitar as investigações, e cancelei a linha comprometida. Até onde sei, os hackers não conseguiram acessar minhas mensagens a partir do meu celular. E, deixo claro aqui, não haveria maior problema para mim se tivessem acessado, pois nunca fiz nada de ilícito, mas é óbvio que, além da tentativa de invadir minha privacidade, aquilo era uma violação da segurança das comunicações do Ministro da Justiça e Segurança Pública, o que era um crime grave.

Cinco dias após o ataque, em 9 de junho, fui surpreendido pela publicação, por um veículo jornalístico digital, o *The Intercept Brasil*, de supostas mensagens trocadas entre mim e o procurador da República Deltan Dallagnol, chefe da força-tarefa da Lava Jato em Curitiba, no período em que eu ainda era juiz. O site não chegou sequer a consultar os envolvidos antes da publicação das supostas mensagens, violando a regra básica do bom jornalismo, a de ouvir o outro lado. Sem contar o tom claramente sensacionalista da narrativa, fora de contexto e com distorções gritantes do conteúdo dos supostos diálogos. Nas semanas seguintes, sucederam-se diversas outras reportagens sobre as supostas mensagens. Alguns outros veículos jornalísticos, de melhor reputação e prática, obtiveram o material do *The Intercept* e passaram também a publicar matérias, muitas repetindo os mesmos vícios.

Desde o início, recusei-me a reconhecer a autenticidade das mensagens. Primeiro, porque teriam sido obtidas por meios criminosos. Segundo, porque não as tinha mais à minha disposição e era impossível me lembrar do exato teor de mensagens que eu havia eventualmente trocado com interlocutores dois ou três anos antes. Terceiro, porque ficou claro desde o início que o objetivo dos ataques era invalidar processos e condenações por crimes de corrupção na Lava Jato, minando os esforços institucionais dos últimos anos no país.

Sempre respeitei a liberdade de imprensa, mas sinceramente não creio que dar publicidade a mensagens obtidas de maneira ilícita por hackers possa ser considerado bom jornalismo. Acho que barreiras éticas consideráveis precisam ser ultrapassadas para se publicar material obtido por meios criminosos, com o agravante de que, no caso específico, o objetivo dos hackers – anular condenações por crimes de corrupção – era também eticamente reprovável.

Cabe esclarecer que, na tradição jurídica brasileira, não é incomum o juiz conversar com procuradores, policiais e advogados. Isso faz parte do cotidiano do trabalho e não há nada de ilícito nisso. O que pode determinar alguma ilicitude é o conteúdo da conversa. Por exemplo, pode acontecer de um procurador informar ao juiz que vai requerer alguma medida em um inquérito – como uma prisão preventiva – e o juiz pode legitimamente responder que, para tanto, são necessárias provas robustas que ele ainda não vislumbra na investigação. Ou, em outro exemplo, é possível um advogado procurar o juiz e pedir a revogação da prisão preventiva de seu cliente e receber como resposta que, para isso, seria necessário esclarecer, no pedido formal, alguns pontos específicos que seriam considerados relevantes para a tomada de decisão. Nada disso é ilícito ou antiético. Acontece muito, mais até nos tribunais superiores do que na primeira instância.

Digo isso porque várias das supostas mensagens divulgadas, em que pese o sensacionalismo das reportagens, não revelavam qualquer ilícito ou conduta antiética minha ou dos procuradores. Não vi nada ali indicando que alguém tenha sido incriminado indevida ou fraudulentamente durante a Lava Jato, ou mesmo que alguma prova tenha sido forjada. Não há qualquer mensagem que indique antecipação de julgamento, motivação político-partidária ou interesse pessoal no resultado dos processos.

A interpretação feita por alguns jornalistas, de que eu teria orientado a ação dos procuradores ou quebrado a imparcialidade de um juiz, é fantasiosa e não se sustenta no conteúdo das supostas mensagens divulgadas. Lembro, por exemplo, de reportagem sobre uma suposta mensagem em que eu teria pedido "parcimônia" à Polícia Federal no cumprimento de uma busca e apreensão. Isso, segundo a matéria, era uma prova de que eu orientava a ação da polícia e era parcial – uma conclusão disparatada. Outra reportagem afirmava, também de modo absurdo, que eu teria aconselhado ilicitamente um procurador da República ao informar a ele que, para apresentar um pedido de prisão preventiva de um acusado, deveria estar amparado em prova robusta.

Em uma interpretação forçada, concluíram que eu teria influenciado a elaboração da denúncia contra o ex-Presidente Lula. A base para essa afirmação seria uma mensagem na qual eu indagaria a um procurador se eles tinham uma denúncia sólida, seguida, na resposta, pela descrição sintética da denúncia que estavam querendo fazer, nada mais. Há um salto argumentativo significativo para inferir, a partir de uma pergunta sobre o conteúdo da denúncia, uma fantasiosa interferência no conteúdo dela.

Eu poderia comentar, uma a uma, todas essas supostas mensagens e as matérias equivocadas com base nelas elaboradas, mas entendo que isso seria inapropriado, considerando que foram obtidas de maneira criminosa por hackers. Não havia nem nunca houve qualquer conluio entre mim e os procuradores da Lava Jato em qualquer processo, muito menos nas ações penais contra o ex-presidente. Os fatos a esse respeito são categóricos.

Na Operação Lava Jato, absolvi, como juiz, 21% dos acusados. A grande maioria das condenações foi mantida pelo Tribunal Regional Federal da 4ª Região e pelo Superior Tribunal de Justiça, inclusive a condenação em desfavor do ex-Presidente Lula. O próprio ex-presidente foi absolvido por mim de uma das acusações contra ele formulada pelo Ministério Público, a de que o pagamento pela OAS de despesas de armazenamento do acervo presidencial seria um suborno disfarçado – os procuradores recorreram. Um auxiliar próximo do ex-presidente, Paulo Tarciso Okamotto, foi absolvido por mim de todas as acusações na mesma ação penal, isso contra o posicionamento do Ministério Público, que também recorreu nesse caso. Onde estaria o conluio entre juiz e procuradores? Onde estaria a suspeição? Esses fatos estão todos documentados e não são, como as supostas mensagens, de duvidosa autenticidade ou de origem ilícita. No fundo, foi construída uma farsa em cima de um crime com o objetivo de anular condenações e processos por crimes de corrupção.

Em meados de julho de 2019, a investigação da Polícia Federal avançou e os hackers foram presos. O grupo estaria envolvido na invasão de aparelhos celulares de centenas de autoridades e em outros tipos de crime, como estelionatos cibernéticos. Após serem detidos, acabaram admitindo a prática de vários desses delitos, inclusive a invasão dos aparelhos dos procuradores da Lava Jato. Sempre houve forte suspeita de que teriam sido pagos por terceiros para realizar essas ações, mas, até o fechamento deste livro, não havia evidências conclusivas nesse sentido.

Apesar dessa origem ilícita, o material deu aos adversários da Lava Jato, entre eles criminosos condenados ou ainda investigados e os seus defensores – não me refiro aqui aos advogados –, a oportunidade de atacar os esforços anticorrupção, os procuradores e a mim por meio de narrativas falsas. Alguns ministros do STF, que não eram exatamente simpáticos à operação, passaram a cogitar o uso daquelas mensagens obtidas por meios criminosos para invalidar as condenações criminais e os processos da 13ª Vara Federal Criminal de Curitiba.

A regra da exclusão das provas ilícitas em processo, a denominada *exclusionary rule*, é uma criação das Cortes de Justiça norte-americanas. Com base em uma interpretação da norma constitucional que veda buscas e apreensões genéricas ou arbitrárias, a Suprema Corte norte-americana passou a entender, em julgamentos como *Weeks v. US*, de 1914, ou *Mapp v. Ohio*, de 1961, que provas colhidas com violação de direitos fundamentais não poderiam ser admitidas nos processos criminais. O argumento, em resumo, é de que o Estado não pode incentivar o desprezo à lei a pretexto de combater o crime.

O Brasil chegou mais tarde nesse debate. Apenas na Constituição Federal de 1988 foi estabelecido expressamente que provas ilícitas não seriam admitidas em processos judiciais. Apesar da introdução tardia na legislação, a jurisprudência dos nossos tribunais passou a seguir estritamente a regra, mesmo em casos nos quais os crimes processados eram atrozes ou reprováveis.

Cito um caso emblemático. Em decisão de 21 de junho de 2002, o Ministro Celso de Mello, do STF, rejeitou que fotografias de crime de pedofilia furtadas de um consultório odontológico e depois entregues à polícia pudessem ser admitidas como provas contra o titular do consultório.[64] Outras decisões de exclusão de provas ilícitas em processos podem ser encontradas aos montes na jurisprudência do STF e de outros tribunais. Às vezes, por muito pouco foram anuladas complexas investigações policiais sobre crimes graves, com discussões controversas sobre a ilicitude da prova, como aquelas que resultaram na anulação das operações Castelo de Areia e Satiagraha.[65]

Apesar da longa tradição dessa jurisprudência, ela estava perto de ser ignorada para permitir o acesso e a utilização das mensagens hackeadas para invalidar condenações e processos por crimes de corrupção. Certamente, pode-se pensar que a utilização das mensagens deveria ser permitida excepcionalmente se elas revelassem que algum acusado foi condenado mesmo sendo inocente ou com base em prova fraudada. É

---

[64] RE 251.445, STF.

[65] A Operação Castelo de Areia foi deflagrada em março de 2009 para investigar crimes financeiros e desvio de verbas públicas que envolviam diretores de empreiteiras e partidos políticos. Foi anulada pelo STJ porque as apurações iniciais da Polícia Federal teriam se baseado em denúncia anônima. A Satiagraha, operação da Polícia Federal iniciada em 2004 que investigava um esquema de desvio de verbas públicas, corrupção e lavagem de dinheiro, também foi anulada pelo STJ porque agentes da Agência Brasileira de Inteligência (Abin) teriam ajudado nos grampos telefônicos, o que seria ilegal, porque a Abin existe para assessorar a Presidência da República e não a PF. Ambos os entendimentos são controvertidos, o primeiro quanto à origem da investigação, o segundo, quanto à consequência da ilegalidade.

um argumento razoável, pois não se justifica a manutenção de um inocente na prisão. Ocorre que, como já adiantei, nenhuma das supostas mensagens reveladas indicava nada nesse sentido: não houve fraudes em provas, nem ocultação de provas, tampouco algum cerceamento de defesa, e não havia qualquer elemento que autorizasse conclusão de que alguém teria sido processado por conta de sua opinião política e não pela prática de um crime.

Em fevereiro de 2021, a Segunda Turma do Supremo deu acesso aos advogados de Lula a todos os supostos diálogos hackeados antes mesmo de apreciar a origem criminosa ou a autenticidade daquele material, referendando uma liminar concedida anteriormente em janeiro do mesmo ano. Argumentou-se que não se decidia ali sobre a admissibilidade da prova, mas apenas sobre o acesso a ela pela defesa, o que é um argumento peculiar, pois, se a prova é ilícita, como ela poderia ser acessada pela parte? Ademais, desde a liminar, várias mensagens haviam sido vazadas para publicação de falsas narrativas nelas baseadas por parte da imprensa, com o objetivo óbvio de desgastar a Lava Jato junto à opinião pública. Na prática, o Supremo permitia que a prova fosse utilizada e ignorava o vazamento ilegal dela para a imprensa. Uma proteção concedida pelo STF até mesmo a pedófilos foi negada a procuradores e juízes que não somente não haviam praticado crime algum, como se empenharam no combate à corrupção. Toda a antiga e reiterada jurisprudência do Supremo Tribunal Federal que repudiava a admissão de provas ilícitas em processo foi deixada de lado, sem explicação.

Em seguida, o Ministro Edson Fachin, por decisão monocrática de 8 de março de 2021, invalidou as duas condenações lavradas pela 13ª Vara Federal Criminal contra o ex-Presidente Lula, uma proferida por mim e outra por outro juiz, sob o argumento de que a competência seria da Justiça Federal em Brasília, já que o crime de corrupção não estaria vinculado somente a contratos da Petrobras. Como a Segunda Turma do Supremo vinha retirando da Justiça Federal de Curitiba a competência sobre desdobramentos da Lava Jato não relacionados estritamente a contratos da Petrobras, o Ministro Fachin resolveu acolher monocraticamente essa tese para as condenações pendentes contra o ex-Presidente Lula.

Não houve aqui uma decisão de que as condenações tinham sido injustas ou viciadas, mas sim de que caberia a outro órgão do Judiciário apreciá-las. A decisão do ministro surpreendeu a todos – já que algumas condenações criminais haviam passado por três instâncias judiciais – e aparentava ter por propósito evitar o julgamento de habeas corpus, ainda pendente, em que a defesa de Lula pedia a minha suspeição (em outras palavras, o ex-presidente solicitava que o STF me considerasse parcial nas ações penais contra ele na 13ª Vara Federal Criminal). Como o Ministro Fachin, um magistrado que admiro, sempre foi um forte defensor da Lava Jato e do combate à corrupção, creio que essa interpretação é possível. Mas, se essa era a intenção, não houve sucesso.

O pior viria no dia seguinte. A maioria dos ministros da Segunda Turma, mesmo com a decisão do Ministro Fachin, insistiu no julgamento do habeas corpus do ex-presidente, em que ele alegava que eu teria agido com parcialidade. Esse habeas corpus havia sido impetrado no fim de 2018 e o julgamento foi iniciado ainda naquele ano. Havia dois votos a favor de Lula e dois votos contra quando um ministro pediu vistas do processo antes do seu encerramento. O julgamento foi retomado em março de 2021, após a referida decisão do Ministro Edson Fachin, e a Segunda Turma do Supremo Tribunal Federal, em votação por maioria, acolheu o habeas corpus, sob a alegação de que eu teria agido com parcialidade no processo, e anulou a condenação criminal também com base nesse fundamento.[66] Em uma sessão na qual um dos ministros mudou seu voto anterior e outros deixaram a urbanidade de lado por completo, argumentou-se que eu teria proferido algumas decisões que revelavam a minha parcialidade em relação ao ex-presidente. Argumentou-se ainda que não estariam considerando as mensagens obtidas por meios criminosos – embora tenham sido citadas à profusão por dois ministros.

Penso que o Supremo Tribunal Federal merece todo o respeito institucional cabível, mas é necessário ressalvar que a decisão, tomada por maioria, não reflete a realidade. O fato de um juiz tomar decisões desfavoráveis a algum acusado no processo não autoriza qualquer conclusão

---

[66] HC 193.726.

de que ele age com parcialidade nem o torna suspeito. A tomada de decisões favoráveis ou desfavoráveis às partes é algo natural em qualquer processo. Examino aqui rapidamente alguns atos que, segundo os ministros do Supremo, revelariam a minha parcialidade.

Um deles teria sido a condução coercitiva do ex-presidente para depor. Ora, como já vimos, foi um pedido da Polícia Federal e do Ministério Público Federal fundado em circunstâncias peculiares: o receio de que o ex-presidente pudesse utilizar seus apoiadores para dificultar o seu depoimento ou as diligências de busca e apreensão que ocorreram na mesma data. Ordenei categoricamente à polícia que a diligência fosse feita com discrição, sem uso de algemas, e ela só veio a público porque o próprio ex-presidente e seus assessores assim desejaram. A espetacularização da diligência foi resultado da ação de Lula – que divulgou o fato à militância partidária e inclusive concedeu entrevista coletiva após o interrogatório – e não da Justiça. Medidas como aquela – condução de pessoas investigadas para prestarem depoimento, com a garantia do direito ao silêncio – eram comuns naquela época. Nada nesse episódio poderia embasar a conclusão de que o juiz teria sido parcial.

Outro ato teria sido conferir publicidade ao já referido diálogo interceptado entre Lula e a então Presidente Dilma Rousseff. Já expliquei aqui os motivos da decisão, informada ao Supremo Tribunal Federal em março de 2016 – a conversa divulgada, aliás, foi utilizada como fundamento para um ministro do Supremo, Gilmar Mendes, impedir a posse de Lula como ministro do Executivo. Se esse ato era tão suspeito, por que não houve censura em 2016 pelo Supremo ou mesmo em 2018, quando foi negado o habeas corpus preventivo para impedir a prisão do ex-presidente? Causa estranheza que o Supremo possa ter considerado essa mesma decisão, cinco anos depois, como causa de parcialidade.

Uma terceira alegação, sobre a qual também já escrevi longamente, consistiria na falta de cumprimento do alvará de soltura concedido ao ex-presidente Lula em 8 de julho de 2018. Mas aqui a decisão não foi minha: o fato foi informado ao Tribunal Regional Federal da 4ª Região e depois ao Superior Tribunal de Justiça. Foram essas Cortes que impediram a soltura e ainda anularam a concessão do habeas corpus.

Outro motivo teria sido a suposta interceptação telefônica ordenada contra todos os advogados do ex-presidente. Em todo lugar do mundo admite-se que o sigilo da relação entre cliente e advogado pode ser quebrado se houver suspeita de que o próprio advogado está envolvido na prática de crimes com o cliente. É a chamada *crime and fraud exception*. O fato de alguém ser advogado não o imuniza contra a investigação criminal. O advogado pode livremente orientar o cliente a como se defender de uma acusação criminal e o Estado não pode se intrometer nessa relação. Mas o advogado não pode orientar o cliente a praticar um crime.

Em relação a um dos advogados do ex-presidente, havia suspeita de que ele estaria envolvido em lavagem de dinheiro, o que motivou um pedido de interceptação do terminal dele pela Polícia Federal e pelo Ministério Público. Em síntese, havia indícios de que ele teria participado da compra de um sítio em Atibaia em nome de terceiros, mas que era utilizado pelo ex-presidente como se fosse seu. Além disso, esse advogado teria, segundo o Ministério Público, se envolvido em reformas do sítio utilizado por Lula, custeadas por empreiteiras envolvidas na Lava Jato. (Tempos depois, o advogado foi acusado criminalmente e condenado por outro juiz em primeira instância, em uma das ações penais, embora essa condenação, que também envolvia o Presidente Lula, tenha sido depois anulada por questões formais.) Como se não bastasse tudo isso, o advogado cedia o seu aparelho celular para utilização pelo ex-presidente. Então a interceptação dele foi autorizada na condição de investigado e não de advogado. Mas não houve nenhuma ordem judicial para interceptar todos os demais advogados do ex-presidente, como se argumentou falsamente perante o Supremo Tribunal Federal. Houve, é certo, uma confusão.

Além do referido terminal do advogado investigado, o Ministério Público pediu a interceptação de terminal telefônico atribuído à empresa de palestras do ex-presidente, já que havia suspeita de que subornos estavam sendo pagos através de palestras de fachada. O terminal indicado estava no cadastro da Receita Federal como sendo daquela empresa, mas, na realidade, o telefone era de um terminal do escritório de advocacia que representava o ex-presidente. Por isso, aquele telefone acabou sendo interceptado inadvertidamente pela Polícia Federal. Eu, particularmente, só fui informado do erro após o fim da interceptação telefônica. Mas, constatado o erro, o material não foi utilizado para qualquer propósito. Era uma falácia, portanto, a afirmação de que todos os advogados de defesa de Lula teriam sido interceptados pela Lava Jato e um disparate ainda maior se valer desse episódio pontual como causa para se concluir pela parcialidade do magistrado.

Também foi abordada no julgamento uma decisão minha em outro processo: em 1º de outubro de 2018, tornei públicas declarações prestadas pelo ex-Ministro Antonio Palocci em um acordo de colaboração. Segundo alguns ministros do Supremo Tribunal Federal, ao tomar essa medida naquela data, eu interferi nas eleições de 2018 contra Lula e a favor de Bolsonaro. Há vários problemas com esse argumento. Primeiro, a decisão está longamente fundamentada por mim. Havia uma ação penal em curso em que o ex-ministro já havia prestado depoimento, tendo ele depois assinado acordo de colaboração. Antes do julgamento, era preciso juntar aos autos cópia do acordo e ainda o depoimento por ele prestado na colaboração que dizia respeito aos fatos tratados naquele processo, sob pena de abrir oportunidade para que depois as defesas de outros acusados alegassem que documentos ou provas relevantes teriam sido sonegados a elas. Segundo, não há qualquer elemento que comprove que a decisão foi tomada com a intenção de provocar um fato eleitoral. Terceiro, o candidato do Partido dos Trabalhadores à presidência era Fernando Haddad e não Lula, e o nome do primeiro não era sequer mencionado no depoimento.

Como se não bastasse, o depoimento não trazia qualquer novidade em relação ao que Palocci tinha dado na própria ação penal e que havia sido divulgado ainda em 2017. Aquele depoimento, portanto, não teria como influenciar as eleições. Quarto, o argumento de que houve interferência nas eleições sugere que existia uma disputa acirrada entre Bolsonaro e Haddad e que a divulgação teria por objetivo fazer a balança pender para Bolsonaro. Acontece que a decisão e a divulgação ocorreram antes do primeiro turno das eleições, quando havia vários candidatos na disputa, e não entre o primeiro e o segundo turnos, aí sim com a presença apenas de Bolsonaro e Haddad.

Outra causa de suspeição seria o fato de eu ter aceitado o convite do presidente eleito para tornar-me Ministro da Justiça. Ora, quanto a isso, já falei anteriormente quais foram as minhas razões, e a aceitação de um convite em novembro de 2018 não pode ser nem remotamente relacionada à condenação criminal do ex-Presidente Lula em julho de 2017, quando eu nem sequer conhecia Jair Bolsonaro e ninguém cogitava que ele teria chances reais de ser eleito presidente.

Ao contrário do que entendeu a maioria no Supremo, eu havia sido extremamente cauteloso na ação penal contra Lula, inclusive quanto à prisão dele. Mesmo com os sucessivos ataques dele a mim e ao Judiciário, jamais cogitei decretar prisão preventiva contra ele ou mesmo alguma outra medida mais drástica. A prisão (não a preventiva, mas para iniciar a execução da pena) foi ordenada pelo Tribunal Regional Federal da 4ª Região, e não por mim – e isso somente após a Corte ter confirmado a condenação criminal em segunda instância e depois de o Superior Tribunal de Justiça e o Supremo Tribunal Federal terem rejeitado os habeas corpus que haviam sido impetrados pela defesa para evitar a prisão.

O fato de a prisão ter ocorrido somente após as decisões das Cortes superiores gera ainda algumas indagações: se eu havia cometido atos tão graves e suspeitos contra o ex-presidente, por que o Supremo não evitou a prisão dele ainda em março de 2018, mas, ao contrário, rejeitou o habeas corpus? Se a causa da suspeição foram os atos posteriores a março de 2018, como eles podem ser considerados para dizer que eu teria agido com parcialidade em julho de 2017 ao proferir a sentença? E ainda, diante de atos tão graves, por que o Supremo não concedeu o habeas corpus quando ele foi impetrado ao final de 2018, tendo aguardado mais de dois anos para tomar essa decisão?

Outro ponto a ser considerado é que a sentença condenatória proferida por mim no caso do tríplex de Guarujá havia sido substituída pelo acórdão, também condenatório, do Tribunal Regional Federal da 4ª Região, que havia reexaminado o caso, inclusive as provas, e posteriormente pela decisão do Superior Tribunal de Justiça, que manteve a decisão do TRF. Ainda que eu tivesse alguma motivação pessoal – o que não era verdade –, como estender a anulação aos julgamentos proferidos pelas outras Cortes? Teriam elas também agido com parcialidade?

Mais uma vez, com todo o respeito que cabe ao Supremo Tribunal Federal, a afirmação de que eu teria atuado com parcialidade ou com suspeição não é minimamente sustentável. Foi um erro cometido sob a influência de um crime: no caso, a invasão de celulares de procuradores e juízes por hackers.

Depois do julgamento da Segunda Turma, houve recurso ao plenário do Supremo Tribunal Federal, em que a decisão foi mantida por maioria, sete contra quatro votos. Apesar do resultado desfavorável, quatro ministros – Edson Fachin, Luís Barroso, Marco Aurélio e Luiz Fux – não reconheceram qualquer motivo para a suspeição. Alguns até avaliaram como imprestáveis as supostas mensagens hackeadas ou ainda que o seu teor não indicava motivo para a suspeição. Destaco trecho do voto do Ministro Marco Aurélio, decano da Corte:

"Ora, assentada a incompetência do Juízo da Décima Terceira Vara Federal de Curitiba, logicamente inexiste utilidade e necessidade em apreciar se o juiz mostrou-se, ou não, imparcial na condução dos trabalhos atinentes aos referidos processos, e que desaguou em decisões condenatórias. Conclusão diversa implica desconhecer-se os predicados da jurisdição – utilidade e necessidade – e caminhar-se para a execração de magistrado que honrou o Judiciário, que adotou postura reveladora de imensa coragem ao enfrentar a corrupção, sendo condenados inúmeros réus, feitas colaborações premiadas, firmados contratos de leniência, com devolução de bilhões de reais aos cofres públicos. Sim, o juiz Sergio Moro surgiu como verdadeiro herói nacional. E, então, do dia para a noite, ou melhor, passado algum tempo, é tomado como suspeito, e, aí, caminha-se para dar o dito pelo não dito, em retroação incompatível com os interesses maiores da sociedade, os interesses maiores do Brasil. Dizer-se que a suspeição está revelada em gravações espúrias é admitir que ato ilícito produza efeitos, valendo notar que a autenticidade das gravações não foi elucidada. De qualquer forma, estaria a envolver diálogos normais considerados os artífices do Judiciário – o Estado acusado e o Estado julgador –, o que é comum no dia a dia processual."

Mas, enfim, apesar da eloquência dos votos vencidos e da sua conexão com os fatos ocorridos, a posição majoritária foi pela anulação da condenação por corrupção e lavagem de dinheiro do ex-Presidente Lula. Juridicamente, não havia o que fazer.

CAPÍTULO 18
Enumerando os atrasos

A decisão pela anulação da condenação do ex-Presidente Lula se insere em um contexto maior de retrocessos na luta contra a corrupção que foram verificados desde os julgamentos do mensalão e da Operação Lava Jato. Esse fenômeno deve ser compreendido na esteira de outras decisões do próprio Supremo Tribunal Federal que, com todo o respeito à Corte, tiveram o efeito prático de minar o combate à corrupção:

- A remessa à Justiça Eleitoral de casos complexos de crimes de corrupção e de lavagem de dinheiro sempre que houver alegação de que o dinheiro foi destinado a campanhas eleitorais.
- O recuo na execução da pena após condenação em segunda instância.
- A anulação de condenações por corrupção pela aplicação de uma regra processual até aquele momento inexistente, a de que a defesa dos acusados delatados deveria apresentar alegações finais após a apresentação das alegações pela defesa dos acusados colaboradores.
- A retirada da Justiça Federal de Curitiba de casos conexos com o esquema de corrupção da Petrobras por não terem uma estrita ligação com subornos na estatal.
- A lentidão para processar e julgar as ações penais relacionadas à Lava Jato que tramitavam no STF.

Cabe aqui ressalvar que todos esses retrocessos foram aprovados por maioria de votos, em votações por vezes apertadas, de seis contra cinco. Também cabe reconhecer que há ministros fortemente comprometidos com a necessidade de prevenção e repressão efetiva à corrupção e que usualmente defenderam a Operação Lava Jato. Por fim, cabe respeitar os entendimentos jurídicos dos ministros, ainda que com eles não concordemos. Não se pode criminalizar a hermenêutica.

Dito isso, toda instituição pública está sujeita a críticas, inclusive o Supremo Tribunal Federal. A crítica aos julgamentos contrários à Lava Jato em nenhuma hipótese justifica ataques pessoais aos ministros ou mesmo a defesa do fechamento da Suprema Corte. O STF nasceu junto com nossa República, inspirado na Suprema Corte dos Estados Unidos. Trata-se de uma instituição essencial ao Estado de Direito e, como consequência, à democracia.

Mas é inegável, apesar do respeito à instituição e aos seus ministros, que as decisões que mencionei aqui enfraqueceram o combate à corrupção no país, especialmente o fim da prisão após condenação em segunda instância e a remessa de casos de corrupção ligados ao uso de caixa dois para a Justiça Eleitoral. Trata-se de interpretações possíveis dos textos legais – e juízes interpretam, e não criam, leis –, mas é fato que, até pelos relevantes votos que foram vencidos, outras interpretações eram possíveis e, se tivessem prevalecido, o país prosseguiria de forma mais incisiva na prevenção e repressão à corrupção, algo tão necessário entre nós, diante de sua extensão e profundidade.

Combater a corrupção nada tem de deletério para a democracia ou para a economia. É até estranho ter que gastar tempo no Brasil refutando esse argumento. Isso é uma verdade aceita no mundo inteiro e que corresponde ao nosso senso comum. A corrupção disseminada afeta a qualidade da economia, pois obras e serviços públicos ficam mais caros, os investimentos públicos tornam-se ineficientes e a competição desleal faz com que as empresas passem a investir mais em suborno do que em medidas para elevar sua produtividade. Quanto à democracia, a corrupção atinge a credibilidade dos governantes e, em certo nível, pode prejudicar a legitimidade do sistema político. Não é por acaso que políticos populistas recorrem ao discurso anticorrupção mesmo sem, no mais das vezes, terem real compromisso com ele.

É triste observar que os avanços anticorrupção provenientes dos esforços empreendidos nos últimos anos por tantas instituições, entre elas o Poder Judiciário em suas várias instâncias e o próprio Supremo Tribunal Federal, estejam sendo corroídos agora por decisões em sentido contrário.

Não cabe aqui culpar, como alguns fazem, os juízes, procuradores e policiais da Lava Jato. Sei que falo em parte em causa própria, mas asseguro que mantivemos a mesma linha desde o início: a corrupção é um crime e enfrentá-la representa e sempre representará um avanço da institucionalidade e do Estado de Direito.

Ouvi de algumas pessoas que, em parte, o retrocesso seria decorrente da animosidade de alguns ministros do Supremo Tribunal Federal em relação a alguns integrantes da Operação Lava Jato. Não sei se a explicação é verdadeira, embora algumas críticas tenham ultrapassado a urbanidade – nunca de minha parte, é bom ressaltar. De todo modo, é imaturo misturar questões institucionais com querelas pessoais. Nenhuma contrariedade pessoal entre magistrados ou procuradores justifica retrocessos institucionais no enfrentamento da impunidade da grande corrupção.

Infelizmente, a maioria dos ministros do STF não esteve sozinha na construção desses retrocessos. O Congresso Nacional, responsável antes pela construção do arcabouço jurídico que permitiu o avanço contra a corrupção, aprovou, a partir de 2019, leis que dificultaram a investigação e os processos contra os crimes de corrupção.

A principal delas foi a lei contra o abuso de autoridade.[67] Ninguém é a favor do abuso por parte das autoridades que têm um compromisso com as leis do país. Entretanto, a pretexto de combater esse comportamento imoral, o Congresso aprovou norma que teve o efeito prático de intimidar policiais, promotores e juízes na aplicação da lei, especialmente em processos por crimes de corrupção. A lei, é certo, tem algu-

---

[67] Lei 13.869, de 5 de setembro de 2019.

mas salvaguardas, como exigir a comprovação da intenção dolosa de se praticar o abuso, e também estabelece expressamente que a divergência na interpretação da lei e na avaliação das provas não caracteriza abuso.[68] Na prática, contudo, deixa margem, por exemplo, para punir juízes que decretam prisões preventivas ou procuradores que oferecem denúncias se essas medidas depois forem revogadas pelas instâncias superiores. Não por acaso, depois da aprovação da lei, o uso da prisão preventiva em casos de corrupção caiu drasticamente, mesmo havendo o risco de destruição de provas ou reiteração dos crimes.

Acompanhei o processo de formulação, discussão e aprovação dessa norma. Ainda como juiz, em dezembro de 2016, participei de sessão no Senado para debater o então projeto de lei. Ponderei sobre os problemas do projeto e apresentei sugestões por escrito de alterações – uma delas, inclusive, resultou no dispositivo que impede que a divergência na interpretação da lei ou na avaliação dos fatos e provas caracterize abuso de autoridade.[69] O objetivo era evitar o chamado "crime de hermenêutica", ou seja, que um juiz fosse punido apenas por interpretar a lei de forma diversa das instâncias recursais, o que seria um grande risco para o magistrado em processos por corrupção contra pessoas poderosas.

Defendi a independência da magistratura no plenário do Senado sob o busto de nosso maior jurista, Rui Barbosa, que também foi senador e, a seu tempo, fez uma defesa veemente no STF de um juiz acusado injustamente de abuso de autoridade. Vale aqui um parêntese para contar essa história, especialmente neste tempo em que juízes e procuradores sofrem novas intimidações.

Em 1895, Rui Barbosa assumiu uma causa na qual um juiz do Rio Grande do Sul, Alcides de Mendonça Lima, ao decidir um caso concreto, entendeu que uma lei promulgada no estado era inconstitucional

---

[68] Art. 1º, § 2º, da Lei 13.869, de 2019: "A divergência na interpretação de lei ou na avaliação de fatos e provas não configura abuso de autoridade."

[69] "Moro propõe ao Senado alteração no projeto de lei de abuso". *O Estado de S. Paulo*. Disponível em <https://politica.estadao.com.br/blogs/fausto-macedo/moro-propoe-ao-senado-alteracao-no-projeto-da-lei-de-abuso/>. Acesso em 28/09/2021.

porque estabelecia que o voto dos jurados não seria mais secreto. Para o juiz Lima, essa mudança submetia os jurados a pressões múltiplas, inclusive de interesses locais poderosos. Diante disso, o juiz declarou expressamente a incompatibilidade daquela mudança com a Constituição em vigor, a de 1891, e manteve o voto secreto dos jurados para aquele caso específico.

À época, o presidente do estado, Júlio de Castilho, ficou revoltado com a posição do juiz Lima e solicitou ao Superior Tribunal do Rio Grande do Sul que o "juiz falacioso fosse punido", o que de fato ocorreu: Lima foi condenado pelo crime de abuso de autoridade, que constava do primeiro Código Penal republicano.[70] Consternado, Rui Barbosa assumiu a causa do juiz e levou o caso ao Supremo Tribunal Federal. Nas alegações finais, depois publicadas nas suas obras completas com o título *O júri e a independência da magistratura*,[71] Barbosa argumentou não só que o juiz estava correto em sua interpretação da Constituição como também que divergências na interpretação da lei não poderiam ser jamais criminalizadas, sob pena de transformar o juiz em um servo, retirando aquilo que é um dos fundamentos da liberdade de qualquer nação, que é uma Justiça independente. Disse Rui Barbosa:

"Não é só a defesa de um magistrado, que neste rápido improviso se empreende, mas a dos dois elementos, que, no seio das nações modernas, constituem a alma e o nervo da Liberdade: o júri e a independência da magistratura."

A defesa foi bem-sucedida, com a revisão da condenação criminal, e o crime de hermenêutica foi sepultado ainda no alvorecer da República brasileira. Tínhamos, portanto, uma longa tradição histórica no combate a esse tipo de crime e seria lamentável que isso se perdesse

---

[70] Art. 226 do Decreto 847, de 1890.
[71] Disponível em <http://www.stf.jus.br/bibliotecadigital/ruibarbosa/18428/pdf/18428.pdf>. Acesso em 28/09/2021.

ao se promulgar uma nova lei de abuso de autoridade com o efeito prático de intimidar juízes, policiais e procuradores em processos contra a corrupção.

Voltando à sessão no Senado em 2016, julgo que minha participação foi positiva: ao menos os senadores acolheram algumas sugestões que dei, entre elas a inclusão de um dispositivo que diminuía o risco de crimes de hermenêutica. O projeto ficaria paralisado na Câmara até 2019, quando foi retomado no contexto do arrefecimento da Operação Lava Jato.

Já como ministro, busquei mais uma vez evitar a aprovação da lei ou pelo menos dos dispositivos mais controversos, que podiam ter efeito prático dissuasório contra a ação independente dos agentes da lei. Apesar disso, a Câmara aprovou o texto, que foi para sanção ou veto do presidente. Tanto eu quanto a Controladoria-Geral da União e a Advocacia-Geral da União pedimos a Bolsonaro que vetasse vários dispositivos. Ao menos daquela vez o Presidente da República acolheu todas as sugestões e vetou boa parte do texto legal. Cabia agora ao Congresso avaliar os vetos. Nessa parte, penso que faltaram articulações no Congresso, pela Secretaria de Governo, para que aqueles vetos fossem mantidos, e ao final eles foram derrubados.

Houve um episódio antes da votação que também dificultou essa ação do Executivo: o cumprimento de busca e apreensão ordenada pelo Supremo Tribunal Federal na residência e no gabinete do senador Fernando Bezerra, líder do governo no Congresso. A busca e apreensão nada tinha de ilegal e eu não poderia impedir a PF de cumprir aquela ordem, ainda que, politicamente, o momento fosse inconveniente. Aquele episódio foi utilizado por vários agentes políticos contrários à Lava Jato e aos esforços anticorrupção como argumento em favor da derrubada dos vetos. Alegou-se que havia abuso nas buscas ordenadas pelo Ministro Celso de Mello, muito embora elas se enquadrassem em uma praxe normal em uma investigação de corrupção. Por fim, a aprovação da nova lei de abuso de autoridade, com a derrubada dos vetos, representou mais um retrocesso no combate à corrupção tanto pelo conteúdo da lei como pelo simbolismo, pois o Congresso, em vez de aprovar leis que buscavam diminuir a impunidade da grande corrupção, aprovava medidas que dificultavam o trabalho dos agentes da lei.

Ao mesmo tempo, projetos de reformas legais que buscavam diminuir privilégios e a impunidade da grande corrupção não avançavam no Parlamento, como as já referidas propostas de emenda constitucional para a execução da prisão após condenação em segunda instância e para suprimir o foro privilegiado, além do projeto de lei que criminalizava o caixa dois em eleições ou do que mantinha o julgamento de casos de corrupção na Justiça Comum. Um Congresso formado em boa parte por parlamentares eleitos em 2018 com base no discurso anticorrupção não se movimentava para aprovar as medidas de avanço contra esse crime, mas apenas as de retrocesso.

O governo federal também não contribuiu, como já vimos nos episódios relativos à interferência no Coaf e na Polícia Federal. Ainda em setembro de 2019, merece também referência a indicação, pelo Presidente Bolsonaro, de Augusto Aras para o cargo de Procurador-Geral da República. Desde 2002 o Procurador-Geral vinha sendo nomeado com base em uma lista tríplice, formada pelos mais votados entre os próprios procuradores. Embora não haja qualquer exigência legal nesse sentido, a indicação baseada na lista tríplice havia se tornado uma tradição salutar que contribuía para a atuação mais independente dos procuradores-gerais nomeados nesse período. Bolsonaro, insatisfeito com o resultado da votação em 2019, rompeu com a tradição e escolheu alguém fora da lista tríplice. Na época, aconselhei o presidente a seguir a lista, mas o conselho não foi ouvido. A impressão passada à opinião pública era a de que Bolsonaro queria indicar alguém de sua estrita confiança, o que nem sempre é positivo para a independência do Procurador-Geral.

A ação simultânea, por parte dos integrantes dos três poderes, contra os avanços institucionais, legais e jurídicos obtidos durante o mensalão e a Operação Lava Jato teve o efeito prático de interromper o ciclo virtuoso de melhoria do quadro institucional, arrefecendo o combate à corrupção e facilitando a impunidade dos poderosos. Não enumerei aqui os atrasos para imputar más intenções aos responsáveis – ao contrário, eu sempre presumo os bons propósitos das pessoas. Apesar disso, o estrago foi inegável. Muitos brasileiros ficaram frustrados, eu inclusive. Como Ministro da Justiça, tentei, em vão, impedir esses retrocessos. O resultado seria diferente se eu tivesse o apoio do Planalto.

CAPÍTULO 19
A perda de uma chance

O ano era 2016, auge da Lava Jato. Já naquela época começaram a ocorrer manifestações populares de apoio à operação na praça em frente à Justiça Federal em Curitiba. Nunca fui a essas manifestações porque, como juiz, não seria apropriado. Não é soberba, mas necessidade de adotar postura de prudência e resguardo própria a um juiz. Mas meu gabinete ficava em frente à praça e, por vezes, eu olhava a movimentação pelas frestas das persianas. Em uma dessas espiadas, vi um grupo minoritário carregando uma grande faixa com os dizeres "Intervenção militar constitucional já".

Confesso que aquilo me incomodou. Compreendo a insatisfação de muitos com algumas deficiências das democracias imperfeitas, como a brasileira: falta de serviços públicos decentes, corrupção sistêmica, impostos elevados, estagnação econômica, entre outras. Ser, por vezes, forçado a escolher entre candidatos ruins em eleições também não é exatamente um sonho democrático. Mas a democracia é o que temos como melhor forma de governo e a única medida a tomar é melhorá-la, não acabar com ela.

Fiquei receoso de que a Operação Lava Jato fosse identificada com alguma pauta antidemocrática. Já não faltavam aqueles que afirmavam, mesmo em 2016, que a Lava Jato representava a criminalização da política, dando a ela um viés autoritário ou jacobino. Na verdade, não entendia e nunca vou entender esse argumento. Os condenados na Lava Jato eram políticos que haviam recebido suborno, ou seja, que haviam praticado crime de corrupção. Não se vislumbra como a punição de políticos corruptos possa ser compreendida como algo radical ou antidemocrático.

Entretanto, "intervenção militar constitucional" era algo totalmente estranho à Lava Jato. Nenhum dos agentes da lei envolvidos tratou desse tema ou defendeu medidas desse tipo. Não deve ser ignorado ou depreciado o papel dos militares na consolidação da independência e da unidade do Brasil. Ao contrário, cabe o reconhecimento dos méritos militares por todos. Mas uma intervenção militar, em pleno século XXI, é inconcebível.

Por tudo isso, naquela oportunidade em Curitiba, enviei um bilhete solicitando gentilmente ao pequeno grupo de manifestantes que recolhesse aquela faixa para evitar confusão entre o combate à corrupção no seio de uma democracia e a defesa de um novo regime militar. Naquele dia, por sorte, fui atendido.

Mas em 2018 os fatos sucederam de outra forma.

O combate à corrupção pela Operação Lava Jato havia despertado uma enorme energia cívica. O aparente fim da impunidade da grande corrupção prometia uma era de lei e de Justiça, com perspectivas mais promissoras para as reformas estruturais tão necessárias para o avanço do Brasil. Cabe lembrar que, durante a Lava Jato, a população brasileira ganhou as ruas diversas vezes em apoio ao combate à corrupção. Em 13 março de 2016, um domingo, mais de 3 milhões de pessoas saíram às ruas do Brasil, pacificamente, em apoio à Lava Jato e à luta anticorrupção. Foi a maior manifestação política já ocorrida no país. Dois anos depois, teríamos uma eleição presidencial influenciada por toda essa energia cívica. Se bem canalizado, esse sentimento coletivo romperia o sistema de corrupção e a cultura do patrimonialismo, responsáveis por nosso atraso.

Mas essa pauta demandaria uma liderança política preparada, que soubesse aproveitar aquele contexto para, efetivamente, romper com práticas viciadas no trato da coisa pública. No Brasil, de regime presidencialista, quem teria melhores condições para assumir essa liderança seria o presidente eleito em 2018. O Presidente da República, é certo, não pode tudo, mas pode muito. Ainda que encontre resistência no Congresso, no Judiciário ou na sociedade, pode influenciar pelas ações e pelo exemplo. Agindo dessa maneira, ele faz a diferença.

A eleição, no entanto, não nos trouxe a liderança necessária. Vendo retrospectivamente, os grupos que, nas manifestações de apoio à Lava Jato, eram absolutamente minoritários e defendiam a "intervenção militar", acabaram tendo o seu candidato eleito. Embora equivocados, com uma pauta antidemocrática, prevaleceram por fim. E o candidato eleito, com o tempo, foi focalizando cada vez mais no discurso radical contra as instituições e abandonou de vez as ações e o discurso contra o sistema de corrupção e a cultura do patrimonialismo. Ao contrário, como se viu, o presidente retomou as mesmas alianças políticas que resultaram, no extremo, nos escândalos de corrupção do mensalão e do petrolão.

Lembro-me de um conceito que estudei, ainda no curso de Direito, relacionado ao tema da responsabilidade civil do médico, a chamada "perda de uma chance". Não existe tratamento médico preventivo ou curativo infalível. Os médicos têm a obrigação de fazer o que podem para salvar um paciente, mas nem sempre são bem-sucedidos. Não cabe, como regra, responsabilizar um médico por não ter conseguido curar um paciente, exceto em casos de dolo ou culpa grave. Mas um problema eventual e que pode gerar responsabilidade é a perda da melhor oportunidade, ou seja, da melhor chance para curar um paciente. Por exemplo, se um câncer tratável receber a abordagem errada, pode transformar-se em um tumor irreversível.

De certa forma, foi o que tivemos em 2018: toda aquela energia cívica de transformação, que poderia ser focalizada nas reformas judiciárias, administrativas e econômicas necessárias, foi desperdiçada na liderança errada. O Brasil perdeu uma grande chance.

Algumas pessoas, entre elas alguns defensores do sistema de corrupção, gostam de atribuir à Operação Lava Jato a responsabilidade pela ascensão do Presidente Bolsonaro. O combate à corrupção teria desmantelado o sistema político, enfraquecido as instituições e aberto espaço para o político populista de extrema-direita. Um argumento, a meu ver, totalmente errado. Quem abriu espaço ao populismo da extrema-direita foi o sistema político corrompido. Combater a corrupção nunca foi uma medida que enfraquecesse as instituições ou a democracia. Pelo contrário, a prevenção e a repressão à corrupção fortalecem as instituições e o sistema político.

A esse respeito, gosto de citar um discurso de Theodore Roosevelt, o vigésimo sexto Presidente dos Estados Unidos. Vale relembrar brevemente sua história. Roosevelt era o vice do Presidente William McKinley, assassinado em um atentado em 1901. Com a morte de Mckinley, Roosevelt assumiu a Presidência, cargo para o qual foi reeleito em 1904 e que ocupou até 1909. Ficou célebre um discurso dele em dezembro de 1903, chamado Terceira Mensagem Anual ao Congresso. Destaco um trecho em que ele trata da corrupção:

"Não existe crime mais sério do que a corrupção. Outras ofensas violam uma lei, enquanto a corrupção ataca a base de todas as leis. Sob nossa forma de governo, toda a autoridade está investida no povo e é por ele delegada para aqueles que o representam nos cargos oficiais. Não existe ofensa mais grave do que a daquele no qual é depositada tão sagrada confiança, daquele que a vende para seu próprio ganho e enriquecimento, e não menos grave é a ofensa do pagador de propinas. Ele é pior que o ladrão, porque o ladrão rouba o indivíduo, enquanto o agente corrupto saqueia uma cidade inteira ou um estado. Ele é tão maligno como o assassino, pois enquanto o assassino pode somente tomar uma vida contra a lei, o agente corrupto e a pessoa que o corrompe miram, de forma semelhante, o assassinato da própria comunidade. O governo do povo, pelo povo e para o povo será varrido da face da Terra se a corrupção for tolerada. Os beneficiários e os pagadores de propinas possuem uma malévola preeminência na infâmia. A exposição e a punição da corrupção pública são uma honra para uma nação, não uma desgraça. A vergonha reside na tolerância, não na correção. Nenhuma cidade ou estado, muito menos a nação, pode ser ofendida pela aplicação da lei. (...). Se nós falharmos em dar tudo que temos para expulsar a corrupção, não poderemos escapar de nossa parcela de responsabilidade pela culpa. O primeiro requisito para o autogoverno bem-sucedido é a aplicação firme da lei e a eliminação da corrupção."

O mais relevante é que os atos de Roosevelt correspondiam ao seu discurso. Ele teve atuação destacada como comissário de polícia na cidade de Nova York e, na presidência, incentivou a aplicação vigorosa da lei contra a corrupção. Destacaram-se, no período, processos movidos pelo governo federal contra agentes públicos envolvidos na venda fraudulenta de títulos federais imobiliários no estado do Oregon, incluindo, de forma inédita, um senador, e contra agentes públicos do Kansas envolvidos em fraudes e corrupção nos Correios, incluindo outro senador. Centenas de pessoas foram processadas, indiciadas e condenadas.

Mais do que promover a persecução de pessoas envolvidas em crimes de corrupção, Roosevelt, em 1905, propôs reformas legislativas do financiamento de campanhas eleitorais. Graças a seus esforços, em 1907, foi aprovado o *Tillman Act*, que proibiu doações para campanhas eleitorais por parte de empresas. Em 1910, após a gestão de Roosevelt, foi aprovado o *Federal Corrupt Practices Act*, também conhecido como *Publicity Act*, que estabeleceu limites de gastos em campanhas eleitorais e impôs a publicidade das doações e dos gastos eleitorais dos partidos políticos. Não por acaso, Roosevelt é considerado um dos melhores presidentes norte-americanos e o seu governo está no núcleo da chamada "era progressista", um período de prosperidade nos Estados Unidos.

Como ele disse, "o governo do povo, pelo povo e para o povo será varrido da face da Terra se a corrupção for tolerada". Combater a corrupção reforça o chamado "governo de leis" e fortalece as instituições e a democracia. O afastamento de agentes políticos corruptos contribui para aumentar a credibilidade e a legitimidade do sistema político. É a impunidade da grande corrupção que mina essa credibilidade, tornando o eleitor vulnerável a discursos de populistas que dizem ser comprometidos com o combate à corrupção sem de fato o serem. Incrível como só no Brasil é necessário repisar a toda hora que combater a corrupção é algo positivo.

Em 2018, a impressão que tenho é que nos faltou um Roosevelt, ou seja, um candidato que, ao assumir a Presidência da República, soubesse aproveitar a chance de levar adiante todas as reformas necessárias, entre elas o fortalecimento do combate à corrupção.

Minha ida ao governo deve ser compreendida nessa perspectiva. Sabia que o presidente eleito tinha suas limitações e seus defeitos – não era nem de longe um Roosevelt –, mas com os assessores corretos poderia avançar, desde que, evidentemente, os ouvisse e apoiasse. Não foi o que aconteceu comigo, e a minha saída do governo foi o resultado desses acontecimentos. Após 22 anos de magistratura, mais de quatro na Operação Lava Jato, um ano e quatro meses como Ministro da Justiça, era hora de seguir adiante.

* * *

Os dias e meses seguintes à minha renúncia foram difíceis. Ao deixar o cargo de ministro, deveria ir para o setor privado, e a advocacia era a escolha óbvia. Mas, como praxe, precisaria aguardar o período de quarentena de seis meses ao qual ministros de Estado são em geral submetidos. Parece um sonho ficar em quarentena, sem trabalhar, por seis meses, com uma compensação remuneratória, mas na prática estava ansioso para recomeçar minha carreira profissional.

O inquérito aberto pelo Procurador-Geral da República exigia minha atenção e também impedia que eu seguisse em frente imediatamente com minha vida. Nunca foi minha intenção que fosse aberto um inquérito para apurar um suposto crime por parte do Presidente da República. Quando saí do ministério, entendi que era necessário esclarecer, pelo menos parcialmente, os motivos de minha saída. Poderia, naquela manhã, ter prestado declarações muito mais pesadas contra o Presidente da República, mas limitei-me a externar minha contrariedade à interferência na Polícia Federal, com a demissão sem justa causa do diretor-geral Maurício Valeixo. Sempre defendi a autonomia dos órgãos de controle e não havia condições de permanecer no cargo de ministro diante da demissão do diretor-geral. Alguém precisava defender a autonomia da Polícia Federal contra o arbítrio. Além disso, havia, como adiantei, vários atos anteriores do Presidente da República que revelavam a falta de compromisso real com o combate à corrupção e, ao contrário, o enfraquecimento dos órgãos de controle.

Vendo retrospectivamente, o tempo mostrou que eu tinha razão. Apesar dos esforços de bons policiais, quase não tenho visto qualquer atuação mais significativa da Polícia Federal no combate à corrupção, especialmente em relação a pessoas poderosas. Essas iniciativas parecem estar amortecidas. Algo foi feito após a minha saída, principalmente em relação a aparentes desvios de recursos no combate à Covid-19 no âmbito dos estados, mas mesmo a maioria dessas ações é resultado de investigações iniciadas ainda na minha gestão como ministro. Sei que Maurício Valeixo, o diretor-geral que escolhi para a Polícia Federal, não era uma unanimidade entre os seus pares – nunca houve, aliás, unanimidade em relação a qualquer diretor-geral –, mas ele preservava com afinco a independência e a autonomia dos delegados, peritos e agentes. Até pagamos um preço político por isso, como já mencionei no caso da busca em endereços do líder do governo no Senado.

Chamado para depor no inquérito, fui cobrado em relação às provas que teria contra o presidente. Ora, não é do meu feitio gravar interlocutores, muito menos o Presidente da República. Mesmo assim, indiquei as provas de que poderia dispor, como a gravação realizada pelo próprio governo da famosa reunião ministerial de 22 de abril de 2020, disponibilizei as poucas mensagens que tinha armazenadas no meu celular e indiquei as testemunhas que poderiam confirmar os fatos. Não é minha responsabilidade provar todos os detalhes do que declarei. Entretanto, um exame do que consta no inquérito e a mera observância dos fatos que transcorreram desde o início do mandato presidencial, antes e depois da minha saída, apenas confirmam as minhas declarações. A Polícia Federal deve ser tratada como uma polícia de Estado, cuja autonomia investigatória precisa ser respeitada, e não como uma polícia a serviço do governante do momento.

Passada a turbulência provocada pelo inquérito e superado o período de quarentena, segui para a iniciativa privada. Retomei a carreira de professor de Direito em duas faculdades particulares, a UniCuritiba e a UniCEUB – algo de que gosto muito e vinha sentindo falta –, comecei a escrever uma coluna quinzenal na revista *Crusoé* e continuei a dar palestras, uma maneira de estar sempre presente no debate público.

Em novembro de 2020, tornei-me diretor de uma empresa de consultoria internacional. Nela, passei a atuar na área de investigações corporativas e no planejamento e implementação de programas de *compliance* antissuborno e antilavagem de dinheiro, buscando promover a integridade no setor privado. Isso envolve também investigar empresas, com instrumentos legais, a pedido de outras companhias interessadas em adquiri-las, o chamado *due diligence*. Os investidores querem saber se o ativo a receber o investimento é seguro ou se não trará "esqueletos no armário". Meu papel é ajudar as empresas que nos contratam a fazer a coisa certa.

O trabalho é diferente do de um juiz ou de um ministro, mas continuo me dedicando àquilo em que acredito, agora no setor privado. É preciso avançar na prevenção e no combate à corrupção. Cria-se um programa de *compliance* com o objetivo de impedir ilícitos empresariais, especialmente fraude e corrupção. Se ainda assim ocorrer algum ilícito, apura-se o fato, corrige-se o ilícito e concede-se à empresa a oportunidade de comunicar o fato às autoridades, reduzindo os riscos de sanções posteriores. Não se trata, propriamente, de defender a empresa de acusações de corrupção, mas de demonstrar que a empresa agiu para prevenir crimes e dessa forma eliminar ou mitigar a sua responsabilidade perante o Poder Público ou perante terceiros. Nós atuamos para evitar atos ilegais no futuro e para remediar erros pretéritos.

Se os avanços legais anticorrupção na área pública foram tímidos, após a Lava Jato houve um avanço considerável na implementação de políticas sérias e efetivas de *compliance* pelas empresas, sobretudo as de médio e pequeno porte, no Brasil e em boa parte da América Latina. Até a operação, havia uma percepção geral de baixo risco de punições pelo Estado. Tomem-se as empreiteiras envolvidas na Lava Jato como exemplo: elas recorreram a subornos por muito tempo sem serem penalizadas por isso. Havia uma percepção de ganho, mas ilusória, porque, a médio e longo prazos, a empresa se torna refém dos agentes públicos, que querem mais e mais subornos, o que causa um aumento nos custos.

Sem contar a inevitável perda de eficiência provocada pela acomodação natural de obter vantagens junto ao poder público em detrimento dos investimentos em produtividade.

Por isso é que, de modo geral, quanto mais tempo uma empresa demora para corrigir essa situação, maiores serão os prejuízos ao seu patrimônio e à sua reputação. Tão logo a direção da empresa tenha conhecimento de alguma prática ilícita interna, deve-se investigar e buscar as autoridades. Ao fingir que nada acontece, como era praxe antes da Lava Jato, quando muitas vezes o *compliance* era um faz de conta, chega um momento em que não há saída para a empresa. Se as empreiteiras brasileiras tivessem adotado, logo no início da Lava Jato, uma postura mais coerente com a esperada em programas de integridade, teriam cedo iniciado a colaboração com as autoridades de investigação, celebrado acordos de leniência e com isso evitado sanções financeiras e perdas reputacionais significativas. Essas empresas tinham o instrumento legal disponível e várias recorreram a ele, mas algumas demoraram tempo excessivo, o que gerou perdas econômicas consideráveis, em detrimento de seus acionistas e empregados. De todo modo, é louvável que várias tenham agido dessa forma, ainda que um pouco tarde.

O *compliance* na iniciativa privada evoluiu muito no mundo desde a década de 1990. Naquela época, algumas nações europeias, como a Alemanha, aceitavam que os subornos pagos no exterior fossem incluídos como custos para fins de dedução do imposto de renda. Via-se como normal o pagamento de propina em transações internacionais. Isso foi mudando paulatinamente, sobretudo por pressão dos países que tinham políticas anticorrupção mais rigorosas, como os Estados Unidos, que já nos anos 1970 aprovaram uma lei que criminalizava o suborno transnacional, chamada *Foreign Corrupt Practices Act* (FCPA).

No início, a lei era aplicada a empresas norte-americanas que pagavam suborno no exterior, mas depois seu alcance foi expandido para empresas que, mesmo sediadas no exterior, negociam ações na bolsa norte-americana ou realizam negócios nos Estados Unidos ou mesmo que se servem do sistema bancário norte-americano para pagar subornos ou lavar dinheiro, com base no entendimento de que, se as empresas do país não podem pagar propina, enfrentariam concorrência desleal mundo afora.

Para evitar o descumprimento da lei, as empresas sujeitas ao FCPA passaram a adotar políticas de integridade anticorrupção, além do instrumento do *compliance*, para buscar conformidade com as regras legais. Ainda nos Estados Unidos, os deveres impostos às empresas foram reforçados pelo *Sarbanes-Oxley Act* (SOX) aprovado em 2002, na esteira dos escândalos da Enron, e ainda pelo *Dodd-Frank Act*, de 2010, como consequência da crise de dois anos antes. Ambos procuravam proteger investidores contra fraudes corporativas. Seguindo a linha norte-americana, vários outros países, inclusive o Brasil, passaram a criminalizar subornos em transações comerciais internacionais, a expandir a sua jurisdição para alcançar empresas que, mesmo sediadas no exterior, pagassem subornos em seus territórios ou em transações comerciais que afetassem os seus interesses, e a fomentar a adoção pelas empresas de programas de integridade.[72] Há uma clara tendência internacional anticorrupção que não será barrada por reveses pontuais. O *compliance* integra-se no núcleo das chamadas políticas ESG – acrônimo em inglês para *Environmental, Social and Governance* –, que retratam o foco empresarial atual na adoção de práticas corporativas na área ambiental, social e de governança.

A partir da última década, motivadas pela Lei Anticorrupção Empresarial e pela Operação Lava Jato, as empresas brasileiras perceberam que podem e devem ter uma estrutura muito mais proativa na criação de políticas de *compliance* – não é necessário esperar o governo apontar caminhos, como muitas faziam anteriormente. Além disso, à medida que o Brasil aumenta sua inserção na economia mundial, cresce a pressão para que suas empresas tenham políticas efetivas de integridade. Mesmo diante de um governo pouco operante nessa área, o setor quer

---

[72] É o caso da Lei 12.846, de 2013, dita Lei Anticorrupção Empresarial brasileira; do *UK Bribery Act*, de 2010, do Reino Unido; da *Ley General de Responsabilidades Administrativas*, de 2016, do México; da *Ley* 27.401, de 2018, da Argentina; e da *Ley* 30.424, de 2016, do Peru, para ficar em apenas alguns exemplos.

mostrar ao mundo que tem feito sua parte. Algo semelhante ocorre na área ambiental, com empresas brasileiras buscando mostrar que adotam políticas de conservação ambiental consistentes, mesmo sem que o governo adote ações correspondentes.

A dinâmica do setor privado, maior em geral do que no setor público, pode consistir no melhor caminho para uma revolução silenciosa de nossos costumes e práticas políticas. Certamente, seria melhor que o setor público e o privado estivessem na mesma página da integridade, mas, de qualquer forma, o setor privado pode avançar muito e, no que lhe couber, transformar o cenário. Afinal, corrupção envolve quem paga e quem recebe e, se quem paga não estiver disposto a fazê-lo, já é uma solução. Levará provavelmente anos para que a mudança ocorra, talvez seja o trabalho de uma geração, mas a tendência internacional em prol da integridade nos dá esperança. É grande a minha satisfação de ter participado dessa mudança no setor público e de poder continuar a fazer parte dessa transformação na iniciativa privada.

EPÍLOGO
Precisamos de você

Orgulho-me de ter atuado no caso que foi um marco na luta anticorrupção e um divisor de águas na história do Brasil. É inegável que não somos mais os mesmos após a Operação Lava Jato descortinar um lamaçal tão grande de negociatas com o dinheiro público. Toda aquela percepção de que a corrupção no Brasil era endêmica mostrou-se verdadeira em uma dimensão muito maior do que sonhávamos. Lembro de histórias que li sobre o assombro dos europeus quando viram, presencialmente, os primeiros tigres trazidos da Ásia, em decorrência da intensificação da relação do Ocidente com o Oriente. Dizem que muitos já tinham ouvido descrições do animal ou lido algo a respeito, como no belo poema *The Tyger*, de William Blake, o que gerava as mais elevadas expectativas. Mas uma coisa é ler sobre um tigre e outra é ver o animal em pele, músculos e ossos. Algo equivalente ocorria com os brasileiros: uma coisa era ler, ouvir e ter a percepção de que a corrupção era endêmica, outra era se defrontar com os dados e as provas que revelavam a sua real dimensão. O efeito foi profundo e assustador.

Anos de impunidade da grande corrupção fizeram estragos. A corrupção é um crime racional, não passional. Envolve risco e oportunidade. O risco sempre havia sido baixo, pois a corrupção dificilmente era descoberta e, se fosse, era difícil de ser provada. E, mesmo quando existiam provas, havia falta de vontade institucional, de pura aplicação da lei, para puni-la. A falta de obstáculos à corrupção facilitou a sua expansão e o seu aprofundamento. Ao lado da impunidade, más práticas políticas geravam as oportunidades necessárias. Ouvi de muitos agentes políticos que a governabilidade demanda ceder ao fisiologismo, ao patrimonialismo, ao loteamento de cargos e, em algum ponto, até mesmo à corrupção clara e aberta. No fundo, sempre li isso ao contrário: o fisiologismo, o patrimonialismo e o loteamento político eram desejados e precisavam encontrar uma justificativa que, de alguma forma, os legitimasse. De maneira semelhante, sempre é preciso encontrar uma razão, ainda que ilegítima, para a corrupção. Foi exatamente o que ocorreu com a Petrobras, com outras estatais e com órgãos públicos. Os cargos de diretores foram loteados entre agentes e partidos políticos e vários dos nomeados tinham a missão de arrecadar dinheiro das empresas fornecedoras do poder público para enriquecimento de seus patronos políticos ou para financiamento ilegal de partidos.

Os responsáveis pelo esquema fraudulento podiam permanecer com a consciência tranquila, já que a ética estava sendo sacrificada em nome do falso pretexto da "governabilidade". É uma técnica de neutralização da culpa: "Fiz para manter a governabilidade", assim como o célebre álibi "Fiz por que todos fazem". Mas, quando se olha de perto ou em detalhes, essas frases se parecem com "Fiz porque era cúmplice", "Fiz porque não me importo" ou "Fiz para manter meu poder ou ampliá-lo".

A governabilidade, evidentemente, é imprescindível para a estabilidade política e para que governos possam alcançar seus objetivos. Mas não se pode ceder à corrupção para construir ou manter a governabilidade. Não é uma questão puramente moral ou legal. Quando se cede ao crime, constrói-se governabilidade efêmera. Os custos para mantê-la vão se tornando cada vez mais altos, pois o apetite da corrupção é insaciável. Além disso, premiam-se os maus, e a tendência é a de que a política seja cada vez mais dominada por criminosos e não por pessoas de princípios. Quando ainda ouço dizerem que não se governa sem ceder à corrupção, tenho certeza de que, além da desculpa hipócrita, vende-se, na prática, a governabilidade do futuro e o próprio futuro. Não é sobre essas bases que se pode construir uma agenda política moderna e voltada para o bem comum. Não conheço a história de qualquer país cuja estratégia bem-sucedida de desenvolvimento tenha passado pela aceitação da corrupção como um mal necessário.

A lei e a Justiça precisam servir como um contraponto a essas tentações ilícitas. Não cabe às instituições da Justiça fazer cálculos políticos ou ceder ao apelo para manter a duvidosa e momentânea governabilidade. Se alguém, mesmo poderoso, cometeu um crime que envolve grande corrupção, deve ser punido, observado o devido processo legal. Ceder ao cálculo político é esvaziar a credibilidade da lei e da Justiça. Nem o apelo à governabilidade é válido, pois a médio e longo prazos ela mesma é a maior vítima. A Lava Jato mostrou que as instituições da Justiça podem funcionar e aplicar a lei – algo simples, mas revolucionário em um cenário histórico de impunidade da grande corrupção. Não é destino manifesto do Brasil ou de qualquer país ser uma nação corrupta. Essa lição, se aprendida, mudaria tudo.

Os brasileiros e mesmo os estrangeiros perguntam-se, frequentemente, por que o Brasil, com tanto potencial e tantas riquezas, não consegue fazer as reformas necessárias para progredir e escapar da armadilha da pobreza, da desigualdade e do subdesenvolvimento. Quando chegará o futuro do país do futuro? A resposta é óbvia. A agenda do país do futuro está capturada no presente por interesses especiais e não consegue deles escapar. Não adianta planejar belos projetos de lei ou de reformas, pois eles não serão aprovados, salvo em caso de uma situação de absoluta emergência ou com deformações que lhes retirem a eficácia. A captura é concretizada, na sua forma mais baixa, em pura corrupção, mas é corporificada, com mais frequência, na mera substituição do interesse comum pelo interesse próprio como objetivo da ação governamental – e em patrimonialismos e corporativismos de toda espécie. Sem libertar a pauta política, econômica e social da captura pelos interesses especiais, não será possível avançar. Durante a Lava Jato, a captura foi abalada, mas faltou o apoio das maiores lideranças políticas para que o processo fosse ultimado. Ao contrário, as lideranças maiores, inclusive a eleita para a Presidência em 2018, atuaram contra a Lava Jato. É necessário construir um projeto de país a ser conduzido por lideranças políticas e da sociedade civil que tenham credibilidade e que logrem obter o apoio da população a fim de romper com a captura do Estado. Não é algo trivial.

Era na relação entre autogoverno, reformas e combate à corrupção que eu pensava na manhã de 20 de maio de 2018, a caminho da Universidade de Notre Dame, no estado de Indiana, no norte dos Estados Unidos. O céu nublado e a temperatura amena, em torno de 15ºC, fria para os padrões brasileiros, davam um aspecto bucólico a South Bend, cidade de 100 mil habitantes, com ruas muito limpas, casas sem muro e jardins impecáveis, onde fica o campus da Notre Dame. Em poucos minutos, eu discursaria diante de 30 mil pessoas na cerimônia de formatura dos alunos dessa respeitada instituição particular de ensino de origem católica, com mais de 170 anos de tradição.[73]

Eu havia sido convidado semanas antes pelo reitor, o simpático padre John Jenkins, que conhecera em outubro de 2017, quando ele esteve em São Paulo para me entregar o Notre Dame Award, prêmio concedido a personalidades que se destacam por promover os valores da universidade, entre eles a Justiça e a qualidade do serviço público.

Não sou ansioso, mas confesso que a responsabilidade daquele momento me deixou um pouco tenso. Afinal, discursar na formatura dos alunos da Notre Dame era um privilégio. Desde sua fundação, importantes personalidades, incluindo alguns presidentes dos Estados Unidos, haviam falado aos formandos da universidade. Naquele dia, eu seria o principal orador.

Lembrei-me de um personagem pouco conhecido do público em geral, mas admirado por aqueles que trabalham no combate ao crime organizado. Georges Robert Blakey cursou Filosofia e Direito na Universidade de Notre Dame, onde se formou em 1960 e, mais tarde, lecionaria. Blakey se destacou como um dos principais elaboradores do *RICO Act*,[74] lei de 1970 que criou o conceito de organização criminosa

---

[73] Originariamente, o discurso foi proferido em inglês. Disponível em <https://news.nd.edu/news/judge-sergio-moro-2018-commencement-address/>. Acesso em 21/09/2021.
[74] RICO Act (*Racketeer Influenced and Corrupt Organizations*), de 1970.

nos Estados Unidos e foi fundamental no desmantelamento das cinco famílias mafiosas que controlavam parte do país nos anos 1980 e 1990. O *RICO Act* inspirou a criação de uma lei semelhante na Itália,[75] que seria utilizada pelo juiz Giovanni Falcone para condenar 347 mafiosos da Sicília em 1987, e também a lei brasileira que definiu as organizações criminosas[76] e forneceu aos agentes da lei as ferramentas necessárias (incluindo os acordos de colaboração) para combater o crime organizado, sendo usada inclusive na Operação Lava Jato.

Enquanto cruzava o palanque montado no estádio da universidade, devidamente paramentado com a tradicional veste talar azul com a insígnia da Notre Dame, pensei como tudo está conectado neste mundo pequeno e repassei mentalmente a mensagem que desejava transmitir. Queria ser objetivo e franco, cauteloso com o futuro, mas sem perder o tom de esperança. Naquele dia, eu me dirigi aos jovens formandos da universidade americana, mas a mensagem é perfeitamente aplicável aos jovens de todas as idades e de todos os lugares, especialmente o Brasil:

"Permitam-me dar quatro breves conselhos da minha experiência. Não são conselhos para futuros juízes criminais, procuradores ou policiais, ainda que alguns de vocês possam no futuro ocupar um cargo desses. São conselhos para cidadãos preocupados com as suas liberdades e direitos, incluindo a liberdade contra um governo corrupto.

Primeiro, nunca desista de lutar por uma boa causa. Mesmo se você perder, o que realmente importa é o que você defende. Segundo, sempre se lembre que, mesmo nos momentos mais difíceis, quando parece que os desafios à frente são insuperáveis, você nunca estará sozinho se estiver lutando por uma causa justa ou por justiça. Terceiro, lembre-se de que o seu comportamento pode inspirar outros. Você irá se surpreender ao ver como outras pessoas podem ajudar se elas tiverem bons exemplos e receberem os incentivos corretos. Quarto,

---

[75] Lei Rognoni-La Torre, de 1982.
[76] Lei 12.850, de 2013.

nunca se renda aos males da corrupção ou do desespero. Acima de tudo, não há vitória se, ao longo do caminho, você perder a sua alma."

No discurso, toquei em outro ponto que considero importante. Ainda que seja verdadeiro que "cada pessoa exista como um fim em si mesmo", como disse Kant, é também verdadeiro que "nenhum homem nasceu para si mesmo", como ensinou Willian Walwyn, da velha Inglaterra. Não se pode abrir mão do pensamento coletivo, de lutar por valores íntegros em sua comunidade, em seu país. Um governo de leis é pedra fundamental de qualquer nação verdadeiramente democrática. E, nele, todos têm direito a igual proteção da lei, e isso vale para os mais vulneráveis e também para os poderosos. "Não importa quão alto você está, a lei está acima", disse o historiador britânico Thomas Fuller.

Se o cidadão dá as costas para os assuntos públicos e para de se importar se os seus governantes trabalham para o bem comum ou apenas para os seus interesses mais mesquinhos, não há democracia plena. Por isso, repito aqui os mesmos princípios que defendi então: "Nunca se esqueçam de agir com integridade e virtude em sua vida privada e pública. Nunca parem de lutar por esses valores em sua comunidade. Nunca desistam de exigir virtude e integridade de seu governo."

Para além da felicidade individual, é preciso voltar o coração e a mente para o bem-estar coletivo, para o rumo que se quer dar ao nosso país. Em que pesem os retrocessos recentes, avançamos como país. Corrupção, definitivamente, não é o destino natural do Brasil, mas apenas consequência de fraqueza institucional. Com vontade política, podemos nos dar a chance de ter um país melhor. O despertar do setor privado para a sua responsabilidade pela integridade, bem como a tendência internacional anticorrupção, permitem que tenhamos esperança de um futuro melhor.

Não importa quantos anos se passem, não importa o que possa acontecer, esse discurso da Universidade de Notre Dame sempre será atual: a luta contra o sistema de corrupção nunca poderá prescindir de bons combatentes, entre eles você.

Para saber mais sobre os títulos e autores da Editora Sextante,
visite o nosso site e siga as nossas redes sociais.
Além de informações sobre os próximos lançamentos,
você terá acesso a conteúdos exclusivos
e poderá participar de promoções e sorteios.

sextante.com.br